百年回眸
老通辽

王玉涛　著

内蒙古出版集团
内蒙古人民出版社

图书在版编目（ＣＩＰ）数据

百年回眸老通辽 / 王玉涛著 .-- 呼和浩特：
内蒙古人民出版社 ,2016.1

ISBN978-7-204-13826-5

Ⅰ.①百…Ⅱ.①王…Ⅲ.①通辽市—地方史

Ⅳ.①K292.63

中国版本图书馆 CIP 数据核字 (2015) 第 315965 号

百年回眸老通辽

作　　者	王玉涛	
责任编辑	于汇洋	
封面设计	那日苏	
出版发行	内蒙古人民出版社	
地　　址	呼和浩特市新城区中山东路 8 号波士名人国际 B 座 5 楼	
印　　刷	内蒙古爱信达教育印务有限责任公司	
开　　本	680×960　1/16	
印　　张	19.75	
字　　数	280 千	
版　　次	2016 年 5 月第 1 版	
印　　次	2016 年 5 月第 1 次印刷	
印　　数	1—2500 册	
书　　号	ISBN 978-7-204-13826-5/I·2669	
定　　价	32.00 元	

图书营销部联系电话：（0471）3946298 3946267
如发现印装质量问题，请与我社联系，联系电话：（0471）3946120

序
那些逸闻 那些历史的细节

王玉涛先生是我在 2013 年的春天才开始得知其名的。

说来惭愧，我在通辽生活快二十年了，一直专注于自己的写作和生活，对社会交往这一项极不上心，和许多当地文人都不怎么熟悉。忽然有一天，我看到《科尔沁都市报》上有一篇连载，"回眸老通辽"，一个固定的栏目。那一篇好像是写 "监绳魏德富传奇"，写了当年给蒙古王爷们放荒的一个小人物的事情，读来文笔不俗，尤其是他笔下不是令人心生反感、高大正统的议论，也不是枯燥的学术研究，更不是简单传播无见解、无感受的那些百度来的信息，而是像小说一样充满了历史的细节——

"巴林爱新荒'行绳丈放'，就是说开始丈量土地，编号待售。当时没有皮尺之类的工具，丈量土地一靠大绳，二靠地弓。因此，荒务总办一干人马里，就有了绳工、监绳一类人员。绳工，没有什么技术性，靠的是两条腿，手拉着大绳，用脚步丈量土地。每丈量一段，都要记载清楚。为确保不出差错，避免丈量时徇私舞弊，专设有"监绳"。就是专门司职查看丈量、记录是否准确。"——这些细节让如今的我们听来十分神奇，只寥寥数语，即情景再现，把通辽小城最初那种天地初开的氛围一下子拉到了近前。这种有生命力的文字，让我不觉心生赞叹。顺手攒起来，见一期留一期，逐渐进入老通辽的世界里，也逐渐明白了我目下生活的这片土地的各种由来。不由得生出许多亲近，不似以往难于进入的感觉了。

看得越多，越发觉得王玉涛简直就像是这一片地域的土地爷，这已百年的通辽小城的来龙去脉、家长里短、逸闻传说，他好像全知道，大到放荒的缘起、鼠疫的灾难，小到女人们炕上的日常物件、老旱烟、"老姑奶子挑理"，闲到过去的烟花柳巷、澡堂子、大车店、茶馆茶俗、五行八作、土匪、张作霖，还有那些街道是怎么歪过去的，阴沟、阳沟，有些什么庙宇和僧人等等，笔下都是人间气象。

我私下里对写作者有个自己的判断标准，我觉得能够游刃有余地描写市井人文是一个写作者达到了化境的一个标志，这是比较高级的写手才会拥有的才华，我在通辽还不多见。印象中天津有个林希，写天津旧社会写得极是精彩，比如《找饭辙》；北京还有个邓友梅，写的《烟壶》《那五》也是极富功力，再早点还有老舍的《骆驼祥子》，这些善写底层小人物的作家都是人情练达、懂各种江湖世故的达人，不是什么稍会码字的一般文艺男女可比的，我心想这王玉涛是什么人呢？对我来说简直就如横空出世一样。

后来在通辽市政协的一次会议上，我终于见到了王玉涛先生。原来是个已经花白头发的清瘦的老者，烟不离手。这个状态能写出这样的文字来倒是可信的，因为这是有阅历的人才能把握的东西。在会上我表达了见到王玉涛先生后的惊喜，让他很不好意思，想来他从来没把自己当专家。

都说文人相轻，其实并不确实。文人之间的互相欣赏才是更常见的，我们一聊就知道，这是自己路上的朋友，于是很快成了无话不谈的忘年交。印象深刻的一次长谈是我请他第一次来我家喝酒，我们夫妻俩和王老师一起从中午 11 点一直聊到晚上 9 点，喝了两顿小酒，一个话题连起另一个话题，连绵不绝，提起那些故人，竟都是相熟的。

原来王老师开始写作还真是早，80 年代初就开始了，而且是那拨文学青年里最有才气的一个。他们之中不乏白雪林这样在内蒙古文坛占一席之地的大家，王老师没出来，除了际遇使然，显然也和他这样散淡的性情大有关系，不说他视名利如粪土，起码也不是那类对名利苦心钻营的人，否则可能我们不会读到这样纯粹的文字。因为他活得自在安详，舒服坦荡，即便是当年给盟委看大门儿也不低气，反而以一个写作者的角度观察着各种人生，听他讲起那些故事来的确都是好小说的素材。

我头一次觉得活得久并不是一件悲哀的事，原来经过这样岁月的沉淀，生命可以似陈年老酒般的甘醇。大概一切皆有天意吧，我一直很相信一个说法，是一次听课时记下来的，就说一片土地会自动选择自己的代言人，替自己言说生命故事，这不是什么部门命名的，这是各种际遇时事乃至个人的性情一起造就的。王老师一直默默无闻，仿佛是在等待着通辽小城到了一百年的这一天，他的阅历、眼界、文笔、心态一切都达到了最契合的时辰，于是听从内心的召唤，记录下了这片大地的生命记忆，因为相隔不远，他的笔下满含着一种生于斯长于斯的乡亲式的情感，虽然是不动声色的描述，但却能让人清晰地感觉到他对故乡的热爱，他是在用自己的文字抚摸着自己的故乡。

我在通辽生活近二十年了，一直都听政府在提倡一个"打造科尔沁文化"的说法，但什么是科尔沁文化也一直是众说纷纭，没有一种准确的描述。直到读到了王玉涛的"老通辽系列"，我觉得他仿佛是找到了"科尔沁文化"的真正腔调——那就是草原的游牧文明随着蒙古王爷们的放荒开始，逐渐进入到农业社会，科尔沁这片大地由于外来人口的大量涌入带来的各民族的各种影响，五方杂处之后杂糅起来的一种文化。所以通辽这座小城的大街上，奶茶馆和杀猪菜馆可以并存，通辽是炒米的主产地同时也是玉米黄金带，牛肉干十分风行，荞面饸饹也深入人心……如果再往远一点说，东北这片广袤的大地自古以来就是多民族混居交融之所，那些北方游牧民族在这片大地上征伐、生息，像一台大戏，你方唱罢我登场，那些对中国历史产生过巨大影响的民族大部分出自这里，比如东胡、比如契丹、比如蒙古、比如女真，等等。在通辽吐尔基山出土的大辽陈国公主墓，完全可以说明这里还曾经是辉煌一时的辽国的土地。如果更早一些，和那些在这片大地上创造了灿烂的早期人类文明的最早生活的族群——红山文化、夏家店下层文化、殷商文化先祖们相比，游牧民族又是更晚一些来到这里生息繁衍的，无论哪一个民族在这里处于主导地位，都体现出了一种非常强大的多民族的融合，这片土地也因多民族的融合而生机勃勃。所以我私下认为"科尔沁文化"里也应该包含这种多民族融合后的文化似乎更具有文化的包容性。当占据主导地位的蒙古族在这样由游牧转向农耕之后，百年过去，其实已经发生了巨大的改变，无论是生产还是生活的方式，这就是如今的现实，是我们生活的当下。当我们听着科尔沁蒙古人说自己的母语时，已经夹杂了太多的汉语词汇，即便是不懂蒙古语的我，在听一个科尔沁蒙古人流利地说母语时也能猜个大概。我曾经和内蒙古大学的策扎日嘎拉教授（汉名刘成）交流过这个问题，是为此感到警惕还是应该怎么办，他给了我一个极乐观的回答，他说东部区的蒙古人由于接受汉文化比较多，词汇更丰富，容易出小说家，而西部区蒙古族传统保存得比较好，容易出诗人，那是蒙古语的音乐性使然。

可见文化的交融并不完全是那么悲哀的事情，各有各的优势和独有的特点。恰在这个当口儿，王玉涛记录了这一切，仿佛是一个见证人一般。这个见证不是普通的见证，他记录的是一个地域在发生改变的一种渐进的过程，尤其是那些历史的细节，那些逸闻更是无以伦比的，带着人间的温暖，也带着心灵的热度，俯向这片火热的大地。他给百年通辽小城留下了属于自己的往事记忆，一个有自己独特记忆的城市才是使生活于此的人感到温暖的、有着强烈归属感的城市。

如果追求写作利益的最大化，无疑拥有了这些材料，写成一部伟大的小说似乎更是一个小说家的追求。王玉涛没有这样做，他只选择了平实地记录，为这片土地立传，为此，时阅数载，他开始被人另眼相看，获得了迟来的尊敬。

在这本美好的岁月之书就要付梓出版之际，王老师嘱我给他写序，作为晚生后辈本不应由我来评说他的成就，但是他坚持要我来做这个介绍人，实在让我诚惶诚恐，为了王老师的这份信任，我勉为其难第一次给人做序，实在羞愧难当。

2015 年岁初

苏莉

contents

目录

百年回眸老通辽

历史篇

contents

目录

百年回眸老通辽

民俗篇

contents

目录

百年回眸老通辽

历史篇

　　历史的变迁，城市的发展，一些事物涌现，一些事物消散。然而，一个城市必定会有属于自己的历史印记，它的来龙去脉、人文轶事在岁月的沉淀中让城市有了温度……于是，这片土地便会在人们心中神圣起来。

　　通辽，一个在科尔沁草原上冉冉升起的城市，从镇基的"五方之地"发展到今天跨西辽河两岸的新城新面貌，经历了多少代人的努力，曾引发了哪些事端，小城的格局究竟又是怎样改变的？一个个历史疑问，一段段奇闻轶事，由此铺展开来，如同穿越时光隧道，那些人、事、物仿佛就在你眼前，上演了一场百年历史剧……

卓王出放巴林爱新荒

1912 年，在中国历史上发生了一件改天换地的大事件——延续了近300 年的大清王朝正式退出历史舞台，从而结束了中国两千多年的封建帝治。中华民国临时政府的成立，宣告历史掀开崭新的一页。

这一年，在中国发生了太多的大事，以致在北部边陲发生的卓王"出放"巴林爱新荒这件事显得那么微不足道。

巴林爱新荒是科尔沁草原科尔沁左翼中旗的一部分，位于西辽河南岸，属卓里克图亲王的领地，也是这里的蒙古人赖以生存的草原。那么，卓里克图亲王为什么要将草场卖掉呢？说来话长，这里既有重要的历史原因，也有卓王的无奈。

草原一景

首先，是由外因造成的。自满人入主中原，就对蒙古人采取了圈禁政策，将蒙古人划为若干个旗，每个旗都有固定的驻牧地，相邻的几个旗为一个盟，以便于加强统治与管理。

自甲午战争之后，清王朝愈见式微，接连不断的巨额战争赔款，造成国库空虚。日本、俄罗斯加紧争夺我国东北，日本更是将所谓的"满蒙地区"划入自己的势力范围，誓欲侵吞。《帝国对满蒙之积极根本政策》即臭名昭著的《田中奏折》中露骨地说"所谓满蒙者，依历史，非支那之领土，亦非支那之特殊区域""中国此后如有机会时，必须阐明其满蒙领土权之真相与世界知道；待有机会时，以得寸进尺方法而进入内外蒙，以新其大陆""欲征服中国，必先征服满蒙；欲征服世界，必先征服中国"。日本帝国主义侵占我国东北及内蒙古东部地区的野心已昭然若揭。在争夺东北筑路权的同时，日、俄不断派特务以"游历"为名进入蒙古草地，进行拍照、测绘。

日、俄两国如狼似虎，野心勃勃，引起朝野上下的担忧。提出诸如教育救国、实业救国、修筑铁路等种种对策，但都远水不解近渴，当务之急，是要解决内蒙古草原地广人稀、难以防御的难题。为此，有人提出"移民实边""借地养民"的政策，即把山东、河北等地的灾民迁移到内蒙古草原，用以充实边疆，并成为清末的一项国策。

此外，蒙古王公终年过着奢华无度的生活，源自朝廷薪俸及草场收入已无法满足需要，很多蒙古王爷债台高筑，无力偿还，只好趁着朝廷实行"移民实边"政策，出卖草原。

进入中华民国以后，东北军阀对蒙古王公拥有的大片草原垂涎三尺，以贪婪的手段巧取豪夺。

在这个大背景下，自1851年起，科左中旗先后进行过七次"放荒"，即郑家屯、白市荒，采哈新甸荒，洮辽站荒，巴林爱新荒，河南、河北荒，东夹荒，西夹荒（架马吐）和辽北荒（舍伯吐）。七次"放荒"总面积达12870平方公里，比现在科左中旗总面积（9811平方公里）还多3059平方公里。

巴林爱新荒的开发，正是在清王朝刚刚结束，中华民国建立的历史时刻。也正是这次出放草原，使自明代起一直是蒙古人的牧场，有清以来成为蒙古王公封地的科尔沁草原变成了阡陌纵横的沃野农田。从这一年起，昔日这片牛羊成群、牧歌缭绕的草原，渐渐村落相连，鸡犬相闻，并同时崛起一座草原小镇——通辽。

民国三年通辽镇购房基地蒙汉大照

1912年(民国元年)4月16日第十五代卓里克图亲王色旺端鲁布，以"偿还债务"为由，向东三省总督呈请，要求准许出放"卓里克图亲王牧场"，以荒价收入"筹还京债"。东三省都督赵尔巽将卓王色旺端鲁布的呈文转送给大总统袁世凯，得到批准后，东三省都督遂任命原呼伦兵备道黄仕福为"巴林爱新荒务局"总办。1912年4月22日着手筹备有关放荒事宜，并拟定了《丈放科尔沁和硕卓里克图亲王所属巴林他拉至爱新庙牧场荒地章程》。这个《章程》明确了放荒的范围是，"东至巴林他拉，西至爱新庙，南至小细河，北至辽河岸。东西长约五十里，南北宽三十里，外加辽河北岸胡家园子一带六千六百一十五坰，约有荒地共计六万七千余坰"。

这里，除了"辽河"一词大家较为熟悉外，其余"巴林他拉""爱新庙""小细河"几个名称今天都已不复存在。其实，它们都是今天科尔沁区的一部分。

当时，在今天通辽市主城区南侧南沙坨子附近住着几户蒙古人，这里就是巴林他拉，汉语又叫白音太来；另外，在通辽市主城区东，现建华砖瓦厂一带也有几户蒙古人，也叫巴林他(塔)拉。这些蒙古人据说都是从巴林迁居而来，他（塔）拉蒙语为甸子，即巴林人居住的甸子。这次出放的牧场东界正是位于主城区东侧的巴林他拉。

爱新庙位于现西六方，原来这里有一座卓里克图亲王的家庙。据传，庙内供奉着一副铁甲，当地百姓传说，这副铁甲是杨六郎的遗物，但没有任何依据佐证。据判断，应是卓王先人所用铠甲或努尔哈赤赏赐给卓王先人的，因此供奉在庙里。如上判断是因为科尔沁部最早与后金结为联盟，在抗击察哈尔进攻等战争中立下汗马功劳，因此，科尔沁部四部十旗首领都被封为亲王等爵位。其中，卓里克图亲王就是被封为"世袭罔替"的亲王。为纪念科尔沁部战死的英灵，努尔哈赤敕命修建"安辛庙"，以悯恤科尔沁部全体参战将士，并御敕铁甲一副供奉在寺庙中，以示缅怀此次征战中所有捐躯的忠烈。此后，科尔沁卓里克图亲王乌克善经1632年、1634年、1636年、1641年等多次随努尔哈赤、皇太极出兵作战，安辛庙都作为科尔沁部卓里克图亲王的战争"闵忠祠"进行祭祀和修缮。此后，随着战争频率的减少，安辛庙的"悯忠"功能逐渐隐去，而日常的宗教活动逐渐兴盛。到了晚清和民国期间，名称也由安辛庙演变成了"爱新庙"。鼎盛时期据说有殿宇百余间，僧侣数百人，是可以与著名的莫力庙比肩的大寺庙。遗憾的是这座盛极一时的寺庙没有毁于战争炮火，却在1958年"大跃进"时期被拆毁，砖瓦木料被运走，修建余粮堡政府。

小细河是此次出放牧场的南界，小细河即教来河下游。教来河发源于赤峰市敖汉旗境内，流经奈曼旗八仙筒以下河道变宽，两岸多沙丘和开阔的草甸子，水流缓慢，泥沙沉积而使河流变清，故下游改称清河。蒙语称尼日郭勒，汉语译为细河。洪河是教来河支流，是一条季节性河流，也是细河的一部分，发源于奈曼旗治安镇南部，经现今开鲁、科尔沁区，在科左后旗乌兰敖道苏木汇入教来河。此河是今天科尔沁区与科尔沁左翼后旗的界河，河南是科尔沁左翼后旗，河北是今天的科尔沁区。

巴林爱新荒北界辽河即西辽河，西辽河自西南向东北，再拐向东，现通辽市主城区就位于西辽河两岸。

在巴林爱新荒出放之前，科尔沁草原已经有大量的牧场变为良田，但在出放之时，均只管按事先批准的草场丈量出售土地，至于村庄、镇的位置不予考虑。在出放之前事先预留村、镇土地，应该是"巴林爱新荒务局"总办黄仕福的首创。《丈放科尔沁和硕卓里克图亲王所属巴林他拉至爱新庙牧场荒地章程》第四项中明确写明："镇基屯基。查向来放荒不先勘留，听凭各户按照领地，段内盖房凿井，殊嫌散漫。此

董元祥购买土地八亩二分九厘凭照

荒拟先勘镇基、屯基。此段荒内于适中之地应留镇基一处，占地约五方。"在这段记载中明确提出了在这次放荒中，为了避免今后混乱，准备先勘留出一块面积为五方之地，作为建镇之地基。这也是自1791年科尔沁草原首次放荒以来120年的放荒史中，第一次在放荒之前就进行了正式的城镇规划。正是在这块事先预留好的"五方之地"，经几代通辽人的不懈努力，形成了如今跨西辽河两岸的草原新城。

话说卓里克图亲王

　　说到通辽这块土地的放荒，即巴林爱新荒，有一个人物是绕不开的，这就是科尔沁左翼中旗卓里克图亲王色旺端鲁布。

　　说起卓里克图亲王的家世，自然是十分显赫，卓里克图亲王与达尔罕王是清外藩蒙古各盟旗贵族中地位最高的两位王爷。不同的是，达尔罕亲王是科尔沁左翼中旗管旗札萨克、哲里木盟盟长，卓里克图亲王是无实权的闲散王，他们的祖父莽古斯，是成吉思汗的二弟、科尔沁部先祖哈布图·哈萨尔的第十八世孙，科尔沁左翼中旗的始祖。1593 年，莽古斯与其弟明安、洪格尔一起跟随科尔沁部酋长奥巴参与九部联军讨伐努尔哈赤，即史称"九部联军伐满洲"战役。战败后与努尔哈赤议和。努尔哈赤遂采取"怀柔政策"，派专使与科尔沁蒙古通好，于是蒙古贝勒莽古斯来后金朝见。后金朝在嫔妃中选出美女为其作妻，结为婚姻关系。莽古斯亦将自己女儿额尔敦其其格（俗称哲哲，后为大清国第一国母孝端文皇后）嫁与努尔哈赤第八子皇太极，进一步结为儿女亲家。

　　莽古斯生长子宰桑、次子敖勒布。宰桑生有四男二女。其中，长子乌克善与四子满珠习礼皆为清政府所封第一代蒙古亲王。长子乌克善系科尔沁左翼中旗第一代亲王，是清代漠南蒙古最有权势的闲散王爵；四子满珠习礼被封为达尔罕巴图鲁亲王，其本人及其后裔皆为该旗札萨克王。

宰桑的两个女儿先后嫁给皇太极：大女儿海兰珠，俗名乌优塔，1634年嫁与皇太极，1636年被封为关雎宫宸妃；二女儿布木布泰，俗名大玉儿，即中国历史上赫赫有名的孝庄文皇后，是清太宗皇太极的"崇德五宫"之一，是清世祖顺治皇帝的生母，是"千古一帝"清圣祖康熙皇帝的亲祖母，是从科尔沁草原走向中国历史大舞台的一代杰出女政治家。为清初的政治稳定和后来发展成"康乾盛世"做出了不可磨灭的卓越贡献。

到了色旺端鲁布，已经是第十五代卓里克图亲王。

在清代，科尔沁以列朝外戚而"国恩独厚"。列内札萨克二十四部之首。凡有大的征战，必派兵征剿。征噶尔丹及剿策妄阿拉布坦、罗卜藏丹津、噶尔丹策凌、达瓦齐造反等大战役，科尔沁札萨克等每一次都率部征伐，战功卓著。卓里克图

勒勒车

亲王、达尔罕亲王、土谢图亲王、札萨克图郡王四个王爵俸币比其他各部都要优厚，这不仅是因为有姻亲关系，更是因为科尔沁部的功劳最大。按大清规定，外藩蒙古享有俸银、俸币共七等，唯独科尔沁三位亲王和一位郡王比其他同等爵位者再优一级。外藩亲王俸银2 000两，俸缎25匹；科尔沁三亲王每人俸银2 500两，俸缎40匹，郡王俸银1 500两，俸缎20匹。但作为亲王，拥有广袤的草场、优厚的待遇，怎么会堕落到债台高筑，出卖祖传土地的地步呢？说来话长。

色旺端鲁布成为亲王，并非顺理成章。头等台吉额尔德木毕力克图去世后乏子无嗣，无人继位，福晋苏布特达呼瓦根据情况呈文上报清政

府。按清廷规矩，王公等出现空缺，可在亲族近枝中遴选。色旺端鲁布是额尔德木毕力克图的次弟，按例也可列为继承人之位，于是，已经出家当了喇嘛的色旺端鲁布动了继承王位的心思。经四处活动，最终得以还俗，娶其嫂子为妻，如愿以偿地继承了卓里克图亲王爵位。在此期间，自然花费了大量金银。在他还俗且当上王爷后，又常年驻在北京，每天过着花天酒地的生活，朝廷的俸禄已远远满足不了他日常的花销，只得靠借债维持。

色旺端鲁布既然是出身贵胄，为什么会去当喇嘛？这还要从清廷对蒙古的政策说起。在蒙古地区提倡推广喇嘛教，广设喇嘛庙，是清廷的一项国策，清代统治者把喇嘛教作为柔服蒙古各部的工具。由于统治当局的推崇保护，蒙古各部从王公贵族到平民百姓普遍信奉喇嘛教。按清廷规定，蒙古人不分贵贱，每户必须有一男子到寺庙出家，为了让更多的人自愿出家，还规定了诸多优惠政策。作为王爷后代，出家当喇嘛的色旺端鲁布绝不是第一人，其中，科尔沁草原上著名喇嘛庙莫力庙第一世葛根就是卓里克图亲王之子。第一世葛根瓦其尔阿拉木斯为科尔沁左翼中旗卓里克图亲王之子"阿巴嘎喇嘛"的呼毕勒罕，生于乾隆二十一年（1756年），7岁被迎请到莫力庙坐床，21岁赴西藏色拉寺修习经典。经过10年苦读，获得"拉然巴"学位，又从第六世班禅受"格隆"戒，由第九世达赖喇嘛授予"班第达"称号。学业成就后，返回本旗主持莫力庙移修重建事宜。他从西藏返回本旗时，途经北京，拜见第二世章嘉呼图克图若贝多吉，结为好友。他还通过二世章嘉朝见乾隆皇帝，乾隆赐封其"额尔德斯琴堪布呼图克图"尊号，并准其重建寺庙，且由朝廷拨款支持。

一世葛根回到本旗后，立即在达尔罕亲王和科尔沁十旗王公贵族的支持下，主持重建寺庙事宜。经过20余年的努力，建成了五座大殿、四个扎仓、四座佛堂等寺庙建筑群体。其规模宏伟，金碧辉煌，堪称内蒙古东部地区第一大寺庙。一世葛根仿效拉萨色拉寺范例，制定了寺庙管理制度，包括法会、戒律和扎仓等项制度。一世葛根还为寺庙募集大批牲畜、土地、牧场和阿勒巴图，积累了大批金银财宝，为莫力庙以后的兴盛发展奠定了基础。一世葛根于道光元年（1821年）逝世，终年65岁。

看起来，色旺端鲁布在当喇嘛这一点上很难与他的远祖相提并论。贵族出身的喇嘛显然与平民出身的喇嘛不同，他们在寺庙里也可以享有诸多特权，比如，可以在寺外单独建立寺庙，可以由家里派奴仆侍奉。但毕竟是黄卷青灯，与灯红酒绿、妻妾成群的王府生活不可同日而语。最终，色旺端鲁布没有抵挡住红尘的诱惑，还俗当了王爷。

至于蒙古王公举债，在清朝末年已不是新鲜事，据资料记载，仅科尔沁部就有多人欠下巨资无法偿还。其中科右前旗王爷乌泰就是明显的例证。因其奢侈无度，到光绪三十二年（1906年），乌泰已经累计欠债3.2万两白银。蓄谋已久的俄国人趁机拉拢，俄国武官格罗莫夫"对其京债问题特表关心和同情"，并劝诱说："俄国银行利轻，如愿借款，愿从中斡旋。"双方一拍即合，经俄国政府批准，借给乌泰二十万卢布，条件是：以全旗土地、矿产和牲畜做抵押，为期四年。光绪三十二年（1906年），乌泰再次向俄方贷款九万卢布，条件是以全旗山林做抵押。

光绪三十四年（1908年）正月，达聂尔派人催索俄债，乌泰要求缓期偿还，遭到拒绝。达聂尔扬言若届期不还，便"派员带兵到王府，查封产业"，"并照会东三省总督查明究办"。这时，乌泰欠华俄道胜银行贷款20万卢布期限已到，乌泰无力偿还，内心十分恐慌；加之俄国的翻脸无情使他深受震惊，在走投无路、悔恨交加之余，遂于5月25日到洮南府向奉命前来调查的东三省蒙务局督办朱启钤如实说明了两次私借俄债的原委，交出了全部借据和与俄方往来的"牍函"。乌泰还向朱启钤提出两点要求：一、恳请国家贷款偿还俄债；二、愿以本旗地租银和继续拓垦荒地得银抵偿国债。

俄国以贷款的方式向中国输出货币，大多由华俄道胜银行主持。通过这种输出榨取高额利润，来满足自己的国际高利贷剥削欲望。凡与俄国发生借贷关系者，往往都是地方握有权势或具有一定政治地位的人士，俄国通过贷款的途径，对这些人施以恩惠，加以笼络，而这些人以为身陷困窘而得到俄国的帮助，无不感恩戴德而产生亲俄意识，这是俄国对东北侵略中采用的一种手段。当时，东北地方的封疆大吏们虽然认识不到这种严重性，但对乌泰借俄债的性质和后果已有所察觉和警惕。朱启钤认为，"俄国对内蒙古的蒙古王公们借以巨款，轻利远限，而厚饵长丝，必期深入其彀，盖其主意在矿产土地，特谋此印约，以为国际交涉之要挟"。朱启钤的分析切中要害。的确，乌泰所借俄债"轻利"，但俄国贷款的目的不在于高利剥削，而在于对内蒙古地区主权和对乌泰本人的"特谋"上，其后果将酿成"将来要挟之计"和"国际交涉"。

东三省蒙务局和省督抚们由于认识到了问题的性质和事态的严重性，东三省督抚和蒙务局督办都认为，"此者，非争债权也，实争土地权也；非仅保全蒙旗之产业也，实就就保全我中国之领土也"。经过反复讨论后，由奉天督抚向朝廷奏报了《札萨克图郡王乌泰私借俄债期届事迫酌拟办法折》。奏折中提出由大清银行贷款给乌泰，清偿俄债，外债转为内债，乌泰与大清银行确立债务关系等措施。奉光绪帝旨准："按所议办理。"至宣统元年（1909 年）二月，将乌泰所欠的 29 万卢布全部偿还。事后，清政府外交部照会各国驻华公使馆，重申，今后外国私自以公产做抵押与各蒙旗缔借债契约者，中国政府概不承认。

除了乌泰以外，当时借款数额较大的还有：图什业图亲王恩借银两案。光绪三十四年（1908 年）十月，图什业图亲王业喜海顺到了承袭王位的年龄，因办公并婚嫁用款，呈请奉天公署借银 2 万两，以该旗应劈荒价扣抵。此事由东三省蒙务局办理，代其向东三省官银号由留作接济蒙旗款内息借，订立合同，奏咨立案。

镇国公旗恩借银两案。宣统元年（1909 年）正月，镇国公旗札萨克拉什敏珠尔因修理公府，请借银 2.5 万两，以应劈荒价抵还。经奉天省公署批饬，允于奏准接济蒙旗款内拨借 1.5 万两，由东三省蒙务局办理，与官银号订立合同，呈奉天公署备案。

扎赉特贝勒恩借银两案。光绪三十四年（1908 年）十一月，扎赉特旗署印札萨克托特必勒克图恩请黑龙江行省代借银 15 万两，以偿积债。

经东三省蒙务局核议，"决定先传集各债主到案，查看有无重利盘剥情形，分判减息还本，酌情借给银两，并由该旗垦放荒地应劈地价抵偿"。

这一次卓里克图亲王色旺端鲁布以出卖土地还债已不是第一次。资料记载："科左中旗卓里克图亲王色旺端鲁布因欠有巨债，乃于1908年丈放采哈、新甸等处蒙地8.64万垧。翌年，该旗又出放洮辽（洮南至辽源）官道两旁荒地83 025垧。"这次出放巴林爱新荒只是他出卖草场的继续。

色旺端鲁布作为最后一代卓里克图亲王，没有做出什么可圈可点的事迹，因此史料里对他记载不多。唯一值得称道的是，民国元年，也就是巴林爱新荒开始实施放荒的这一年一月，外蒙古哲布尊丹巴活佛在俄罗斯利诱下宣布独立后，曾派人到科尔沁草原到处游说，以高官厚禄、金钱武器等为诱饵，劝蒙古王公归降。包括色旺端鲁布在内的科尔沁绝大部分王公都没有在关键时刻选择与分裂者合作，也没有和乌泰沆瀣一气参与暴乱，这对于维护祖国统一、边疆稳定，客观上起到了积极作用。

日寇侵占东三省后，取消了蒙古王公的特权，色旺端鲁布成为蒙古王公的终结者。

色旺端鲁布有一子，名贺喜业勒吐，曾在国民党军队任中将。解放后，因反政府、反对土改等罪，于1952年在北京被处决。时年44岁。

"采哈新甸荒"引起的事端

巴林爱新荒正式"行绳丈放",却遭到科左中旗几家王公的极力反对与阻挠。他们以"债务不清"为由,不准荒务总办继续丈量,使刚刚开始的巴林爱新荒陷入停顿。这是为什么?

在《话说卓里克图亲王》一文中,曾提到过出放"采哈新甸荒",正是采哈新甸荒为卓里克图亲王埋下了事端。

采哈新甸荒是科左中旗在清代的第二次公开出荒,荒段位于双辽市茂林镇以东。这块草地的出放,从光绪十一年(1885 年)开始,到宣统元年(1909 年)结束,历时二十四年。

光绪十年(1884 年),科左中旗第十三任札萨克和硕达尔罕亲王棍布旺济勒去世。年仅五岁的那木济勒色楞,承袭了和硕达尔罕亲王爵,成为本旗第十四任札萨克。但当时只有 7 岁的棍布旺济勒因其年幼不能主政,朝廷令本旗闲散王爷卓里克图亲王济克登旺库尔署理科左中旗印务,代行札萨克职权。

一朝权在手,便把令来行。代行旗札萨克职务后,济克登旺库尔感到自己咸鱼翻身的日子到了。这位王爷本是一位酒色之徒,他常年居住在北京豪华的王府中,每天过着花天酒地的生活,挥霍无度,很快债台高筑,陷入危机,仅在北京祥泰德商号吴玉祥名下,他就欠了东钱四十九万七千三百六十吊。掌管旗政后,债务缠身的卓王首先想到的便是卖祖宗的产业，他成立了福长地局，打算出放哈拉巴山、达冷等处的荒地，用来偿还宿债。可是这件事被福晋育木吉特发觉，一纸诉状把他状告到理藩院，要求朝廷加以限制。由于老婆从中作梗，此事只得作罢。于是又决定出放采哈新甸荒。

其实，采哈新甸荒并不是卓里克图亲王的领地，而是属于本旗温都尔王。正所谓利令智昏，他在没有征得温都尔王同意的情况下，将长60里、宽32里的采哈新甸荒抵押给吴玉祥，并把蒙文印据押给吴玉祥作为凭证。

事已至此，卓王仍不满足，他又与本旗台吉三音吉雅、德兴阿、色旺东喀鲁布等人合谋，把采哈新甸荒佃给"民人"（流入本旗的汉人）王铭、张显芝、吕长安等五百余人。这些人共计报领荒地十二万八千垧，领得地照一百二十八张。卓王收取荒价东钱六十五万七千六百吊。卓王将别人的"女儿"一嫁再嫁，既还清了欠债，又白白得了银子，可谓"一炮双响，一箭双雕"。

纸里终究包不住火，事情败露后，债主、佃户纷纷上告，于是引发了一场旷日持久的官司。光绪十七年（1891年）老卓王济克登旺库尔病故，事情没有结果；光绪二十年（1894年），老卓王的儿子丹色里特旺珠尔也死了，官司仍然悬而未决；光绪二十年，老卓王的孙子额尔德木毕力克图袭爵，债主、佃户依然在上告。直到光绪三十三年（1907年），终于惊动了圣驾，光绪皇帝在关于控告"达尔罕亲王那木济勒色楞，售荒得财，抗不拨地，迹近诓骗"的奏折上朱批"按照所陈各节，确切查明，据实具奏，勿稍徇隐，原折著钞给阅看，钦此"。辅国将军辽阳城守尉宗室德裕、奉天高等审判厅推事陶祖尧、候补直隶州知州明哲三人前来科左中旗三堂会审。之后给光绪皇帝写了一个详细的奏折，将此案的来龙去脉原原本本地奏告皇上，并提出了解决方案。光绪三十四年（1908年），皇帝朱批："著照所请，该部知道，钦此。"得便宜的是卓王，只因达尔罕王是科左中旗的执政王，替他当了一回被告，但却不能替他挨板子。徐世昌等人按照皇帝的批示，制定了《出放采哈新甸荒章程》，对采哈新甸荒重新丈放，以所得荒价偿还债主吴玉祥，佃户王铭、张显芝、吕长安等人的债款和原来所付荒价。余下钱款用来补偿这些人在二十余年诉讼过程中所蒙受的损失。两项合计折银二十六万二千八百四十八两二钱一分二厘，还剩下正价银二万九千多两，全归旗札萨克府作为公用。

这场官司虽然已经结案，但吃亏的是温都尔王。自己的封地无缘无故地替他人还了债，岂能善罢甘休！此外，他们阻挠放荒还有一个借口，那就是，这次出放巴林爱新荒之前已有明文规定：巴林爱新荒的荒价，全部收入作为十成，以二成报效国家，八成归卓王偿还债务。荒地满六年升科，地租每垧收中钱六百六十文，按旧例，本该一半归旗札萨克，一半归卓王，但卓王以筹办该荒事务开销颇大为由，首先声明不容分劈，全部归己。卓王狮子大张口，要一个人独吞地租，好事岂不都是他一个人的！老账新账合在一起，达尔罕亲王、温都尔王等当然不能坐视不管，这才率领人马前来干预。

这半路杀出来的程咬金，让带领人马"行绳丈放"的黄仕福深感意外，更让色旺端鲁布气急败坏。情急之下，他想起一个人来，就是集宁寺的达尔罕呼图克图色旺诺尔布。实在没别的办法，只好请这位集宁寺的活佛出面调解。卓王曾在孟克召庙当过喇嘛，和达尔罕呼图克图有交情。此前，在卓王还俗继承王位时也曾遇到多方阻力，当时就是这位活佛从中游说，最终得以还俗。最后，果不出卓王所料，老活佛以自己在宗教界的崇高威望，说服了达尔罕亲王及其属下，他们答应不再干涉。丈放工作在停顿三个月后，于当年七月二十五日重新开始。

黄仕福和卓王本以为这回可以顺顺当当丈量土地，编号卖钱了，谁知，又一次意想不到的事情再一次使放荒工作陷于停顿。

乌泰王响应外蒙古哲布尊丹巴独立，举兵叛乱，乌泰被打垮以后，他手下的一部分散兵游勇逃窜到东扎鲁特，纠集起一帮人马再次发动骚乱，杀西扎鲁特公爵、东扎鲁特福晋，攻陷了开鲁。一些胡匪也趁机骚扰，四处抢掠。这次事件从 11 月 12 日起，至 12 月 1 日平息，可人心慌乱并未能在短时间内解除。在此之前，黄仕福已经派人到辽宁、吉林、河北、山东等地招商，那些揣着银子前来买地的人听到这个消息，纷纷止步不前，甚至打道回府。直至匪患平息，时间又已经过去了几个月。

赵尔巽与通辽城

卓里克图亲王决定出放巴林爱新荒偿还京债，呈报到东三省总督，再转呈中华民国临时大总统袁世凯，终获批准。1913 年 7 月，奉天民政厅正式下达批准文书。

在以往一些文章史料中，说到这段往事，都会提到经赵尔巽圈定字样。有人对此提出异议，认为黄仕福上报关于建通辽镇的呈文时，赵尔巽已经"避祸"离任，因此，批准呈文的不可能是赵尔巽。事情究竟是怎样的呢？要将此事讨论清楚，先要搞清楚赵尔巽离任的准确时间。

在历史档案中，有关赵尔巽这样的名人不乏记录，但对其辞去奉天都督一职的时间却很含糊。如百度百科"赵尔巽"条下有如下记载：

赵尔巽（1844—1927 年），字公镶，号次珊，又号次山，又号无补，清末汉军正蓝旗人，祖籍奉天铁岭。清代同治年间进士，授翰林院编修。历任安徽、陕西各省按察使，又任甘肃、新疆、山西布政使，后任湖南巡抚、户部尚书、盛京将军、湖广总督、四川总督等职。宣统三年（1911年）任东三省总督。武昌起义后在奉天（今辽宁）成立保安会，阻止革命。民国成立，任奉天都督，旋辞职。1914 年任清史馆总裁，主编《清史稿》，二十六史之一。袁世凯称帝时，被尊为"嵩山四友"之一。1925 年段祺瑞执政期间，任善后会议议长、临时参议院议长。

这一说法并非百度百科独有，历史资料对其离职的记述大多如此。

这里透露的信息是，赵尔巽在东三省总督任上只有一年，中华民国成立后仍被任用，不过职务由"东三省总督"改称"奉天都督"。而人们最关注的问题——他离职的时间却仅有短短的"旋辞职"三个字。旋，是说他"很快"辞职。但究竟"快"到什么程度，则是一头雾水。短到三两个月，长到一年半载，在历史学家的眼里，都可能是一瞬间。

值得注意的是，不少人在撰写这段历史时，几乎大多采用"旋辞职"这三个字。这可能成为通辽镇建镇文书批准时赵尔巽已经辞职的主要依据吗？

赵尔巽

要解开这个谜团，首先要看辛亥革命成功后他的行踪。

辛亥革命爆发后，发生了外蒙古及呼伦贝尔独立事件。博彦满都在《乌泰王叛乱事件》一文中说："外蒙古和呼伦贝尔相继宣告起义，尤其自呼伦倡变，南蒙古旗亦受影响。就在蒙回各部影响所及，人心思动，颇有岌岌可危之势的情况下，乌泰于1912年初派协理台吉诺庆颜、葛根庙的喇嘛锡勒图二人为代表，去库伦（笔者注：蒙古国首都乌兰巴托旧称库伦，为有别于漠南喇嘛旗之库伦，分别称大、小库伦）就宣布革命一事与库伦集团进行密谋。库伦集团不但表示兵力武装，尽力援助，还任命乌泰为进攻中华民国第一路总司令。同年7月，当东三省总督赵尔巽闻乌泰有起义之意，即派员前往镇压，并电准将该旗借款三十万减免，乃乌泰迄鄙视。"

中国第二历史档案馆《奉天都督赵尔巽呈报靖安县知县送到乌泰文告钞呈查核》一文，也是禀报乌泰准备暴乱一事，时间也是在当年七月。

标题中赵尔巽的职务为奉天都督，而不是东三省总督。前面列举博彦满都《乌泰王叛乱事件》所述东三省总督之说显然是称其旧职。

1912年7月19日，民国政府向奉天都督赵尔巽发了一份密电《乌泰附合库伦决定以兵力剿办》。电文指出："乌泰附合库伦，逆迹昭著。""如再隐忍，势必牵动全蒙盟，即三省亦无宁日。现经国务会议决定，以兵力剿办。"

8月13日，洮南摄理知府欧阳朝华奉命派两名特使持函拜访乌泰，进行"宣慰调和""和平解说"，乌泰断然拒绝，坚持"非打到底不可"。赵尔巽随后致电国务院："据管带石得山侦查，科右前旗定于8月20日'独立'，并会同各旗驱逐汉民。"

8月20日，国务院向奉天、吉林、黑龙江都督发出命令：决定"以兵力从事，中央已预为筹备，俟劝喻无效，即可出其不意，一战歼灭。望该都督等策励将士，挑选精锐，严为戒备，迅速赴机，以寒敌胆而振全局。"同日，又命令赵尔巽派员前往科右前旗劝谕，"先抚后剿，随抚随剿"。若和平劝告失败，立即"以兵力剿办"。

赵尔巽接电令后，在都督府成立了奉天军备处，在昌图、洮南两地分别设立了兵站，拨银10万两，供应各营军饷和兵需。又调驻辽源州（今吉林省双辽市即郑家屯）的奉天后路巡防队统领吴俊升率所属马步各营约2 000人（另拨给炮队归其指挥），奉天右路巡防队帮统王良臣率马步三个营，日夜兼程，驰援洮南府。

1912年10月4日《盛京时报》对此事也有类似报道。对赵尔巽仍称"奉天都督"。

综上所述，可以说明赵尔巽至迟在1912年10月尚未辞掉奉天都督之职。至于他离职的准确时间，缺少档案原件证实。

在《从"东北王"到清史馆馆长——铁岭人赵尔巽》一文中有如下字样：

"（赵尔巽）宣统三年三月授钦差大臣、东三省总督，理三省将军事务，成了名符其实的'东北王'。民国元年（1912年）三月改称东三省都督，七月改任奉天都督，十一月告退离任，隐居青岛。"

如果这种说法是准确的，赵尔巽在辛亥革命成功后，任职时间不到一年。从历史的角度来看，实在不算很长的时间，用"旋辞职"一词并没有什么不当。

也有人在论述通辽建城这段历史时，对赵尔巽辞职的时间描述较为详细，他认为："事实上民国元年十一月（1912年11月3日）赵尔巽已经离任，避惧辛亥革命移居山东青岛。因此这份报告不可能是赵尔巽圈定批复的。此时的奉天总督是张锡銮（任职时间是1912年11月3日至1915年8月22日）。至于"通辽"这个地名的选择和圈定是否与他有关，目前尚无明确证据。"

这段记述有准确的时间记录，但是，关于赵尔巽是因为曾反对革命而"避祸"辞职一说，似乎值得商榷。

赵尔巽反对民主共和、诋毁推翻帝制、创建民国的革命活动，既有其言，也有其行。武昌新军起义后，赵尔巽在一封公开信中，公然威胁革命党人说："诸君虽有兴风鼓浪之气，未必朝廷无压风破浪之能，诸君虽有人山人海之众，未必朝廷无排山倒海之威。"甚至说："倘久执迷，则所谓子能覆楚，我必能复楚者，正自有人在也。"（致武昌起义诸君函稿，载《清代档案史料丛编》）

为了在动荡中独撑东三省危局，免受武昌起义后各省纷纷宣布独立、赞成共和的影响，赵尔巽与袁金铠等人密谋成立"奉天国民保安会"。在奉天各界代表会议上，奉天中、前路巡防军统领张作霖在会场内外密布武装人员，甚至公然掏出手枪压制要求宣布东三省独立、响应武昌起义的革命党人，胁迫代表们就范。赵尔巽在张作霖枪杆子的支持下，宣布成立奉天保安会，他本人"当选"为会长。张作霖保驾有功，当上了军事部副部长，（赵张二人后来成为儿女亲家）并将所部二千多人开进省城震慑民众。此后，更是对革命党人大开杀戒，手段极其残忍。其三弟赵尔丰在四川与他南北呼应，后在军队哗变时被杀。

赵尔巽有申包胥复楚之志，而乏范蠡兴越之能。中华民国成立后，对大清灭亡怀有切肤之痛的赵尔巽并没有效仿伯夷、叔齐，归隐山野，而是继续担任东三省总督。

凡此种种，他惧怕革命理所当然，但是袁世凯在上台伊始就怀揣复辟当皇帝的野心，他对清政府旧臣、蒙古王公极力笼络，加官晋爵，以为复辟的社会基础。因此，一直到赵尔巽辞职的一年时间里，满洲旧臣中并未有一人因反对共和或镇压过革命而获罪。因此，说赵尔巽是因避祸而辞职，目前尚缺少依据。

在赵尔巽辞职隐居青岛后，醉心于恢复帝制的袁世凯想藉编修清史延揽清朝遗老、山林隐逸之士，争取他们的同情与支持。受袁世凯之聘，1914 年赵尔巽出任清史馆馆长。此时的赵尔巽也想通过纂修清史，以示不忘先朝隆恩，树起心中的大清黄龙旗。二人殊途同归，一拍即合。

赵尔巽故居

《清史稿》历时十五年完成，完稿后翌年付梓。赵尔巽时年八十四岁。

通辽建城的文件是 1913 年 7 月由奉天省民政厅颁发，距赵尔巽离任已经七个月之久。如果说，最初卓里克图亲王申请出放巴林爱新荒、任命黄仕福为巴林爱新荒务总办是经由赵尔巽之手是确凿无误的话，"通辽"这个名字最后确定，的确和他毫无关系。

改变了通辽城格局的小人物

在巴林爱新荒务总办一班人马中，有一个叫刘振亭的，他职务不高，却因为手中握有实权，加上他头脑机灵，精于算计，在此后的几年里，可谓出尽了风头。在巴林爱新荒务总办，刘振亭最早购买土地，最早开公司经商。后来，他又在老通辽城东一里处（现教育印刷厂一带）所购得的一块地皮上擅自拉街基，盖房子，俨然城外之城，被称为"小街基"。他在这里开烧锅，做生意，致使后来通辽城北侧向东延伸，突破了建城之初"五方之地"的限制，从而，也改变了通辽城的格局。其影响，一直到今天仍可见到。

通辽建镇之初，因这里还是一片大草滩，人烟稀少，交通不便，因此，荒务总办设在百里之外的辽源州（现吉林省郑家屯）。郑家屯开埠较早，1875 年（清光绪元年），设置梨树、康平两县，郑家屯隶属于康平县。1880 年（清光绪六年），在郑家屯设立分防主簿。1902 年（清光绪二十八年），设辽源州，衙署驻郑家屯，隶属于昌图府。巴林爱新荒当时属辽源州治下。此时的郑家屯已是商贾林立的商品集散地。正因为这里经历过周边多次放荒，一些嗅觉灵敏的商人对如何利用放荒之机赚钱谙熟于心，轻车熟路。

那么，刘振亭究竟是一个什么样的人？说起来，他只是荒务总办的一个收支员。所谓收支员，其权力范围绝不仅仅是"一收一支"，而是荒务总办的财务总管一类，手中掌管着随时收纳的大笔现银。正是这个职务，给了刘振亭迅速发家致富的契机。巴林爱新荒正式"出示招领"，就有了大把的银钱进账，精明的刘振亭利用这些公款，转手盈利，捞取第一桶金。

在郑家屯街，当时有两家较大的当铺，一家叫世合当，另一家叫裕胜当。巴林爱新荒务总办在辽源州挂牌办公，嗅觉敏锐的当铺老板意识到发财的机会到了。两家老板是怎样与刘振亭勾结在一起的，已无从查考，但从此后形成的利益链可以看出他们之间相互利用、共同分赃的非正常关系。刘振亭利用手中权力，将放荒的土地作为抵押物，以一元八角小洋抵一两白银，分别由两家当铺卖出，刘振亭从中坐收渔利。

他一面占着便宜，一面在社会上公开扬言说：巴林爱新荒有人卖没人买。以此来掩饰自己的贪婪行为。由于刘振亭暗中破坏，频频作祟，使得巴林爱新荒务局的丈放工作受到了极大地影响，迟迟不能完成。

在通辽镇正式"出示招领"后不久，刘振亭率先成立了一家公司，叫普裕公司。刘振亭以公司的名义用低价大量套购荒地，然后高价出售。

事情还不只如此，刘振亭还有更大的动作，不仅引起"官镇"与"私街"之间的一场诉讼，还由此改变了通辽镇的格局。

刘振亭的招数频频得逞，手里又握有大笔银钱，于是在通辽镇东一里处买得一方土地。这块土地位于镇基以外，用途只能是作为耕地。而刘振亭不愧头脑灵便，具有强烈的经商意识。他知道，在络绎不绝的来此经商的人里，未必都是腰缠万贯的富商，那些小本经营的商贩必定要租房做生意。他抢先一步，在自己购买的那块土地上拉街基，盖房子，趁着通辽镇立足未稳抢占先机。他拉起横向街道两条，再用两条纵向小路连接，整个街道呈"井"字形，一座被人称为"小街基"的城外之城初具规模。果不出刘振亭所料，很快，一批外来商户落脚在"私街"，一时间，风头竟然盖过了通辽镇。

刘振亭的做法无疑极大地损害了"官镇"投资者的利益，卧榻之侧，岂容他人安睡？眼看着大笔生意流失，"官镇"的绅商们联手反击，一纸诉状将刘振亭告到辽源县。

　　刘振亭私立街基，按理说要想打赢官司胜算极小，无论在任何朝代，私立街基都属违法行为。我们不知道当初他怎样调动社会关系，如何打通关节，最后的结局却是双方打了一个平手，甚至是刘振亭略占上风。"小街基既已建成，拆掉可惜"，除了"不许继续建筑"对刘振亭有所约束，暂缓了他扩建的脚步外，这一场官司下来，竟然是把小街基由非法"违章建筑"变成合法化。

刘振亭私建小街基房屋

　　由于西辽河喜怒无常，河水经常冲出河道造成危害，甚至冲进小街基和通辽城，冲毁房屋，造成极大的损失。加上当时时局混乱，土匪蜂起，因此1913年的秋冬到1914年春，通辽市首次修筑城壕，这次修筑城壕由荒务局和蒙荒局牵头，联合城商绅、百姓出钱出力。此城壕四至为：西城壕就是现在的团结路，东城壕是现在的建国路，南城壕是现在的科尔沁大街北侧，北城壕在现在霍林河大街南侧30米处。城壕四至相当于建镇之初的城区范围。

　　小街基与通辽镇相距仅有一里多，可谓鸡犬相闻，免不了相互往来。当时，通辽店铺最多的当属中大街（中心大街）和南大街（明仁大街）。

从小街基往城里走没有相对应的道路，无论是从小街基南端到中大街，还是从小街基南路到南大街，都有一个角度，久而久之，小街基与"官镇"之间一里宽的空地上，就形成两条斜向道路。

自建镇以来，通辽镇和小街基多次经受洪水考验。通辽镇因为城壕坚固，损失较小；而小街基因财力有限，洪水多次冲毁城壕，造成房屋倒塌的惨状。1924年，通辽再一次修筑城壕，此时，通辽城已经发生了很大变化：1922年1月，四洮铁路通辽支线修至通辽，在城南建火车站；位于南顺城大街北侧，由军阀吴俊升投资六十五万元（银圆）修建的电灯厂也建成投产。原城壕东门外已经有了很多房屋，尤其是小街基与通辽镇之间的空地上，沿自然形成的小路两侧迁来许多居民，所以，这次修筑城壕把小街基一并扩入城内。这次扩建城壕，西、南及西南侧没有变化，东侧城壕扩至现在的东顺路，西南侧从民主路东，即现在的一中院内向南拐，至现在的南顺城大街。另外，和平路也延伸至城南火车站。

这一格局的形成，除了郑家屯至通辽铁路修通，军阀吴俊升等人投资建厂以外，刘振亭修建的小街基，也使通辽城向东扩展。这一格局一直到日本投降，乃至解放初期，都没有发生多大变化。

刘振亭留下的另一个印记现在还清晰可见。通辽城内的街道因为最初是按照规划修建，横平竖直，呈棋盘状，十分规整。但自建国路以东的道路则明显向东北倾斜，而又以中心大街和永清大街为最，这无疑都是刘振亭当初私建小街基留下的"后遗症"。

"通辽"释义与老城壕

到 1912 年 12 月，"通辽"一词诞生整整一百年。

"通辽"一词，最早出现在荒务局总办黄仕福给奉天都督的呈文中。文件全称是《巴林爱新荒务局总办黄仕福为请领汉蒙大照并拟送照稿给奉天都督的呈文》之附件《谨以镇基汉文、蒙文大照稿》。

1948 年通辽城关建设六座城门桥之一

这件档案史料中，包括了当时为出放镇基土地而拟定的镇基执照和存根样式，其中有住户认领地基的记载："兹据领户××，遵章缴价报领通辽镇地基一段，坐落××，编作第××号。计开：领户×××。

遵章报领通辽镇第×××号地基××。"

《呈文》日期是"民国元年十一月"（1912年11月）。这时，拟建中的"通辽镇"还只是一个方案，尚需等待上级批准。

如果按堪舆学所说，通辽城选址并非十全十美。古人选城址多在河岸，且多选在河北岸。河北为阳，河南为阴。我国的城市中以"阳"命名的数不胜数，却很少见以"阴"命名。通辽镇选址在河南，其实也有其必然性，"巴林爱新荒"北界就是西辽河，况且西辽河以北已不是卓里克图亲王领地。

但黄仕福出身武职，更多的可能是出于对战守攻防的考虑，三面有险可依，敞开东侧，也有网开一面的意思。

《呈文》中还对通辽镇选址做了说明："查得巴林他拉西北地方平甸一区，南临大道，西枕辽河，东倚平冈，北凭广野，地势高爽，永无水患，而水陆交通之便利，尤为他处所不及。拟即设立镇基，定名通辽。"但是，文中并没有对通辽一词具体含义做出说明，在以后的文档里，也没有相应的解释。因此，后人见仁见智，各抒己见，"通辽"一词便有了多种不同的释义。综合起来，大致有如下几种观点：

其一，通往西辽河的地方。依据是，通辽镇西、北两侧临西辽河。这种说法难免有望文生义之嫌。通辽镇离西辽河近在咫尺，可谓枕河而居，用"通往"解释，显然不通。

其二，通畅辽阔之意。据这种说法的人，大概受黄仕福当年呈文影响较大。首先需要澄清的是，《呈文》中所描述的，并非"巴林爱新荒"的地形地貌，而是专指拟建中的通辽镇。《呈文》因受行文方式所限，简单概括，其实并不准确，诸如，仅仅提到"西枕辽河"，而北侧的辽河却只字未提；而"东倚平岗"指的又是哪里？冈，本意为"山脊"，从通辽镇往东一马平川，仅在60公里外有一座并不高大的吐尔基山。文中所说的"冈"实乃子虚乌有。如果牵强附会，"冈"应该在通辽镇南侧，就是横亘十余华里的"南坨子"。

辽河为中国北方第二大河，通辽段河宽五里，每逢汛期，水势滔天，是一道天然屏障。试想，两面有河相阻，南面有沙漠当道，只有东面一路可通，哪有通畅辽阔可言？

其三，通往辽源。辽源，即今日之郑家屯。开埠建镇早于通辽，归奉天省管辖。通辽建镇伊始，为辽源治下，巴林爱新荒务局、蒙荒局当时都设在辽源县办公。当年黄仕福率员前来开办巴林爱新荒，自奉天出发，必须走经开源、铁岭、辽源一路，也是先知有辽源。来自辽宁、河北等地购买土地的客商，均需先到辽源县交款、领取凭证执照，之后才能看到自己认领的土地。

另外，还有一条古驿道和西辽河将通辽与辽源连接起来。当时，辽源航运已经开通，往南可直达营口。通辽建镇不久就开办了西辽河航运，粮食、土产等都需在辽源转运。由此可见，通辽与辽源当时联系紧

日伪时期通辽县北城门

密、息息相关。常住在辽源的荒务局官员在给筹建的小镇起名字时，首先想到这一点应在情理之中。

只是后来通辽镇发展迅速，辽源作为科尔沁草原西部中心城市的地位逐渐减弱，被通辽取而代之。或许有人对通辽曾经被郑家屯管辖这一事实心里不平衡，其实大可不必。后来居上，甚至反客为主，也是常有的事。

老通辽的城壕

城墙，首先是军事设施，用于作战时守城，古已有之。《孟子》里有"三里之城，七里之郭，环而攻之而不胜"之语，说的就是这个道理。但这还只是"城"而非"城市"。城市还要有"市"，就是买卖交易。从这个意义上来说，老通辽是先有"市"，后有"城"。

建城伊始，没有设城墙。"巴林爱新荒"正式"行绳丈放"，这块昔日蒙古人的牧场被分割成无数个单元，有了各自的姓名。

通辽地处科尔沁草原西侧，离此最近的城市郑家屯也有200华里。为了方便巴林爱新荒开垦后大宗的粮食有一个交易之所，黄仕福提出择地建城："镇基屯基。查向来放荒不先勘留，听凭各户按照领地，段内盖房凿井，殊嫌散漫。此荒拟先勘镇基、屯基。此段荒内于适中之地应留镇基一处，占地约五方。"别小瞧了这寥寥几个字，却是破天荒之举，在放荒之前预先留出镇基、屯基，在科尔沁放荒史上是第一次。

那么，最初的老通辽"约五方"有多大呢？方，是当时的土地计量单位，一方，相当于45垧（675亩）。说白了，老通辽东自建国路，西至西顺路，南自科尔沁大街，北至霍林河大街南三十米。一个中规中矩的长方形小城。

通辽修建城壕是在1914年。为什么修城壕？防洪！

在通辽城择址报告上，黄仕福当年曾预言，建成后的通辽"地势高爽，永无水患"。智者千虑，必有一失。就在通辽建城第二年，西辽河就给黄仕福一个下马威，这一年夏汛，西辽河水暴涨，肖家窝堡决口，顺通辽镇西南方向冲进城里。给刚刚建起来的小镇以沉重的打击。刘振亭建在镇东一华里的小街基，因地势低洼，遭遇了"水淹七军"，损失尤为惨重。于是，黄仕福在迫不得已的情况下决定修筑城壕。城壕底部宽二十余米，顶宽五米，高七八米，全部用黄土夯筑而成，十分牢固。城壕四至就是最初规划范围。而处于城外的"小街基"则被隔在城壕之外，1915年西辽河再次决口，通辽城内有惊无险，小街基再次被淹。

为方便车马行人，城周留有城门，除东南西北四门外，还有东北门、东南门、西南门。其中，南门、北门位于交通路南北两端。西门位于中心大街两端，东门位于永清大街东端。

1924年，城壕经历五次大水冲击已不堪重负，决定重修城壕。"为防水患，通辽本城修筑壕坝，拟定以工代赈办法，会各区争送灾民来城工作。"

　　这次既是重修，也是扩建。此时的东门外已有回民百余户，修建大量房屋，并修建了太山娘娘庙（姑子庵）、文庙、马道尹府等大型建筑，与小街基连为一体。因此，东城壕移至现东顺路，城东门也改到现永清大街。这次修筑城壕采取的是以工代赈方式，荒务局出面组织，各商户捐资，四周农村灾民出力，可谓一举数得。

泱泱大水漫通辽

依河傍水，是修建城池的主要条件，古今中外概莫如此。通辽建镇之初，就把镇基选择在西辽河畔。西辽河从东、北两面绕城而过，通辽城宛如西辽河臂弯里的孩子。

西辽河，脾气时而温顺时而暴躁，令人捉摸不定。水量小时，她静若处子，河水款款流过河床，滋润着两岸肥沃的土地。一旦上游山洪暴发，她就像一匹脱缰的野马，时常发威，冲堤毁坝，淹没良田，甚至大水漫灌城区，致使房倒屋塌，大街上行船。

自从通辽建镇始，直到西辽河上游修建水库，经历了多少次洪水考验，已不可历数。据资料记载，从1917年到20世纪末，西辽河就发

昔日西辽河

生过近二十次大洪水，洪水冲进城里就有多次。

1913年大水进城，小街基房屋倒塌；

1915年一次大洪水。大洪水致使小街基遭受了灭顶之灾；

1921 年通辽又发生了一次大的洪灾，记载说：八月初旬，阴雨连绵，河水下注，以致通辽全县水淹全境；

1922 年，大水漫灌，辽河、红河、清河汇聚，几十里内一片汪洋；

1924 年洪水冲毁城壕进入街镇，数日未退，造成房屋坍塌……

其实，在通辽建镇之初，对西辽河也曾有所考虑，但黄仕福断言："地势高爽，永无水患，而水陆交通之便利，尤为他处所不及。"看起来，是黄仕福低估了西辽河的威力。1913 年，就在小镇刚刚兴建之际，西辽河就来了一个下马威。这一年夏汛，西辽河河水暴涨，很快冲出河道，顺通辽镇西南方向冲进城里。给刚刚建起来的小镇以沉重的打击。不过，比起刘振亭私建的小街基，还算幸运得多。

小街基位于通辽镇东北，是一块洼地。这从与其一路之隔，后来成为菜农落脚之地的几个村子名称中就可以知道。隔霍林河大街路北就是"北洼子村"，往东不远，就是"东洼子村"。因此，这次大水使小街基损失惨重，许多房屋被冲倒。一些店铺、饭棚被迫前往官镇，"由小街基陆续迁往者 47 家。现小街基店铺在大镇基租修房屋，不久即行迁往者尚有10 余家"。

这场大水也给黄仕福提出警告，因此于 1914 年做出修筑城壕之举。城壕底部宽二十余米，顶宽五米，高七八米，全部用黄土夯筑而成，十分牢固。城壕的修筑，有效地抵御了 1915 年的洪水。但小街基毕竟是仅凭刘振亭一人之力，虽然也修筑了城壕，但修筑草率，不堪一击。1914 年、1915 年连续两次大水，致使小街基损失惨重。据史志记载：1915 年西辽河大水，白音太来遭受严重水灾，小街基全部淹没，市面经济萧条，居民贫困，商铺房屋寥寥无几。两次大水也使小街基发展严重受损，商民大多迁至官镇，从此官镇日见繁盛。

1921 年至 1924 年，西辽河连续四年暴发洪水，为历史所罕见！

1921 年发生了一次大的洪灾，记载说：八月初旬，阴雨连绵，河水下注，以致通辽全县水淹全境。开鲁县白昼起大雾。8 月 25 日，对面不见人，白天家家户户都点起了灯。但是通辽镇由于有城壕保护，最终没有受到洪水的侵害。

1922年夏汛，水势之大历史罕见，西辽河水决堤而出，淹没良田，淹没村庄，很快，北至西辽河，南至红河，一片汪洋，形成西辽河、清河、红河三河相会的局面。所幸，通辽城有城壕保护，得以躲过一劫。

1923年，西辽河再次暴发特大洪水。通辽城壕多处被冲毁，大水进城，但只冲毁部分土房，其余损失不大。

1924年7月，西辽河水再一次发威。这是自1914年通辽修筑城壕以来第五次经受洪水冲刷。当七月份洪水来临时，上一年被冲毁的城壕还未来得及修补。几天来，暴雨不断，雷电交加，全城人都

西辽河上的第一座大桥，为日伪时期修建

处于恐怖之中。西辽河洪峰一次比一次猛烈，最终在8月4日凌晨5点，从肖家窝堡一带溃堤，汹涌的河水冲出河道，自通辽城西南角横冲直入，涌入城里。大水穿城而过，自东北角经北洼子、双井子归入西辽河。

这次洪水对通辽城造成的危害是空前的。肖家窝堡、五家子一带被洪水冲毁堤坝百余丈，水深数丈，洪水过后，几乎形成了一条新的河道；哈拉乎、白音太来、丁家窝棚一带农作物全部淹没，致使清河河水暴涨；8月5日，洪水入城后，各街道洪水横流，浅处3～4尺，深处6～7尺，整个街路可行木船，火车站附近一片汪洋。洪水数日未退，造成房屋坍塌，光商铺房屋就倒塌数百间。洪水退去后，城内淤泥达到了2～3尺厚。城里如此，作为低洼处的小街基，惨状更是可想而知。大水过后，通辽周边饿殍遍地，其状惨不忍睹！

这次大水，使通辽镇被迫重新修筑城壕。此次修城壕采用"以工代赈"的办法，由政府牵头，商会集资，灾民出力。既解了灾民之荒，又免了

雇工之资，可谓一举两得。上述所说大水仅是有代表性的几次。事实上，西辽河每年都在威胁着通辽城。通辽人每年都要为防汛付出极大的代价。直至20世纪80年代，每到汛期，各单位还要抽调人力物力蹲守在西辽河边严阵以待。

西辽河洪水泛滥，造成灾害。历史上不可历数。

1948年春汛，刚刚解冻的河水夹着冰排在河道里横冲直撞，险情不断，四处告急。由于日伪统治时期只顾搜刮资源，不管人民死活，西辽河大堤年久失修，造成多处险工险段。钱家店区黑坨子决口！余粮堡北决口！肖家窝堡决口！马家窝堡决口！

夏季，西辽河再发洪水，造成通辽城北第一道堤坝决口，洪水涌入城内。时任县长王晓天第一个跳入决口处，紧接着，徐英等领导也纷纷跳下去，用树枝、泥土将决口堵住。这次大水还冲毁了刚刚修复的西辽河大桥，冲毁电线。情况十分危急！

解除水患威胁是在解放以后。人民政府出于对人民群众生产、生命安全考虑，疏浚河道，兴修水利。1949年冬到1950年春，全盟动用十万民工和部队，完成土石方1 713立方米，修筑险工五十多处，筑堤1 263公里。此后，在整个西辽河流域修建水库90多座，大大减少了西辽河对两岸的威胁。如发生在1962年的特大洪水，被称为200百年一遇。当年7月，老哈河、教来河、孟克河等全面暴发洪水，形势十分危急。但由于有上游红山水库、莫力庙水库等蓄洪，大大减轻了下游的压力，通辽城的险情也相对减轻。

遗憾的是，由于人们无休止地攫取西辽河水资源，加上西辽河流域多年少雨、忽视自然环境的保护和无限制地开采地下水源等原因，流淌千古的西辽河不再汹涌咆哮，20世纪末期断流，后来常年无水，变成了干河。

西辽河干了，莫力庙水库干了，西湖水库干了……中央电视台等媒体一次次予以报道，也一次次为人们敲响警钟。

西辽河，中国北方七大河流之一，滋养了两岸肥沃的土地和人民，如今已经变成一条沙龙。人们不禁一次次呼唤——西辽河，魂兮归来！

通辽曾有个二道壕

老通辽四周建有城壕，西辽河岸上有防洪大堤。老通辽人，特别是城北一带的人，习惯把护城壕称作头道壕，把西辽河大堤叫作三道壕。那么，二道壕在哪儿呢？

二道壕建于 1948 年夏天，存在的时间也不长，因此，很多人都把它遗忘了。

1948 年夏天，西辽河水特别大，滚滚而来的洪峰夹着暴雨，接连不断地冲击着两岸大堤。此时，通辽刚刚获得解放，通辽人民担负着支前、剿匪、土改等艰巨任务，这次洪水，无疑是对新生的人民政权的一次严峻考验。县委主要领导组织群众全力投入抗洪抢险第一线。

日伪统治时期，只顾疯狂掠夺财物，不管人民群众的安危，西辽河大堤年久失修，加上日本投降后，通辽地区处于国共拉锯时期，此时的西辽河大堤已经是千疮百孔，险工险段随处都是。在巨大的洪水压力下，通辽城北的大堤终于不堪重负，汹涌的洪水冲出大堤，很快涌入通辽城。在干部群众的共同努力下，终于化险为夷，保住了通辽城。

此时，西辽河上游昭乌达盟正在下暴雨，预报还会有更大的洪峰到来。为了保护人民生命财产安全，时任县长王晓天决定，在护城壕和西辽河大堤之间再加筑一道防护壕。这道防护壕的位置为：西起西辽河西大壕原西辽河大桥北侧，一直向东北方向，到双井子西辽河大堤，全长十余华里。

当时，西辽河大堤决口处刚刚堵上，情况还不稳定，如果洪峰此时下来，随时都有堤毁人亡的严重后果。特殊时期需要有特殊手段。王晓天县长当即命令：民工要严守大堤，寸步不离，夜晚也不准回城。当时，却有一些人偷偷往城里溜。王晓天县长当即命令秘书科长徐英，用二十响朝天鸣枪示警，同时，命令全体干部与民工同吃同住同劳动，认真做好思想政治工作。广大干部群众顶风冒雨，夜以继日，苦干了七昼夜，一条长十华里的大堤便横亘在了西辽河与通辽城之间，为通辽城加了一道保险。正因为它处于护城壕与西辽河大堤之间，从此，人们管它叫二道壕，西辽河大堤则成了三道壕。

由于西辽河大堤不断加固，洪水对通辽城的威胁日渐减小。二道壕存在的时间并不长，西侧靠近河堤一段因栽种柳树林被铲平，和平路以东占用农田部分也逐渐被夷为平地。至解放后，只存在两小段，其一，在现科尔沁区政府东侧原龙王庙后身，也就是通辽公共墓地——祭古寺后面；另一段为通辽师范学院（现内蒙古民族大学主校区）北侧，成为该校北墙的一部分。

当时二道壕选址时为何定在这个位置？说起来还有一段典故。

在通辽建镇以前，这里原有一道沙梁，其走向恰好与后来修建的二道壕走向一致。就在这道沙梁上，曾有一座蒙古人的敖包，位置在现和平路与西拉木伦大街交叉点西南角。据说，这座敖包是科左中旗的中心点，被称作科左中旗的"肚脐眼"，因此，这座敖包在科左中旗蒙古人眼里十分重要，经常举行祭祀活动。这座敖包在日寇占领通辽时期还存在。当时，活动在通辽地区的抗日队伍到处打击侵略者，击毙了包括松井"司令"在内的很多敌寇。日本人为了悼念这些亡魂野鬼，在该处修建了一座"蒙古忠魂塔"，并在四周栽种了许多树木，安置二十多座蒙古包。通辽解放后，推倒了"蒙古忠魂塔"，因四周树木蓊郁，并且留有日本人丢下的一些体育器械，如训练空军飞行员用的大铁环等，在没有修建人民公园时，这里曾是周末群众休息游玩之所。

此外，围绕二道壕，城北还有几处值得一说的地方。

沿着交通路出老北门，过一条土路，即现在的霍林河大街，路西有一片黑苍苍的树林，树木长得高大茂盛，杨柳树、榆树的树梢上有很多老鸹窝，每当夕阳西下，成群结队的老鸹遮天蔽日地在空中盘旋，使这里显得阴森可怖。让人感到恐怖的，还有一座小庙和庙后的一片坟地。

破庙就孤零零地蹲踞在这片树林里——通辽唯一的一座龙王庙。在以前的历史资料中，对这座庙很少有记述，原因之一，就是这座庙修建年代不详，而且建成不久就断了香火，没有了道士，围墙、配殿也相继倒塌。再后来，龙王庙后身成了祭古寺，一个看坟的老头就住在摇摇欲坠的破庙里。城里谁家死了人，都要送到祭古寺入土为安，所以，在这里时常可以看到披麻戴孝，抬着棺材的队伍，哭叫声、呜咽的唢呐声伴随着一串串纸钱飘散。看坟地的老头事先挖好坟坑，等苦主来时收取一些费用。

在坟地西侧不远处还有一小片坟地，共有 28 座坟墓，与祭古寺里的坟墓不一样的是，这几座坟墓前都竖有石碑，刻写着墓主人的名字，每到清明，城里机关单位及学校都要有组织地到此扫墓，这片坟墓就是 1945 年 12 月 17 日牺牲的县委书记徐永清、保安总队队长郭亚臣等烈士的坟墓。1959 年 9 月 15 日，坐落在人民公园内的人民英雄纪念碑竣工，通辽市（现科尔沁区）政府举行揭幕典礼，盟、市领导及全市各界群众代表参加典礼和骨灰安放仪式。迁移骨灰时，数千群众自发来到徐永清等烈士墓前，在哀乐声中将烈士骨灰护送至人民公园。

紧挨着徐永清烈士坟墓西侧，有一块很大的开阔地，空地上铺着一条一条水泥，像马路一样。多年后，水泥青开裂，缝隙里长出一株株瘦弱的小草，和蒲公英、车前子等生命力极强的植物，绽放着一朵朵蓝色、黄色的小花。不要小看了这块地方，这里正是日本侵略者当年修建的飞机场。

1931 年，爆发了震惊中外的"九一八"事变，不久通辽沦陷。日寇将通辽当成向西进攻开鲁、天山的桥头堡，很快在通辽北门外修建飞机场。据《昭乌达蒙古史》记载，机场建成不久，臭名昭著的日寇头目冈村宁次就乘飞机到达通辽，为向通辽以西的开鲁、林西进攻做准备。

1945 年 8 月，日寇宣布投降不久，通辽飞机场又迎来一位"大人物"，

日寇占领通辽期间，在"二道壕"至"三道壕"之间建种马场，对科尔沁马进行改良试验

这位大人物竟是一位"皇上"，不过，此时他不但已经第二次宣布《退位诏书》，而且成了苏联红军押解下的战俘。他，就是清逊帝、伪满洲国傀儡皇帝爱新觉罗·溥仪。他被苏军押解着走下飞机后，乘坐吉普车到通辽城里住了一宿，第二天，又从这里上了飞机，被押解到苏联赤塔州。从此，这个日本侵略者修建的飞机场随着日寇的投降，结束了长达十三年的罪恶使命。

顺着交通路出老北门不远，从"二道壕"北侧，一直到"三道壕"根底下，马路左侧都是菜地，就在菜地的南边有一口土井，这口土井的井口比一般的土井粗，井壁也是用柳条笆围成，每到夏天，柳条笆上就生出一圈一圈的白蘑菇。经常有蛤蟆露出水面"呱呱"地叫。与众不同的是，这口土井装有一部水车，也是通辽唯一的一部水车。水车的部件除了一根伸到水里的"洋铁管"和长长的铁链子，其余都是用生铁铸造，井口的木架子上有一对伞齿轮，大的半径五六十公分，铁链子从洋铁管子里穿出来，上面每隔一段有一块圆形橡胶片，齿轮一转，带动铁链子，就把井里的水抽出来了。推动齿轮转动的是一根很粗的木棍，正常使用的时候，应该用毛驴拉。城里的人下乡打柴火、剜野菜，走到这里都要停下来，赶上没有毛驴车水，

就自己推着水车，把水抽出来。如果是盛夏三伏，走得口干舌燥，喝上一口沁凉的井水，再洗上一把脸，顿时暑汗全消。

按照通辽当时的技术水平，还没有能力生产这样的东西，究竟是谁，在什么时间安装的这部水车已不得而知。日伪统治时期，从祭古寺到西辽河大堤，都是日本人所建种马场的范围，这部水车也可能是他们安装的。

话说马道尹府

　　说起马道尹府，老通辽人都能说出个一二，以往的资料中，均介绍说马道尹府是马龙潭所建私宅，但对马龙潭其人其事，则所知寥寥，甚至颇多谬误。有资料说，他是江南人，曾担任过洮昌道道尹，四洮铁路督办。他是中国近代史上一位极具传奇色彩的人物。有人评价他说：他集文韬武略于一身，忠贞爱国，保境安民，功勋卓著。他处乱世之中，富贵不淫，贫贱不移，威武不

马道尹府

屈，矢志不渝，为官清廉，两袖清风，具有崇高的民族气节。他威震东北三省数十年，历任管带、统领、陆军中将、东边镇守使、洮昌道尹、龚威将军等一系列要职，恩泽施于当世，芳名垂于千古。至今在东北三省及其老家山东，提起马龙潭无不肃然起敬。

　　马道尹府位于建国路路东，南邻向阳大街。在当初修建马道尹府的

时候，这里还叫"东门外"。

马道尹府并非官宅衙门，而是私人住所，准确地说，应该是别墅一类。它的主人就是当年东三省大名鼎鼎的马道尹。

马道尹府由三进四合院和一片园林绿地组成，占地面积约5 000平方米，建筑面积3 000平方米，是通辽城里仅有的一座明清风格建筑，在建筑风格上又融合了江南建筑特点。整个建筑组群呈L型。封闭式的组体院落与合理的分区布局，构成中国式大型家居院落特有的安静、私密、严谨、儒雅的建筑风格。

马道尹府俯瞰

马道尹府的建筑，从结构形式到组群布局，从内外装修到建筑材料的选用，都是精心设计，颇下了一番功夫。马道尹府继承了我国古代的建筑形式，骨架采用抬梁式木构架，外围砌大青砖墙，屋顶采用硬山式样，出于塞外冬季气温低等因素，屋顶与墙体十分厚重。因为采用了这种优越的结构形式，使得室内空间分隔十分灵便，既具有实用功能，又不失淡雅舒适的视觉效果。

马道尹府庭院布局以中轴线为主，横轴线为辅，组成三个廊庑四合院。墙上精工细刻着花鸟鱼虫、吉祥图案，庭院内的天井中恰到好处地点缀以花木，与雕梁画柱的回廊相得益彰，堪称艺术珍品。马道尹府门前建有照壁，为青砖砌成，下有基座，上覆八字瓦顶，朴实庄重，是通辽城里唯一一座照壁；大门两侧为"八"字墙，墙上雕刻着吉祥图案，精美绝伦；进门迎面是一堵影壁，做工精巧，雕刻栩栩如生。凡观者无不叹服！

马道尹府的建筑材料，从砖瓦砂石到铁木构件，都来自奉天、凤凰城及关内各地，务求精美。奉天城（沈阳）为清王朝发祥地，长期以来，形成了一套完整的营造法，培养了一大批能工巧匠。马道尹府修建时，从奉天、凤凰城等地聘请了工匠，为的是更好地体现其明清风格建筑的

马道尹府石刻浮雕

特色。此外，马道尹府内所建花园不仅是通辽唯一的私家花园，还从江南等地运来名贵花木，与古色古香的建筑相映成趣。

马道尹府主人马龙潭，字溪腾，号灵源。以往介绍马龙潭的资料中有两处错误：一是说他号溪水堂，其实，溪水堂是他的堂号；二是说他是浙江人，实际上他是河北庆元县人（今山东省庆元县）。乃父马奇峰为清代武职，清廷封为振威将军，后被捻军所杀，恤荫云骑尉，1857年马龙潭袭职。因马龙潭受父亲影响，慷慨大度，乐于助人，曾倾家财赈济灾民，致使家道中落，不得不到外地谋职求生。他辗转来到东北参与铁路建设，正值清廷招兵，马龙潭被工友推举为首领，率百余人投奔奉天将军增祺，任管带，守卫辽阳、复县、海城、盖平（盖州）等地，屡败俄军。

马龙潭与张作霖、吴俊升、孙烈臣、张景惠和汤玉麟等人结拜，论年齿马龙潭为大哥。1914年马龙潭任东边镇守使，仍兼奉天右路巡防统领官，晋升陆军中将，佩二等嘉禾章、二等文虎章、三等宝光嘉禾章。1915年袁世凯复辟帝制，封马龙潭为三等男爵，马龙潭坚辞不受。马龙潭驻守凤凰城期间，日本人觊觎，交涉棘手。马龙潭刚柔兼施，经权并用，将一场危机巧妙化解。后来日本人知道马龙潭在此镇守，再不敢轻肇事端，东边一带得以粗安。

张作霖一直对马龙潭的才能心存疑忌，认为马龙潭论文论武都远高

于己，所以处处打压马龙潭。1920年，张作霖解除了马龙潭陆军中将东边镇守使军职，将他调任洮昌道，任辽源交涉员并总办辽源商埠事宜。

马龙潭在洮昌任上减赋税、办学校、兴利除弊，深得百姓拥戴。1922年3月，马龙潭调任四洮铁路督办兼东三省巡阅使及黑龙江省军政两署顾问。四洮铁路开工之初，一些人受日本人收买，意欲将筑路权承包给日本大仓株式会社，马龙潭毫不客气地给顶了回去，他怒不可遏地质问道："郑洮铁路与京绥铁路孰难孰易？"并明确表态：多年前詹天佑先生能做到的，我们今天更应该做到，把国家的筑路权拱手让给外国人，说轻了是我辈无能，说重了就是卖国！在马龙潭的坚持下，郑洮铁路全部由中国人自己设计完成，大长了中国人的志气。

1931年"九一八"事变后，日本占领东三省，并建立伪满洲国，马龙潭辞去一切职务，隐居四平，宁可过清淡贫穷的生活，也不为日本人的高官厚禄所诱惑。他的长孙原来在中满

马龙潭书法

铁路局供职，也遵马龙潭之命辞职回家。但是因为马龙潭在东北地区有很高的声望，日本人就想利用他来笼络人心，在成立伪中满省时，擅自公布马龙潭为省长，并张贴布告，企图造成既成事实，逼马龙潭就范。马龙潭闻讯后勃然大怒，扶杖到日本宪兵队抗议，并以头撞桌角，誓死不从。日本人无奈，只好收回成命。天津大公报以《马龙潭触日人之怒》为题报道此事，对马龙潭的民族气节大加赞赏。自此，马龙潭深居简出，

以书画自娱。他写得一手好字，尤擅行草。他的书法刚柔相济，潇洒流畅，前来索字者甚多。

1924年，马龙潭任四洮铁路顾问期间，有感于梨树县第十五中学的破败，倾其所有，捐款10 053元现洋，新建了一所中学，使之成为设备、条件最好的一所学校。当时，马龙潭问账房自己还有多少钱，账房先生说还有一万，当他得知马龙潭要用于捐资办学时，就推说刚才自己看花了眼，实际只有五六千元。后见马龙潭执意要捐，只好说让马龙潭给个数目，马龙潭一句话也没说，只拿起笔写了一个大大的"倾"字，惊得账房先生张大了嘴巴，半天也合不拢。据说后来账房先生将这个字请人精心装裱，作为家训代代相传。

改建前的清真寺

马龙潭这样的义举并非偶然，后来又在通辽城重演。

1925年前后，通辽镇已是近万人的小镇，其中回族近六百多口人。信仰伊斯兰教的回民要做礼拜，举行祭祀仪式，急需一座清真寺。当时的回民大多做小生意，本小利微，建清真寺资金一时难以筹措。赵子元教长和主办乡老刘敬久、马连生、石韵章、王焕章等分头到外地集资，所得甚微。

　　有一乡老张殿甲与马龙潭有一面之交，闻听此人急公好义，有豪侠之风，遂去求助。马龙潭当即表示帮助解决清真寺大殿、讲经堂的全部砖瓦木料，并出资在东郊购得回民坟地两块。

　　清真寺于1926年破土动工，1927年全部完工。马龙潭书写"亘古清真"四字匾额，悬挂在清真寺大殿前檐下。

　　"九一八"事变不久，通辽沦陷，马道尹府也成了日本宪兵队和日伪机关。但不屈服的通辽军民奋起抗日，将马道尹府变成了杀敌的战场。

通辽城的老房子

1921年，郑家屯至通辽铁路支线修建完成。铁路一通，百业俱兴。通辽镇开埠，经过几年建设，起色并不大。虽然街上已有百十家商铺买卖，但资本都不算大，大多数是经营布匹百货、土产日杂，或是收购皮张、粮食的货栈。此外还有几处饭棚、大车店之类。

通辽南小街

当时制约通辽城发展的一个重要因素，就是交通不便。西、北有西辽河阻隔，南有沙坨子当道，通往外边的只有一条古驿道。交通工具更是简陋，主力是"花轱辘车"即木轮大车，轮子上包上铁瓦还是后来的事，再有，就是蒙古人的勒勒车。但通辽毕竟已经是较大的物资集散地，大宗的粮食、农副产品、皮张、中草药都要外运。据《通辽县志》记载：1919 年 2 月，"为开通河运，通辽县会同达旗王公决议试办辽、清河运。航线由辽源县（郑家屯旧称）河码头到通辽县南海猞猁、通辽北门外鄂包两码头"。所谓"鄂包"就是敖包，当时在北门外有一座蒙古敖包，位于现西拉木伦大街科尔沁宾馆一带。过了敖包，往北不远就是西辽河。

通辽城一角，现和平路北段

木船装载上货物，往东可达郑家屯，再由郑家屯运往奉天、营口等地。但航运毕竟受季节、洪水等限制，且运输能力有限。

真正让通辽打起精神，一跃成为蒙东重镇的，是四洮铁路通辽支线即将修建的消息。

四洮铁路通辽支线准备修建的消息传出以后，很多商人、军阀、政客们认识到这是一个投资发财的好机会，唯恐落在人后，纷纷到通辽买地建房，开商号、开烟馆、开妓院、建烧锅、建学校。一时间，通辽城高大的砖瓦房，乃至楼房充塞街道两旁，也有不少商人在城里择地建住宅，马道尹府、黄家大院、付明哲等豪宅先后建成。据民国三十七年（1948 年）十二月一日通辽县政府农业科撰写的《城市建设总结》记载："以吴长麟堂（大军阀吴俊升房地产管理机构名称）为首之军阀、官僚房产为最多，几乎占全城面积五分之一以上，占现在调查完的公有房产之半数。其他也大部集中在通辽八大家手中……"城市如此，农村土地也不例外。根据 1939 年调查数字，全县共有耕地十万垧，其中地主（按：含军阀、政客）占有九万垧。

通辽中大街

说起在通辽购买土地，修建房屋，投资经商的，不仅有当时炙手可热的军政界要人，也有满清遗老和腰缠万贯的大贾。

所有在通辽投资的人里，吴俊升算得上是头一位。他在巴林爱新荒开始丈放之时，任东三省后路巡防队统领，曾派军队前来保护。后来成为奉系军阀主要将领，黑龙江省督军兼省长。他在科尔沁草原攫取大量土地，在通辽拥有大片土地房屋，修建电灯厂、火磨厂，以他儿子的名义设"吴长麟堂"管理产业。

张作霖、张学良父子。张作霖作为达尔罕亲王的儿女亲家，在达尔罕草原鼓动放荒，趁机套购土地无数。在通辽建有"三畜堂"，在城里建有修械所等。

马龙潭，奉系将领，授中将衔。既有报国之心，又有豪侠之举，常驻四平，在通辽设"马溪水堂"管理产业，并建有马道尹府，资助清真寺全部砖瓦木料，并题写"亘古清真"匾额传世。

付明哲，通辽设置局局长，第一任通辽县县长，后因私自将土地卖给日本人被撤职。

黄仕福，曾任蒙务局局长、呼伦兵备道。巴林爱新荒荒务总办，蒙古宣抚使。

繁华的通辽南大街

日伪退役少将刘居正，专搞"三产"，在城内建澡堂子、建戏楼、建妓院。

包连喜，为蒙古贵族后裔，有大量产业，与敖聚丰合建北市场北侧胡同，人称"敖包胡同"……

但不论怎样说，正是这些财阀、军政要人的大量投资，才使通辽城面貌一新，用于经商和居住的房产遍布城内。其中，"吴长麟堂"名下房屋1 449间，现和平路西侧的大瓦房就是吴俊升修建；"马溪水堂"在南市场一带修建房屋457间；"陈兆林堂"在中心大街北市场北侧建房59间；通辽设置局设置委员、通辽县第一任县长付明哲在交通路建起南起南大街（明仁大街），北到北大街（永清大街）两侧房屋；国会议员战涤臣修建南大街路南和平路至民主路一带房屋；包连喜修建中大街（中心大街）北市场东侧一带483间房屋；刘居正在新开胡同、北市场路西、老火车站路东等地共建362间房屋；敖聚丰修建了南市场、新开胡同中

心大街以北、永清大街以南 241 间房屋；南市场东至和平路一带 196 间
房屋是柴佐清所建；现明仁小学以北至明仁大街一带，有 118 间房屋为
梁献州所建。辽阳籍政客孙其昌在南大街中段（民主路西侧）建立了汇
昌信商行，巴林爱新荒务局总办黄仕福在北大街西段路北（现新兴大街）
兴建了民居及店铺，称为黄家大院。

　　在这些房屋中，唯一一座二层建筑，是陈兆麟所建的一栋二层楼房，
名为"万育和药堂"。这座楼房坐落在中大街（中心大街），北市场北口
西侧路北。这是一座中西合璧式建筑，门面十间，全部用水泥抹面，楼
上有女儿墙，内部装有木楼梯、木地板。

　　与此同时，小街基与"官镇"之间已逐渐由后来的回民盖起民宅，

天主教堂

但由于没有规划
限制，除临街房屋
较整齐，其他民房
毫无章法可循。刘
振亭的小街基也
"鸟枪换炮"，建起
店铺、粮米加工
厂、烧锅厂，不少
土房也换成青砖

房。至今，小街基房舍早已荡然无存，所幸有心人拍下一张即将倒塌的
青砖房，算是民国时期房屋的图证。

　　1918 年通辽镇由设置局升为设置委员会，1920 年又设立了通辽县。
使通辽成为蒙东重镇、重要的商品集散中心。农业的发展，刺激了城市
的繁荣。这一时期另一件大事，就是一直使用"洋油灯""洋蜡"照明
的通辽城，第一次有了电灯。1923 年 5 月，军阀吴俊升投资六十五万
元（银圆），买了一台 200 千瓦的发电机组和两台链式锅炉，成立了"通
辽电灯厂长记"。豪门大户、商铺买卖等先后开始使用电灯照明。同时，
还在城内第一次安装了路灯。1927 年，吴俊升再次投资七十五万元（银

圆）进口一台美国产西门子 500 千瓦发电机组，扩建厂房。扩建后，不仅供城内用电，还供大林、钱家店用电。

铁路的修通，电灯厂的建设，也部分改变了城市格局。因为电厂建在新建大街路北（现一中南侧），使城区南界在原来的基础上向南延伸，现和平路、建国路分别延伸到南顺大街。两侧的房屋也相继建起，尤其是和平路，因为道路两侧均为高大砖瓦房，整齐划一，十分气派，使其成为一条商铺林立、游人如织的繁华街道。

自通辽设镇至 1931 年日军占领通辽，用了将近二十年时间，通辽城已经是街道井然、房屋林立、百业俱兴的塞外重镇。在日伪统治的十四年里，民不聊生，商业凋敝，城市不但没有发展，反而萎缩。街道两旁只寥寥几座新建的二层小楼，作为日伪统治机关和税务、邮政、专卖等场所。到 1945 年光复时，临街原有的商铺房屋十室九空，很多房屋摇摇欲坠，成了危房。

老通辽的胡同与阳沟

胡同，南方叫巷、里弄、弄堂，原为蒙古语水井的读音"霍都嘎"。水是生命之源，元大都因"井"而建，也因井而有人家，后来人们就逐渐将蒙古语水井的读音"霍都嘎"演化为了"胡同"。如北京、沈阳也都叫胡同。

最早的胡同

最初建通辽，划的是井字街道，横平竖直，在每条街道中再分胡同，胡同均为南北走向，每条街五条胡同。既方便出入，又便于管理。伪满时将居民区划"间"，大约每两条胡同为一间，设间长一人。解放后改间为居委会下的居民小组，间长改为组长。

胡同宽五六米，可以走大车，胡同两旁是人家。虽然住户大多是正房，坐北朝南，但院门朝向均朝着胡同。当时，很少有人家有高高的院墙，多采用秫秸夹杖子（栅栏）或齐胸高的土墙。早晨起来，隔着院墙，两家人亲亲热热打招呼；谁家改善生活包饺子，隔着墙头给邻居送过一碗；赶上炖鱼没有醋，隔着墙头喊一声，"嫂子，赶紧把醋瓶子递给我！"住胡同的好处，就是界壁临右如同一家。随着城市不断拆迁改造，小胡同已经近乎绝迹，小胡同留给人们的温馨也渐行渐远。

通辽城里到底有多少胡同，没见过统计数字。这些遍布全城的胡同有名字的少，没有名字的多。有名字的胡同几乎都在繁华热闹的商业区，也多多少少有点故事。

最有名的胡同

通辽城里最有名的，莫过于南市场、北市场两个胡同。

北市场贯通现明仁大街与中心大街两条最繁华的闹市区。开埠以来，这里就是城里的商业中心，南大街银号、货栈、酱园、药铺林立；中大街的布匹绸缎庄、估衣铺以及城里唯一一座"洋楼"都成了吸引人的场所。北市场胡同只有二百米长、不足六七米宽，但以其独特的地理位置，加上一家挨一家的饭馆、茶馆、说书场、戏楼以及隐藏在胡同两侧的妓院，成了达官贵人、富商大贾、警察兵痞、平头百姓、市井无赖购物、逛街的最佳去处，这里还是结党营私、挥金买笑的温柔之乡。特别是1922年通辽有了电灯之后，每到夜晚，胡同里灯火通明，饭馆里飘出酒香肉香，说书馆里传出弦鼓之声，大戏楼里从各地请来的名角，轮番上演着连台大戏。通辽城南原有一座澡堂子，随着北市场的兴旺，由刘居正投资在北市场北口又建了一座澡堂子，从此有了一南一北两个澡堂子。这座澡堂子位于现永清大街北侧一条胡同里，通辽城里这条长220米的胡同就有了名字——北澡堂子胡同。刘居正不仅修澡堂子，还在北市场里建了一座戏楼，楼高二层，外砌青砖墙，内有木楼梯、地板，设包厢、雅座。后来在一场无名大火中焚毁。

南市场堪与北市场相媲美。这条胡同为东西走向，东起现和平路，西至新开胡同，在现向阳大街与科尔沁大街之间，全长250米。这里不仅有南戏楼、南澡堂子和饭馆、皮影院、说书场，最多的还要数"窑子"，通辽城著名的妓院大都集中在这一带。据资料记载，通辽城内的妓院不仅"起步早"，而且数量多。起步早，是说在通辽建镇第二年就有了妓院，妓院最"昌盛"时，二等妓院十二家，一般妓院一百多家，从业妓女五百多人。在各行业中，妓院稳居榜首，占全城行业中八分之一，全城每百人中就有一点七个妓女，这还不包括暗娼和野妓。其中，最大的妓院"迎春院"有妓女30多名，"桂顺堂"有妓女20多名。每到夜晚，嫖客、"窑皮"、站街的妓女、跑街的"茶壶"络绎不绝。再加上偷偷摸摸卖春药的，高声大嗓卖瓜果梨桃、花生瓜子的，此起彼伏，直至深夜。这一"盛况"直至1931年日本人占领通辽后，逐渐有所收敛，却增加了"新坤家""料理屋"之类的日本妓院，新来了20多位身穿和服、趿拉着木屐的日本妓女。

其他胡同的命名

新开胡同。全长215米，宽5米，南起南顺城大街（向阳大街）北到南大街（明仁大街），1930年前后形成。新开胡同南端就是南市场，出北口往东不远就是北市场，因此，这条胡同集中了多家饭馆，一家名叫南海兴的饭馆是当时全城最有名的饭庄。

敖包胡同。敖包胡同与真正的蒙古敖包没有关系，而是两个人的姓，解放后正式命名为振兴胡同。敖包胡同南起中大街，北至北大街，南口正对着北市场胡同，北澡堂子胡同西。1922年商户包连喜、敖聚丰二人分别在胡同东西两侧各建厢房一栋，房子样式、高低一模一样，且整个胡同内都是住户，没有买卖店铺，老百姓取敖聚丰、包连喜二人姓氏合在一起，称"敖包"胡同。

清真胡同。位于"小街基"西侧，到1922年前后，这里先后有100余户回民聚居，后来在现永清大街南侧修建清真寺，这座清真寺坐西朝东，门前形成一条胡同。伊斯兰教做礼拜等宗教仪式时，城内回民都汇聚在这里。胡同南起中心大街，北至永清大街，全长150米。

文久胡同。这是城里最短的一条胡同，东西走向，不足百米。东起交通路，西端就是老爷庙。因每年都要举办庙会，届时人们从四方潮涌而来，这条位于居民区内的胡同也是人满为患。但以前没有名字，日伪时期命名为"文久胡同"。

还有几条胡同历史上曾经有过名字，但多数是日伪时期命名，因使用时间不长，很快被人忘记。如"农情里"，字面上看就明显不是老通辽胡同风格。这条胡同形成较早，大约在1922年前后修建南市场时就有。这条胡同南起现科尔沁大街，北至现向阳大街，与南市场胡同呈十字交叉。民国时期作为农贸市场，小鬼子统治时期作为牲畜交易市场（后迁移到交通门外，现一中路西）。另外，在北城一带还有实为胡同、宽敞胡同等。

建国后也曾命名一些胡同，如位于民主路与交通路之间、永清大街路南有一条"幼儿园胡同"，是因为胡同北端正对着当时城里唯一的一所幼儿园而得名。新开胡同南端还有一条培育胡同，有人说，是因为正对着一中大门，取培育社会主义新人之意，也有人说这一代旧社会妓院集中，妓院解散后对妓女进行改造，因此有将其培育成新人之意。

解放后，曾对街道重新命名，同时，把胡同名称制作成标牌，钉在胡同两端的墙上。日伪统治时期所命名，带有殖民色彩的胡同名称一律改换成新名称或予以取缔。

与街道相伴而生的阳沟

有了街道房屋，相伴而生的就是"阳沟"。

阳沟，是城市排水工程，主要是排除雨水。之所以叫阳沟而不叫阴沟，主要区别就在于阴沟是隐蔽的，而阳沟则是裸露在地上。要问通辽城内有多少条阳沟，只

老通辽阳沟

要数一数街道就知道。街道两侧，临街房屋门前都有阳沟，纵横交错，布满全城。

阳沟十分简陋，就是在地面上挖一条不足一米宽的沟，人可以轻易从沟上迈过去。至于深度，则是因地制宜，以排水顺畅为宜。阳沟需要通过涵洞过街，否则会影响行人车辆通行。当时过街的涵洞也是因陋就简，用较粗的柳木在沟上面搭棚，再厚厚地覆上一层土。

通辽风沙大，俗话说"一年两季风，一季刮半年"。话是有些夸张，但也说明当时风沙肆虐的程度。大风一刮，就把许多沙土刮进阳沟里，

再加上当时城内以土平房为主，每年都要用大量的碱土抹房子，每逢雨季，房顶上的土被冲下来，一部分也被冲进阳沟里。临街人家甚至把阳沟当成垃圾坑、脏水窖，什么泔水和垃圾都统统往阳沟里倒。因此，每年春季都要组织人挖阳沟。阳沟里的土挖出来按说应该及时运走，临街机关单位和商店门前还好，一些居民的门前就惨了，总有很多土被甩到房屋一侧。以至于房根底下年年增高，有的地方增高到人只要一纵身，就能跃上房顶。

不过在通辽城里，还真有两条"讲究"的阳沟，就在"敖包胡同"里。

通辽城里最后一条阳沟

或许是建房时敖聚丰、包连喜两人商量好了，不仅两家的房子盖得一模一样，还在离墙根半米远的地方各修了与众不同的一条阳沟，这两条阳沟很窄，不足一尺，深度也在一尺左右，沟底和沟壁都是用青砖砌的，临街的人家只要在门前放上一块木板，就能行走，很方便。

最大的一条阳沟

通辽城内最大的一条阳沟位于霍林河大街南侧，这是城内主排水道，城里的雨水都要通过这条阳沟排走。这条阳沟深两米多，宽七八米。不过这条沟年代不算久远，是北城壕被挖平以后的七十年代才挖的。八十年代中期在沟壁、沟底砌上了石头，但因经常积水，一段时间臭气熏天，成了"龙须沟"。此后，先加了水泥盖板，最后又改造成"带状公园"，在沟盖板上种了"爬山虎"，每到春季，一条绿色长龙生机勃勃，十分养眼，成了市民休闲的好去处。不过，它也不再是"阳沟"，而成了地地道道的"阴沟"。

说起阳沟，还有一段故事。

在通辽一中院内有一个水塘，是当年长记电灯厂排水用的大坑改造而成的。水塘里养了很多鱼。六十年代的某一年，有一天夜里下起大暴雨，越来越大的雨水终于使水塘无法承受，水决堤而出。那些久困在水塘里的鱼儿们也纷纷跳出"龙门"。天亮后，人们发现阳沟里竟然有那么多大鱼"从天而降"，便急忙呼朋引伴，大家有的用盆，有的用土篮子到阳沟里捞鱼，人人收获颇丰。那年头，除非过年过节，平时很少能吃上鱼，可那一天，整个通辽城到处飘散着炖鱼的香气。

老通辽的渡口与码头

通辽城枕河而居，西辽河从西、北两侧流过。冬季河水结冰，人马通行不难，每到雨季，上游洪水下泄，宽阔的西辽河河槽里水势汹涌，势不可挡。这时，西辽河两岸的通行就成了大问题。在通辽城建镇之初，曾有设码头摆渡过往行人的打算，但并未能实行。

通辽城西辽河上第一艘渡船出现在 1914 年（民国三年）。这一年的三月，巴林爱新荒务总办向辽源县呈文称："巴林爱新船户郭锡三在辽源自资购大船一只，为有利交通，方便行人，在通辽镇西门外设义船渡口。经巴林爱新农林会转呈辽源县公署，以尊请军警各界保护。"

把渡口设在西门外，主要是出于方便和与开鲁一带沟通的考虑。这里原本就有一条清代的驿道，联结着开鲁、库伦、奈曼等地，是一条繁忙的商道。

这艘所谓的"大船"，是用柳木打造的，长两丈多，宽三米多，船上不仅可以摆渡行人，花轱辘车也可以连牛马一起上船。建镇之初，城里还没有打造大船的能力。

但这次开通的属于渡船，只能摆渡过往行人和车辆，至于长途载运货物的河运开通，则是在 5 年以后。

1919 年 2 月，"为开通河运，通辽县会同达旗王公议决，试办辽清河运。航线由辽源县河岸码头至通辽县南海猞猁、通辽北门外鄂包两码头"。

一次设立两个码头，开通两条航线，由此可见通辽镇当时已经成为商品集散中心。没有大量货物待运，怎么可能行此举措？

通辽镇原属卓里克图亲王的荒地，开办河运为什么要"会同达旗王公议决"？前文说过，卓王领地北界就是西辽河，河运涉及西辽河两岸，自然要与河北岸的达尔罕旗（科左中旗）各王爷会商。

通辽至郑家屯铁路正式开通，是在河运开通后的第二年。而通辽第一家汽车公司的成立，则是在5年之后的1924年，运营路线仅为通辽至开鲁之间。在没有公路、铁路运输的情况下，辽河河运对促进通辽城的经济发展无疑起到了极其重要的作用。在当时，主要长途运输工具只有花轱辘车、勒勒车。花轱辘车，木车轴、木轮，后来有的在轮子上包上"铁瓦"，用牛拉车，车底下挂着一个铸铁大铃铛。走起路来，铃铛"咣当咣当"响，车轴"吱扭吱扭"叫。走一段路，就得往车轴上浇黑乎乎的油。勒勒车则是靠数量取胜，一头牛拉一辆勒勒车，长长的一大串，阵势可观，运量却不多。往往是把车上的东西卖完后，再把牛卖掉。只留一头牛拉着一长串勒勒车回来。

这样的车，加上当年道路极差，沙窝遍地，春季翻浆，雨季泥泞，简直是寸步难行。开通了南北两条河运航路，大大缓解了作为物资集散地的通辽的货物运输压力，把通辽直接与辽源，甚至与奉天、营口港口连在一起。

1947年，西辽河上又出现一处渡口，位置就在交通路一直往北，现在的"知青雕塑"一带。（西辽河在城市改造中，原来的南大堤已经北移数百米。）过了河，就是原属隆兴当公社的兴隆屯。船主为一刘姓，几家集资购船，人工摆渡。这条渡船一直到20世纪50年代末还存在。河北一带送公粮的大马车可以直接赶到船上，每到交公粮的季节，大车排成队，一辆接着一辆，过河后走老北门一直向南，一直排到"大华粮库"。

话说通辽铁路

"火车一响，黄金万两。"这是小说《林海雪原》里的一句话，曾经在二十世纪五六十年代广为流传。抛开小说中这句话的背景，不能不说这句话说得有道理。

在没有火车的年代，人们出行十分艰难，货物运输，尤其是远途运输只能靠马车、船等原始交通工具，速度慢、耗时费力，不仅增加了运输成本，还使得一些易粉碎的货物损失严重，易腐烂的水果、肉制品等只能就近销售。"一骑红尘妃子笑，无人知是荔枝来"，说的是受皇上宠爱的杨贵妃喜欢吃荔枝，要由专人快马，八百里加急，特意从广东往长安送荔枝。为博美人一笑，不知苦煞多少兵丁。一千年前的故事并不古老，一直到蒸汽机推动的火车在中国普遍使用，原始落后的交通工具才在远途运输行列中逐渐隐退。

火车的发明，不论现实意义还是历史意义，今天已不再是新鲜的话题。马克思说19世纪的两大事件是火车的发明和美国的淘金热。

从这个意义上来讲，通辽是幸运的。在中国大多数城市还不知火车为何物的年代，1921年，通辽就已经拥有了第一条铁路，到1927年，第二条铁路也修到通辽。这样，小小的通辽镇，就有了向东、向南两个铁路对外出口。

郑通铁路——屈辱与无奈

第一条铁路修到通辽时，通辽镇还是一个不足万人的小镇，为什么大兴土木，专门修一条通往通辽的铁路，又是谁修的这条铁路呢？

在一些地方史料和老百姓传闻中，说到通辽至郑家屯铁路，都会指向一个人——吴大舌头。

说起吴大舌头，在东北，尤其是在郑家屯、通辽、洮南及齐

1921年铁路工人正在修郑通铁路（一）

齐哈尔一带，不仅是家喻户晓，而且都会讲出几段和他有关的故事。此人原名吴俊升，出身行伍，十七岁进入辽源（郑家屯）捕盗营，清末时已被提升至奉天后路巡防营统领，候补总兵，与张作霖、冯德麟、马龙潭并称为奉天四大军事重要人物。张作霖成为东北王，见吴大舌头看似愚笨，实则颇有心机，且勇敢善战，遂与其结为把兄弟，并委以重任，1921年任黑龙江省督军兼省长。

此人一生颇好敛财，在东北各地都有大量财产，自称"张作霖一千万，我五百万"。在通辽，不仅有很多土地、房产，还建有"长麟记电灯厂"，是通辽第一家现代化工业企业。

或许正因为他财大气粗，人们把需要耗费大量资金的郑家屯至通辽的铁路归于他的名下，以至于一些资料相互沿袭，以讹传讹。

那么，究竟是谁修建了这条铁路，又是为什么修建这条铁路呢？

要说清这个问题，需要从头说起。

郑家屯至通辽铁路，原称"四洮铁路郑通支线"。四洮铁路又是当时修筑的"满蒙五路"之一。

甲午战争之后，清政府犹如病入膏肓，列强纷纷将魔爪伸向中国，就连刚刚崛起的日本也不甘落后，他们首先将目标锁定我国的东北及内蒙古东部地区。

1905年，日本帝国主义通过日俄战争从沙俄手中夺得中东铁路长春至旅顺的所有权，并将该路改名为南满铁路，是为日本帝国主义攫取我国东北铁路权益的开始。

日本野心勃勃，俄国也不甘心失去既得利益，从清末一直

1921年铁路工人正在修郑通铁路（二）

到民国初年，都纷纷派人潜入蒙古东部进行拍照、勘探、测绘。其野心已昭然若揭。为保住国土，有识之士提出"实业救国""教育救国"等措施，但都远水不解近渴。针对日俄两国争夺东北筑路权，皆宜扩大势力范围的状况，提出修筑"满蒙五路"。但捉襟见肘的民国政府要修铁路，就要向外国人贷款，袁世凯为换取日本人对民国政府的承认，于1913年采取秘密换文形式，与日本签订《满蒙五路借款修筑预约办法大纲》，由此，日本取得四洮（四平—洮南）、长洮（长春—洮南）、开海（开原—海龙）三路的借款权以及洮承（洮南—承德）、吉海（吉林—海龙）两路的优先贷款权。1915年12月17日，北洋政府与日本横滨正金银行签订《中华民国政府五厘利息四郑铁路公债》，即借款500万日元，年息五厘，期限四十年，以四洮铁路全部财产和收入为担保。四郑铁路1917年4月15日正式开工，当铁路铺到郑家屯，日本人又提出修建郑家屯至通辽镇铁路，称"四洮铁路郑通支线"。最终，郑通支线于1921年12

月竣工，翌年1月正式营业。

其实，修建通辽铁路，是日本人早就梦寐以求的事。在1927年7月25日呈给昭和天皇的秘密奏章即《田中奏折》有关在"满蒙铁路"中，第一条就提到通辽至热河铁路——"这条铁路一旦建成，对于中国开发内蒙古将有很大贡献，在满蒙的所有铁路中，它是在军事上和经济上价值最大的一条。要想同内外蒙古王公取得充分联系，非依靠这条铁路不可。也就是说，我帝国在内外蒙古的盛衰，完全取决于这条铁路"。可以这样认为，日本人积极要修建四洮铁路郑通支线，是实现修建通辽至热河铁路的一个重要步骤。

这时候的通辽镇，建镇仅六七年时间，日本人自然不会是为了向中国提供更多的贷款而从中获利。其中，除了经济的原因，还隐藏着更大的政治原因。

通辽镇地处科尔沁草原腹地，其战略位置十分重要，南联后旗、奈曼、库伦，北接中旗、扎旗、霍林郭勒，往西可达开鲁、林东。这片广阔的地区每年都有大宗的牲畜、皮毛外销。随着放荒的进程，粮食、油料产量逐年增加，俨然是一个潜在的大粮仓。另外，还有中草药等外运。火车一通，通辽镇自然会成为内蒙古东部重要的商品集散地。至于政治需要，在过了整整十年后的"九一八"事变后，日军利用通辽做桥头堡，大举向西进攻，其狼子野心就暴露无遗了。值得一提的是，四洮铁路也罢，郑通支线也罢，虽然都是民国政府向日本借款修筑，但从设计、施工到器材采购，全由日本人掌控，正式运营后，其管理权也在日本人手中。中国所拥有的只是名义上的所有权。

暗度陈仓——张作霖修通打通铁路

作为东北王的张作霖，眼看着日本人在自己的眼皮底下大修铁路，疯狂地掠夺财物，心里自然不会舒服。卧榻之侧，岂容他人安睡？他不肯自己的地盘让日本人一口一口蚕食，决心要把铁路修到通辽。为了遮人耳目，免得日本人纠缠，借口第二次直奉战争后，张作霖与吴佩孚以山海关划界，开滦煤矿的煤炭不能运到奉天，需要在八道壕开煤矿。于是，

1921 年 9 月开始的第一期工程仅为奉山线（奉天至山海关）的大虎山到八道壕 29 公里铁路。

大虎山，原来叫打虎山，据传因为此地为军阀汤玉麟，即汤二虎的势力范围，因嫌"打虎"不吉利，改名大虎山。辽西一带曾流传"汤二虎一怒改地名"的说法，说的就是这件事。

1923 年 8 月，由八道壕继续向北延伸，至 1925 年 8 月修到新立屯。同时再次向北延伸，1927 年 1 月修到彰武；10 月 24 日延伸到通辽。

日本人对此当然不能善罢甘休，多次出面阻挠责难，提出强烈抗议。借口这条铁路违反了《中国不修建与南满铁路平行的铁路秘密协议》，张作霖置之不理，终于将大通支线全线贯通。全长 251.7 公里，当年 11 月 15 日正式通车。

一座小城两个车站

由于日本满铁株式会社以种种理由不许大通支线与郑通支线接轨，大通支线车站只得建在通辽城西南五家子，称为通辽南站。至于两条铁路正式接轨的时间，资料记载不一，如《通辽铁路分局志》中就有前后两种说法。一种说法为："1927 年大通支线通车后，四洮铁路局的日本人不准该线与四洮铁路郑通支线接轨。东北交通委员会遂令四洮铁路局局长强行接轨。……至此大通支线全线竣工，与四洮铁路郑通支线接轨。"（《通辽铁路分局志》第 90 页，大郑线）另一种说法就在同一条目的"勘测设计施工"中，又说："1934 年，大通、郑通支线合并为大郑线。"

具诸多资料显示，这两条铁路正式接轨应该是在 1931 年日本人发动"九一八"事变，并实际控制东北三省之后的 1934 年。

一座不大的小城，不仅拥有两条铁路线，而且分别修建互不管辖的两个车站，这不仅在中国铁路史，就是在世界铁路史上也是罕见的现象。这完全是日本人及所控制的"满铁"蓄意制造的时代怪胎。

通辽有史以来的第一个车站没有留下图片资料。据记载，其位置应该在通辽城南端，铁路北侧，与现在正在使用的车站位置大致差不多，是一幢面积不大的砖瓦结构的五间青砖尖顶瓦房，还有 150 米长的土站台。1928年站舍西移至现和平路南端，主体一层，面积516平方米，局部二层，面积57.8平方米，有候车室、行包仓库及办公室等。1944年失火，烧毁了临时搭建的售票处。这个车站一直沿用到1966年。新站舍总面积1 570.7平方米，其中候车室480平方米。1981年再建新站舍，主体四层砖石结构，建筑面积5 169.9平方米。或许是巧合，这个新站舍几乎正好是1928年所建站舍的516平方米的十倍。

铁路对通辽的意义

毫无疑问，不管是日本人还是张作霖，修建铁路的最终目的都是为了掠夺辽西一带和内蒙古东部的物资。但张作霖修建大通铁路，客观上还是起到了遏制日本人"独霸满洲"的野心。

四洮铁路和郑通支线沿线内蒙古东部一带物产丰富，郑家屯"物产丰富"，"郑家屯之豆油、麻油、土碱、兽毛皮、甘草等。通辽是内蒙古物资聚集地，牛马家畜、兽皮、兽毛、兽骨等更多，至于农产物则更到处都是。所以，四洮铁路的经济意义甚为重大"(《满洲与内蒙古》)。

四洮铁路开通之初，主要运输物资为农副产品，"每年运量不过10万吨。郑通铁路开通之后，增加到20万吨以上。1927年的运量则猛增到57万吨。农产品以大豆为多，其次是谷子、高粱。每种产品每年运量都在10万吨以上。蓖麻子、黑瓜子、杂粮，每种每年都在一万吨左右。此外还有豆饼、土碱、兽皮、兽毛、兽骨等。仅豆饼的运输每年都在1万吨左右"(《满洲与蒙古》)。这些物资相当一部分通过"南满铁路"运抵大连，然后装船运往日本。

郑通铁路开通之前，牲畜交易东有郑家屯，南有小库伦(今库伦旗)，通辽铁路开通后，牲畜交易额很快占据领先地位。开鲁、左中、后旗乃至昭乌达盟的天山、大板及锡林郭勒东部部分地区，以往需到小库伦、辽源交易牲畜的，都就近到通辽销售。这一年，通辽镇商户已发展到400多户。到1926年，大小商户已发展为1 500余家，年交易额达200万元。同时也结束了往返奉天、辽南等地运送货物靠西辽河河运及马车、勒勒车运输的历史。

郑大线所建通辽南站未留下任何图片资料，据记载，有八间青砖尖顶的站舍和200米长的土站台。这段铁路修建时间较长，自1922年冬开工，至1927年十月告竣。其中原因很多。"自彰武以北至通辽边境荒凉满目……彰通一段所经荒漠轨道，时为风沙所湮，常须雇役扫除，养路费颇巨。"（《铁道年鉴》）

1934年两线并轨后，车站取消，站址改为货场。

1931年"九一八"事变，日军侵占中国东北三省，同年11月1日，日军的四列铁甲车沿郑通支线占领通辽北站，炮轰通辽县城，11月2日占领通辽南站，11月7日通辽被日军占领。日伪统治时期，为了扩大侵华战争，将郑通支线和大通支线合并为大郑线（大虎山—郑家屯），南站停用，北站成为两线合并后的通辽火车站。

私塾与新式教育

通辽建镇时，已经进入民国时代，读书的目的，已经不再是走科举之路继而走向仕途。尤其对于大多数早期来通辽经商、耍手艺的人，让子女读书更注重其实用性——不要求有多大的学问，只要能学会记账、写书信或书写简单的文书足矣。

通辽在建镇不久就有了私塾。据资料记载，建镇第二年，通辽城里已经有私塾三家，城外四家，私塾先生八个。

1912 年，中华民国教育部颁发《普通教育办法》和《普通教育暂行课程标准》。前者共 14条，主要内容有：各级各类学堂均改称为学校，监督、堂长一律改称校长；初等小学可以男女同校；小学读经科一律废止；小学应注重手工科。

旧式学堂

当时的通辽草创初成，以前也没有"学堂"之类，无所谓改。至于废止"读经科"，也一时难以实现。其实，连教育部也拿不出一套完整的新式教材。即便后来民国政府对教材内容有所规定，但通辽天高皇帝远，再加上通辽当初延聘的私塾先生一肚子"子曰诗云"，哪里谈得上新式教育？直到 1916 年设镇时，通辽镇才由一名叫李庆的"办学委员"主管教育，边远乡村哪里管得过来？

私塾，"南北大炕，书桌摆上"，炕上坐着的学童，年龄不等，高矮不同，一个屋檐下，一个先生，因入学时间不一样，所学的课程也不同。私塾先生要按着入学先后顺序教授不同的内容。这边教完"人口手足，山石土田"，再教另一边的"赵钱孙李，周吴郑王"，如果还有再高年级的，接着教"祖宗虽远，祭祀不可不诚；子孙虽愚，经书不可不读"。

通辽于 1914 年正式称镇，同时成立设治局，局长富明哲，设治局内下设教育公所。

1915 年 11 月，"孙宪祖、孙秀山等呈教育公所应准，在通辽镇创立一班初等小学校，召集学生 30 人"。

翌年 3 月，李庆任通辽镇办学委员。同时，孙宪祖、孙秀山创办的初等小学被辽源县批准为镇立国民学校，"租房十间，招学生二级"。这一年，还成立三所"乡立国民学校"，乡立第一国民学校设在胡家园子，一校一级；乡立第二国民学校设在敖登台，一校一级；乡立第三国民学校设在小巴林塔拉（小白音太来），一校一级。

别小瞧了这四所学校，五个班级，却是老通辽现代教育的发轫之举。

新式学校与私塾教育的较量

1918 年（民国七年）6 月 26 日，通辽正式实行县治，此时通辽县的地面，不仅是民国元年开放的巴林爱新荒地段，"达旗河南河北荒"也并入县界。总面积 6 520 平方华里，东西长二百余里，南北宽七八十里至百余里不等。经过六年建设，通辽城也颇具规模，四周加筑了城壕，分列八门；镇内早已预留出"修建衙署及警、学、审检各局所立街基"。"城内商铺三百余家，房屋逐渐增修，街市繁兴，大有发达气象。"辖区内已"有村屯 63 个，又新搭窝堡百余处，蒙汉居民约有万余户，男女六万余人。先后放荒已垦熟地 22 000 方"。

通辽城人丁兴旺，原来的一所"初等小学"显然已不能满足需求，通辽镇学务委员李庆"函请设立镇立高等小学校"并很快获得批准，学制为7年。

1919年（民国八年），通辽教育界的一件大事，就是成立劝学所，教育界元老李庆卸任，由马希驹担任劝学所所长，郭文阵、王文厚为劝学员。这时候的通辽县，国民学校已经发展到17所，学生657名，职员17名。高等小学一所，学生56名，教员2名，职员1名。值得一提的是，马希驹从1919年任劝学所所长，一直到1929年改为通辽县教育局任局长，前后十余年。关于马希驹本人，现有资料谈及他的不多，只知道他在1914年成立预警办事处时，马希驹任预警总长，1915年将预警改为正警，设立分所长时，他曾任分所长。此外，此人还插手过金融业。1917年，为创办银行做准备，他与张天一、辛毓琦等人发起"暂设公益钱庄，籍资接济地方商工业，以固银行基础"。

1923年，通辽县劝学所改为教育公所。高级小学已有3所，4级，共144人；初等小学22所，32级，1 137人。同时，将县劝学所改为县教育公所。第二年，马希驹开始整顿私塾。

1924年，县教育公所确定各区设立改良私塾14所。

这时，通辽县已经过十年建设，通辽城内街道井然，商铺林立。尤其是郑家屯至通辽铁路修通，更加刺激了城市的发展，很快取代辽源、小库伦牲畜交易中心的地位。粮食等农作物外销外运数量也十分可观。教育事业经历十年建设也有了很大发展。

但是，私塾教育毕竟在人们脑海里根深蒂固，对民国推行的新式教育人们还一时难以接受。这种现象不仅在乡下普遍存在，城里一些头脑守旧的人，也一时难以接受。在李庆任学务委员的1916年，就曾对私塾进行过整顿，并严查私塾先生资质，"发现镇内及小巴林太来有五名塾师文理不通资格不符，报请辽源县教育公所取消他们的教授资格"。

1925年县行政公署发布训令："通辽地处偏僻，人们很不开化，只近私塾而远学校。虽有县里及公立学校各若干，可是村屯私塾仍不见少。长此下去，对于学务前途影响很大。因此，令各区长及警察所长迫其各屯私塾在十日内立即解散。"

为了解散私塾，不惜动用警力，不可谓力度不大，但是，私塾教育仍不肯轻易退出历史舞台，往往是马希駉前脚刚走，私塾随即开学。当时交通不便，交通工具只能靠骑马，尽职尽责的马希駉只得提请县公署再发训令："乡间私塾林立，有碍学校学额并误人子弟，对私塾严加控制。学校缺额多者，距校五里不得设私塾。缺额少者，距校三里内不得设私塾。"为严格控制私塾的生存和发展，还采取另一措施，对私塾先生进行"资格考试"。经考试合格，"给予证书，方准成立私塾"。从训令内容可以看出，这次整顿的根本目的，是私塾的存在，影响到了学校的发展。因此，才采取了"三里""五里"不同的"弹性规则"。

普及新式学校，遏制私塾，说到底，并不仅仅是两种教育方法的较量，而是一场革命。仅从教学内容上就可看出优劣。私塾教育，教材无非还是老一套，新式学校的教材却有了很大的改观。初级小学年限为4年，课程有：修身、国文、算数、手工、图画、唱歌、体操、女子加缝纫；高等小学年限为2年，课程有：修身、国文、算数、历史、地理、手工、唱歌、体操。男子加农业，女子加家务。此外，教学内容上也有重大改变。教材中逐渐摒除封建性内容，加强自然科学和职业教育，开始采用白话文、新文学作品及翻译作品。这些，都是那些私塾先生们闻所未闻的。

1926年，通辽成立第一所初级中学（前身为师范讲习所），学制三年，全部为男生。当年只招收一级，学生45名。1929年秋季，增招一级师范（男女兼收），称通辽县师范讲习科。1930年春，将女生分出单设，为通辽县立女子师范讲习科。

至"九一八"事变前夕，该校毕业三期学生。

铁蹄下的奴化教育

"大日本帝国万万岁""大满洲帝国万万岁"。这两句话，时隔近半个世纪后，退休副教授李生仍然记忆犹新。他只在农村上过半年小学，他说，其他的都忘了。

1931 年 12 月，日本帝国主义侵占通辽，翌年，伪满洲国成立。从此，科尔沁人民开始了近十四年铁蹄下的生活。

1932 年，日本人扶持下的通辽县政府下设教育课，王文厚被任命为教育局局长，召集人员，恢复教育。当年恢复小学 4 所，新建小学 3 所。在原有县立初级中学的基础上，附设师范讲习科。

为了笼络人心，加速奴化教育，日本侵略者采用"文治"手段，把小学作为重点，这时，通辽城内出现了日本小学校"寻常小学""女子学校"，还由包作屏创办一所"私立全民初级小学"。

不论城乡，所有的学校都废除原有教学秩序、内容、教材，并开始编辑奴化教育的教材。在新教材出笼之前，暂时使用《四书》《五经》。

提起当年在日伪统治下的学校生活，许多老年人记忆最为深刻的是屈辱两个字。不论小学、中学，每天上课前要行早礼，向东方遥拜"天皇陛下"和伪满洲国皇帝，唱像哀乐一样难听的日本国歌。中国话被称作满语，日本话叫作国语，日语成为必修的主科，国高，即国民高等学校学生在学校讲话时必须用日语。后来，又发明一种汉语、日语混杂在一块的"协和语"。伪满洲国皇帝溥仪的《即位诏书》《回銮训民诏书》《时局诏书》，要求学生做到"倒背如流"。1936 年实行日语检查制度，经考试可取得"特等"和"一、二、三等"日语翻译资格。反叛的学生心中不服，又没有办法，只能背后把日语说成"狗杂一妈死"。当时，校长大多为日本人，少数由中国人担当校长，说了算的依然是日本人。

体罚，在学校经常发生，犯了校规，轻则打"协和嘴巴子"，重则跪玻璃碴子。有时候，校长把两个学生叫出队伍，令其当着大伙的面互扇嘴巴，直打得嘴角流血，脸颊肿胀。

日本人知道，中国五千多年的传统文化根深蒂固，是中华民族立足之本。于是，就在教材上动手脚，实行"中国日本化"原则，先是把地理、历史课合二而一，后来又干脆取消，代之以灌输奴化思想的"国民道德科"（后改成建国精神科）。此外，强迫学生军训，还要花大量时间参加"勤劳奉事队"劳动。

马希驯其人

马希驯，是《通辽教育志》中唯一一位被列入人物传的。他不仅在老通辽历史上任教育主管时间最长，为普及现代学校教育花费精力最多，而且还是一位高风亮节，面对凶残的日寇，威武不能屈，富贵不能淫的纯爷们。

马希驯，辽宁省辽阳县人。光绪二十三年考入奉天法政学堂，光绪三十四年毕业。由东三省总督徐世昌委任交涉司署练习员，后委任洮南府土地自治司统计员。1911年，巴林爱新荒务局成立，马希驯来到通辽，并在城里定居，成为通辽城名副其实的第一代居民。1914年，通辽镇成立预警办事处，马希驯任预警总长。翌年，镇预警办事处改为正警，设警察分所，马希驯任分所所长。1917年，马希驯"被士绅推举为巴林爱新荒农林会长兼充名誉学董"。1919年，通辽县成立劝学所，马希驯任所长。1923年，县劝学所改为教育公所，马希驯任所长。1929年春，通辽县教育公所改为教育局，马希驯任局长。

马希驯先后从事教育工作十三年，尽心竭力，不辞辛劳，在新旧教育制度转换时期，为推广新式教育，废除私塾而奔走呼号，为通辽现代教育的普及和发展所做出的努力，可谓居功至伟。

马希驯一生品德高尚，治学严谨，更难能可贵的是，他具有崇高的民族气节。1931年"九一八"事变，日寇入侵通辽，他们得知马希驯不仅有学问，且无论在官商各界及民众当中都有极高的威望和良好的口碑，遂对其百般劝诱，要他出来做官，马先生抱定"宁为玉碎，不为瓦全"的信念，坚辞日伪政权的诱惑，不与日寇合作，恼羞成怒的日本人见软的不行，便将他押送到沈阳日军宪兵司令部，妄图软硬兼施，逼其就范。在被关押的三年时间里，马希驯经受住威逼利诱，丝毫不改初衷，直至瘫痪。后经地方及家人多方营救方获自由。他回通辽后，隐居赋闲，于1937年（伪康德四年）12月21日逝世，享年60岁。

老通辽当铺

"我有四年多，曾经常常，——几乎是每天，出入于质铺和药店里，年纪可是忘却了，总之是药店的柜台正和我一样高，质铺的是比我高一倍，我从一倍高的柜台外送上衣服或首饰去，在侮蔑里接了钱，再到一样高的柜台上给我久病的父亲去买药。"

这段话出自鲁迅先生的《呐喊·序》。文中所说的"质铺"就是当铺，质，质押，把物品或不动产契据低价押给当铺，有钱时赎回来，过期不赎回就为"死当"。鲁迅的文章为我们提供了一个背景，家道中落，家有病人，为了求医买药，只得到当铺典当东西为父亲治病。不难得出结论：当铺，是为穷人而开，因穷人而发财。不管你原本就是穷人，还是因故败了家，当铺都会朝你招手。

老通辽有多少家当铺

当铺是一种特殊行业。它属于服务行业范畴，人们把金银珠宝、古玩字画、衣服被褥乃至房屋地亩执照契约送到当铺，当铺把钱给你的同时，还会给你一张当票。当票有当期，当期之内，用钱把东西赎回，过期不赎，就为死当。不管赎与不赎，当铺照样赚钱。要赎回东西，自然要另花一笔钱，不往回赎，当铺赚得更大。当东西所得的钱，远远低于那件东西的价值。开当铺赚钱，尽人皆知，甚至令人羡慕。过去大人哄小孩玩，常常拉着小孩的手，指着孩子手指上的"斗"和"簸箕"唱："一斗穷、二斗富、三斗四斗开当铺、五斗六斗背花篓（要饭的）……"

尽管各地的童谣内容有所不同，"开当铺"都在其内，可见，当铺在人们心中的地位。商人重利，无可厚非，有钱可赚的买卖自然就趋之若鹜，无论大小城市，当铺都是热门生意。

老通辽到底有多少家当铺呢？史志上说，民国时期有当铺 10 余家。据笔者掌握的史料，这个数字过于保守。民国七年（1918 年）资料显示，

"本年通辽设立天富华银行办事处，有当铺 70 余家"。没有查到这一年全镇人口数，此前的 1916 年的资料显示，"通辽镇……镇内商铺 185 家，蒙汉居民 4 506 户，人口 26 836 人"。到

当铺

1918 年，"城内商铺三百余家"。时隔一年，城内商铺增加了三分之一。也就是说，城内每四个商铺中就差不多有一个当铺。

开当铺赚钱，但也并不是谁都开得起。开当铺，首先要有充足的资本。有一句歇后语，叫作"一分钱开当铺——周转不开"，抵押的物品越多，所需要的资金就越多，况且，当铺还有对外资金借贷业务。贷款收取利息，也是当铺赚钱的一大来源。

1931 年，日寇占领通辽，首先受到冲击的就有典当行，许多当铺纷纷倒闭。日本人见典当行有利可图，在时局混乱的情况下捷足先登。日伪时期档案记载有这样的话："民国 24 年（1935 年），（典当业）颇获盈余，前途有发展之象。"到 1934 年，城里的十家当铺中，财东有 6 名日本人，4 名中国人。这一年，全年当进物品 151 818 件，金额 447 248 现

小洋；赎出物品 106 763 件，金额 309 569 现小洋。当进余额 8 675 件，金额 287 078 现小洋。利息月息最低 3%，最高 10%。期限 6 至 18 个月。1936 年，城内典当业有所恢复，典当行增加到 17 家，其中，中国人开的 9 家，日本人开的 8 家，几乎占据半壁江山。

《满蒙经济事情》记载："康德三年（1936 年），通辽全城当铺 17 家，中国人开的 9 户：隆兴当、东兴当、公济当、公利当、东胜当、顺兴当、亿记当、信昌当、福兴当；日本人开的 8 户：广济当、大民当、兴太当、信增当、日光当、公太当、满蒙当、松木当。

就在这一年，伪满洲中央银行规定，一年内把附属企业从银行中分离出去，将当铺、酿造、油坊、杂货代理等企业合并成大兴公司，将官银号经营的当铺全部接收。这时候的当铺里所抵押的物品以衣服被褥占大多数，约占八成左右，其余是金银首饰、农具、证券等。

到 1943 年，城内当铺仅余 8 家，全年贷出额累计 133.9 万元，收回 91.4 万元。这一年的四月，贷出票数 14 433 张，收回票数 9 655 张，死当票数 59 张，金额 1 027 元。

老通辽的当铺有两种：一种是街里有买卖，经营粮食、绸缎庄、杂货或开烧锅，赚了钱再兼营当铺；也有的是开当铺赚了钱，在农村买地，在城里开买卖。最有代表性的就是隆兴当。民国二年，孟庆一从郑家屯来到通辽，与人合伙开商号龙兴裕，下设一家当铺即隆兴当。此后，在河西购地搭窝铺，叫隆兴当窝铺。后来地越来越多，由窝铺成屯，叫隆兴当村。乃成为隆兴当乡政府所在地，就叫隆兴当乡。

当铺的里里外外

当铺什么样？年轻人或许在影视剧里看到过。电视剧《大宅门》里就有这么一段：白景琦要全收沿河二十八坊，竟用一泡屎骗了当铺两千两银子收了二十八坊，在济南市内开了"黑七泷胶庄"。电视剧里的故事不可轻信，开当铺的都十分精明，不会犯这么低级的错误，但是，剧中所用的场景却和真实的当铺大同小异。

开当铺，要从内到外显示出其财大气粗，不同凡响。青砖灰瓦的房子，举架要高人一头，外带女儿墙。正门两侧的墙上，刷白灰底，上写大大的黑字——当。房檐上另挑出一块木牌，也同样是一个当字。临街铺面的一侧，有一个门洞，门洞里的影壁上，当字更是十分显眼。

门前有高台阶，台阶两侧立着拴马庄。进了门，高大的房子里光线昏暗，显得有几分沉闷。迎面是高大的柜台——和一般人的身高相差不多，柜台上还有木头栅，直达屋顶。要当东西，个子小的要踮起脚尖把包袱抛到柜台上。柜台里面"接活儿"的，身穿长袍马褂。按当铺的规矩，不论你要当什么东西，东西是新是旧，一律杀价三成。交易谈妥，"接活儿"的就会大喊：缺边少袖，掉毛漏风，虫嗑鼠咬破，烂皮袄一件！随即写好当票，每个当铺所开具的当票文字和数码写法都不一样，这属于商业机密，用的都是自编自创的写法叫"密字"，除了当铺，外人看起来就像天书一样。

扣除利息，到了当东西的人手里的钱，已经所剩无几了。

进当铺的各色人等

进当铺的都是什么人呢？可以说，除了大地主、富商，包括中小地主、店铺掌柜在内，几乎所有中下层百姓都有机会走进当铺。例如机关职员，家里再穷，穿的要讲究些，春秋穿的夹袍，夏天穿的大褂，冬天穿的棉袍等必不可少，否则，会让人瞧不起。有的人就得轮换着把衣服送到当铺，到了换季的时候，再送进一件，赎回一件。商铺也离不开当铺，更多的是为了周转资金，在银行业不发达的时候，当铺是唯一的选择。

当票属有价证券，它所代表的是押在当铺里的东西。但历来当铺的规矩，只认当票不认人。这一点和当今的彩票差不多。只要手里拿着当票，交了钱，柜上就付给你典押的东西或契约。没有当票，即便是警察局长亲自去也白搭。正因为有了这个规矩，当铺，历来都是小偷销赃的最佳场所。偷了东西，到市场上去卖，被人赃俱获的可能性极大，送到当铺则不然，一手交货，一手接钱，一旦成交，就是失主有百般证据也是枉然。当铺的伙计、掌柜常年练就一双慧眼，来人一进门，凭穿着打扮和神色，对来人是干什么的就能判断个八九不离十。一般穷人进了当铺，脸上虽有晦气，但绝不会惶惶不安，店铺小老板进了当铺显得谦恭而又坦然。小偷则不然，鬼鬼祟祟，急于出手，所以，对小偷送来的东西，价钱压得很低也就在所难免。

当铺最欢迎的还是"家贼"。一些纨绔子弟或小有资产的地主、商户的孩子，一不留神学坏，吃喝嫖赌，染上哪一样都需要大笔银钱。一旦被家里发现，肯定会断其经济来源，偷家里的东西送到当铺还钱也就在所难免。在郑家屯至通辽铁路开通不久，就有一户离城不远的符姓人家不肖子孙败家的故事。符某家里有地，还开着一家粉坊，算得上是家境殷实。他四十多岁时死了媳妇扔下四个女孩，续了一房，转年就生了一个小子，取名符天宝。符天宝在村里念私塾，十几岁时送到城里国民中学，不慎结交了几个不良少年，先是到妓院"打茶围"，喝花酒，不久，和一位叫双宝的妓女打得火热。家里发现花钱如流水，查明原委，遂每月给他的钱只够日常开销。符天宝无奈，开始偷家里的东西，频频往当铺里跑。最后，竟然将城里十二间房抵押给当铺，得了钱，拐跑了双宝。在外不到一年的工夫，银钱花光，双宝离开他，回通辽重操旧业，他在外面"抱蹲"，靠乞讨为生。幸亏家里从双宝处打听到他的下落，将其寻回。这时，天宝的父亲急火攻心，一病不起，母亲得了神经病，一个偌大的家业很快被败光。

常跑当铺的还有大烟鬼，通辽城里大烟馆很多，尤其是日伪统治时期，几乎遍地都是。大街小巷经常能见到瘾君子成为"路倒"，被扫街的拉走。抽大烟，扎吗啡，需要大量的金钱支撑，一个好端端的富裕之家，不过几年，就在喷云吐雾之间烟消云散。许多人就是因为抽大烟，败光了家业，继而卖家里的东西，从古玩字画，到桌椅摆设，最后，连被褥都剩不下。大烟鬼一进当铺，缩着脖子，腋下夹着一个包袱，不论东西当了多少钱，接过来就直奔大烟馆。

当铺的连锁店——估衣铺

旧时卖估衣的有两种，一是在大街上摆摊，把成堆的破旧衣服堆在地上，一边吆喝一边卖。这种估衣一是破旧，二是来路不明。如闹瘟疫时，常有人死在路上，或被丢弃荒野，就有人把死人的衣服扒下来。甚至有盗墓贼掘开坟墓，除盗走金银珠宝外，连衣服也不放过。而正经人家因老人过世，旧衣服多半卖给专门经营旧衣服的特殊行当——估衣铺。

过去，通辽城里不仅当铺多，估衣铺也不少。估衣铺大多集中在北市场北口。

有一句老话，叫"过手为估衣"，意思是说，哪怕你是刚从商店买来的东西，一旦进了估衣铺，就不再是新的，而是估衣。

估衣铺有一大部分依附于当铺。当铺里成为死当的物品，转手成了估衣铺里的商品。估衣铺里的东西档次、质量、新旧程度各有不同，来历也不一样。有的是家里老人死后留下的，有的是闲置无用的，也有小偷偷来或土匪抢来的。

估衣铺通常门面不大，临街一间或两间门市房，卸掉栅板，屋子里的东西一览无余。墙上挂满了各种衣服，从水獭领"九道弯"皮袄、长袍马褂、女人的旗袍坎肩，一直到"免裆裤""二大棉袄"，无所不有，按质论价，各取所需。所有的衣服都经过浆洗熨烫，有破洞的还要补好。

到估衣铺买衣服没有财主和有钱人。大都是手头钱少，又不得不买的穷人。当然，也有一种人是例外，就是图面子却又囊中羞涩的人。例如，有人想找某位有头有脸的人谋差事，穿得太差怕人家瞧不起，先把自己从头到脚捯饬干净，再花个仨瓜俩枣的钱到估衣铺买一件看起来得体的行头，目的是给人家一个好印象。

1947年，通辽获得解放后，随着妓院、烟馆等被取缔，当铺也在一夜之间消失。但估衣铺却没有灭绝，到建国后的几年时间里，北市场北口还有三四家仍在营业。直到1956年1月29日通辽市"资本主义工商业、手工业、运输业、郊区农业社会主义革命改造"全面完成，通辽城内的估衣铺在"公私合营"中并入寄卖商店，地点在北市场南口东侧。

三畲堂·长麟堂·溪水堂

　　三畲堂，什么意思？是干什么的？别说现在的年轻人，就是上了一点年纪的，大概也说不清楚。

　　其实，"三畲堂"并不神秘，他就是当年张作霖、张学良父子的堂号。在这个堂号之下，东北各地设有五十余家买卖店铺，其中，既有银号、商号、当铺，也有油坊、粮栈，还有专门生产军需品的工厂、电厂等。说穿了，三畲堂就是张作霖名下产业的总公司。总店设在奉天。

　　张作霖把自己产业的名号命名"三畲"大有深意。畲，《诗诂》中说："一岁为菑，始反草也。二岁为畲，渐和柔也。三岁为新田，谓已成田而尚新也。四岁则曰田。"张作霖从赌徒、兽医、保安队起家，最后成为东北王。在他掌管东三省大权后，利用一切手段扩充资产，仅土地一项，数目就大得惊人，

东北王张作霖

其中，就有很多土地来自"蒙荒"也就是内蒙古东部草原。这些新开垦

的土地,正是前文中所引用的"二岁为畲"。至于"三",汉语中有"全部"的意思。三畲堂,就是要把东北全部土地纳入囊中的意思吧。

据说,当年奉天总号门额上金字招牌出自一位高人之手。此人姓李名瀛,乡试秀才,后进省考举人,因其文章平常,仅考个拔贡,和举人同科。但主考官的一句批语也算成就了他一世英名——文章泛泛,字压关东。他的书法由此名声大振,人称"关东一枝笔"。因此人有大烟瘾,一生潦倒,以鬻字为生。据说李瀛把"三畲堂"三个大字写完,刻成金匾,张作霖一看非常高兴,连夸:"写得好!"即派人问李先生要多少钱。李瀛一心想着抽大烟的钱,说:"我给别人写得三百大洋,大帅给两百吧。"有人说,假如李瀛不提钱而奉赠大帅,大帅一高兴准能赏他一个县长当当。

那么,三畲堂与老通辽有什么关系呢?

通辽也有三畲堂,主要管理张作霖在通辽所拥有的土地。专门设立一个机构来管理土地,可见张作霖在通辽的土地绝非是一个小数。那么,三畲堂在通辽到底有多少土地呢?实话实说,准确的数字无从查找,只能从一些文献资料里获取一些参考。

有史料说,在"通辽西有荒地 12.6 万坰,在辽河岸边有荒地 4.5 万坰"(一坰 45 亩)。当初巴林爱新荒放荒时,总计不到四千方土地,属于张家的就有二千八百方(长宽各一华里为一方)。仅有名有姓的村屯就有十来个,占地二十二万亩。

另据 19 岁就为张作霖家管账的栾贵田说,张作霖在钱家店有土地50 余方。

余粮堡陈宇轩窝堡,"文革"时改名新发屯,该地原属张作霖所有,后来被陈宇轩买走,并用陈宇轩命名该村。

辽河乡公司窝堡,民国十年张作霖在此成立"招拓公司"。

查干乡有东、西乌兰花,是 1925 年张作霖用于放牧的草场放牧地。

钱家店镇前腰窝堡,原来叫"窑窝堡",是张作霖的东北军 1918 年在此建砖窑。

敖力布皋乡达尔罕村，达尔罕王与张作霖家族联姻，达王送给张大帅姨太太做牧场的私产。

喜伯艾力苏木东地富强嘎查，1922年张作霖在此设招拓公司，后来成了屯子，叫东地窝堡。

庆和乡顶合兴（现在叫红星村）。顶合兴，是商号的名字，并以此命名该村，土地所有权记在张作霖的亲家于文斗的名下。

余粮堡盖家窝堡，原来是张作霖六方地，1917年被盖华山买走。

这远远不是张作霖在通辽所拥有的全部土地，他的房产、商号记在老婆、儿子或亲属名下的也有很多。

为了攫取科尔沁草原的土地，张作霖费尽心机。移民实边，开垦蒙地，这是清末为防止日俄入侵所采取的一项国策。清政府规定，在开发蒙古草原的同时，要照顾到"蒙民生计"，留出足够的草原供蒙古牧民放牧。但张作霖成为东北王之后，对科尔沁草原垂涎三尺。为了掠夺草原，1925年，那木济勒色楞妻子去世，经张作霖介绍与朱博儒结婚，封福晋。朱博儒是曾任清廷要职的朱思古（满族朱尔吉特氏）之女，毕业于北京高等学堂，她成为那木济勒色楞的福晋之后，对那木济勒色楞产生很大影响。为了进一步套近乎，张作霖又与达尔罕亲王结成儿女亲家。

在通辽及科尔沁草原攫取大量土地的，当然不仅仅是张作霖，相比之下，外号吴大舌头的吴俊升也绝不落后，他曾经在后旗以租赁为名，一次租下几千垧土地，租期为99年。他看到张作霖将女儿嫁给达尔罕王爷之子，也把自己的女儿许给达尔罕王的傻儿子。

通辽建城初期，吴俊升任奉天后路巡防队统领，曾派兵进驻通辽予以保护，同时购买大量的耕地，在城里建了很多房屋。1923年，投资65万银圆兴建通辽电灯厂。1927年，再投资75万银圆扩容。为了管理在通辽的产业，以他的儿子吴太勋（字长麟）的名义成立"吴长麟堂"。

在通辽设立堂号的还有"溪水堂"。这是曾任奉天东边道道尹的马龙潭所设。马龙潭在城里修建一座明清风格三进四合院，原西六方乡，现划归余粮堡乡的溪水堂村大片土地就是马龙潭的产业。

当然，无论是吴俊升还是马龙潭，论资本及在通辽拥有土地的数量，都不能与三畲堂相比。

吴俊升

张作霖在通辽不仅有土地，开公司，还聘请能人，设立了农业研究机构。《中国科学技术专家传略·农学编·养殖卷》"我国兽医防治系统的奠基人——虞振镛"一文中有如下记载："1928 年，清华学堂改名国立清华大学，以理工科为主，取消农科。虞应北平大学农学院邀请，任该校教授兼农场主任。翌年，赴东北担任辽宁省通辽县钱家店三畲堂农事试验场厂长。1931 年'九一八'事变后，返回北平，任北平大学农学院代理院长。"

经查证，虞振镛，1890 年 2 月 9 日生于浙江。1907 年考入上海圣约翰大学。1911 年赴北京参加清华学堂（清华大学前身）留美预备学生的甄别考试，被录取。经过半年准备，于当年秋季被保送入美国伊利诺大学攻读畜牧学。1914 年毕业，获学士学位。之后又考入康奈尔大学研究生院。1915 年毕业，获硕士学位。

如按资料所说，虞振镛是 1929 年到钱家店农事试验场任厂长的，也就是说，"钱家店农事试验场"的成立，下限不晚于这一年。这个试验场应该是通辽地区最早的农业科研机构。1931 年日寇占领通辽，张作霖、吴俊升、马龙潭等人的产业被日本人没收，钱家店农事试验场也不例外，成为日本人掌控下的粮食科研机构。

解放前老通辽商业的兴衰

从通辽建镇一直到解放前，通辽总体上来说应属于消费型城市，这一点从城市产业结构就可以看得出来。

第一，多是传统手工业为主导的作坊。

老通辽街市

解放前，通辽城没有规模较大的制造业。几家具备较先进机械设备的工厂，也就是电灯厂、修械所、火磨厂（用机械进行粮食加工）、印刷厂等，其余都是一些枪炉（制造砂枪）、硝锅、皮毛加工、酱菜、酿酒、制胰（生产肥皂）等传统工艺的小型生产企业。再有就是一些从事手工业的作坊，如染坊、粉坊之类。这些手工作坊虽然雇工很少，可户数较多，还多为家庭式经营，是老通辽经济的重要部分。据记载，解放前的通辽

仅染坊就有五六家，周边人民的穿衣和生活所需布匹都由这几家染坊供给。染坊以手工织造土布和染色（蜡染）为主要工序，织造的布匹俗称麻花布。尽管工艺落后，织出来的布匹粗糙，但麻花布吸汗、保暖，穿起来也很舒适。另外，就是粉坊居多，粉条易储存，吃起来滑润绵软，是北方人都喜爱的食品。并且通辽地区盛产制粉的原料绿豆、土豆、地瓜，制粉原料的就地取材，进一步促进了家庭式粉坊的发展。到

四平街专卖公署通辽专卖局

1934 年日伪占领时期，通辽已有粉坊 20 余家（含农村），虽然这些作坊普遍工艺简单，生产手段落后，但年加工粉条、淀粉（粉面子）已达 20 万斤。

第二，以服务、典当行业为主流。

无论什么时代、什么社会，服务行业都是一个城市的经济主体，老通辽城也不例外。解放前通辽城内到处是饭馆、茶馆、旅店、大车店或妓院，另外就是遍布大街小巷的典当行、估衣行与销售杂货土产的日用品商店，这些服务为主的行业，是全城主要的经济产业。

第三，人员多从事个体手工业。

因为没有大型的制造和生产企业，城内居民没有就业门路，除了少数酿酒、酱菜等小企业能接纳一些人就业，其余大部分人为了生存都成了个体手工业者。如铁匠、木瓦匠、皮匠、剃头匠、铜锅匠、掌鞋匠、挂马掌等等与人民群众生活息息相关的行业。

迅速崛起的商家

商业方面，建镇之初的1913年，通辽城内只有小商铺20余家，但到1914年仅一年间就猛加到了50多家。当时较大的商铺有荣升福、鼎合兴、联盛长，这三家商铺都是经营土产杂货兼农副产品收购的。主要商品为棉纱、棉布、绸缎、洋油、火柴或镰刀、锄头等农牧民生产生活必需用品。1918年，通辽实行县制时商铺已达到150多家。根据1919年资料统计，整个通辽县内从事商业的已达到225家，其中比较重要的行业有典当行、烧锅、油坊等，如隆兴当、庆元永烧锅、茂盛油房、元聚堂杂货店等等。到1922年城内有了400多家商铺，1926年竟达到1 500家。这一时期也是民国时期商业发展的鼎盛时期。到1926年，通辽已形成了一个重要的商品集散地和肉牛、骡马交易中心，且交易量相当可观。同时，大宗的粮食（玉米、高粱、黄豆、杂粮）、皮毛、皮张、兽骨、中草药等开始销往外地。

十年间形成的商业"八大家"

解放前的通辽比较有名的商家有8家：东泰龙、隆兴玉、同乡居、贵长兴、天庆东、庆玉久、袁记、隆兴当。他们的共同特点都是多种经营，即经营粮食、土产、百货。

东泰龙是杂货店，兼营一些油、盐、酱、醋等人们生活必需品，后开的酱园、烧锅，门市名叫东顺利，位置在明仁大街与交通路交汇处东北角。解放后，原址成为国营蔬菜商店，但人们还是习惯叫东顺利；隆兴玉是典当铺，但也兼营农产品收购和杂货，一度还生产糖果；同乡居是酱园，主要生产酱菜，位置在明仁大街繁华地段；贵长兴是一个贸易货栈，也是一个杂货店，是通辽最早经营保险的一家企业；天庆东是刘振亭的产业，原是一家烧锅，也是通辽第一家白酒制酒厂；庆玉久是一个杂货店，主要经营农副产品、日杂；袁记经营杂货、日用百货、服装等。八大商家中绝大多数在农村还拥有土地。有的还把城里的商铺用名冠予了自己拥有土地的地区，如通辽城西丰田乡的原名隆兴当，就是其中之一。

以上8户比较有影响的商家崛起于1914年至1924年十年间。这段时间工商业发展，不光体现在烧锅、杂货店、当铺上，其他产业也有较大的发展。比如1915年，通辽只有一家药店，叫通会药店，到了1920年，药店就发展到15家。主要有广生堂、和泰丰、万金和、和发源、泰和兴、德太兴、仁和长等。

一枝独秀的东泰隆烧锅

东泰隆原本是一家杂货店，经营副食品，后来资本逐步雄厚后扩大了经营范畴，又开起了烧锅。烧锅位置就在解放后的通辽制酒厂，现在的蒙古王酒厂。

在东泰隆烧锅成立之前，通辽的白酒都被小街基的天庆东一家所垄断，天庆东是由刘振亭出资建成。由于小街基是一片洼地，周围每年都有大量积水，加上当时水井很浅，这就使天庆东的白酒质量大打折扣。东泰隆成立以后，因地处西辽河东岸，地势高，水质好，所酿制的酒就优于小街基。除了在质量上胜过天庆东以外，东泰隆还采取了灵活的销售策略，他们在门市里准备小菜，凡是前来买酒的，可以"先尝后买"。这一办法果然奏效，很快销路大开。

另外，东泰隆胜过天庆东的最有效的手段就是一个"诚"字。当时，通辽城周边有一些蒙古人种庄稼，但他们世代习惯于以物易物的简单交换方式，加上为人厚道，不知商场诡谲之术。天庆东每到收粮食时，后院都要备有酒席，只等拉着粮食的勒勒车队一进城，早已迎候在城外的人就把车队拉进天庆东大院，一顿好酒好菜之后，趁卖粮的蒙古人酩酊大醉，天庆东的人就把白酒、盐等随便装上勒勒车，其实根本没按等价交换。而东泰隆作为商人，缺斤少两、压等压价之事虽然也偶有发生，但比起天庆东来毕竟要诚实得多，好的名声加上好的质量，很快使天庆东烧锅门庭冷落，关门歇业，最后只剩东泰隆酒厂一枝独秀，独占了通辽白酒市场。

日伪垄断下的通辽经济

1931年底，日寇占领通辽，通辽地区经济全部掌控在日本人手里。日伪政权通过各种"组合"垄断经济命脉，通过配给制控制主要经济作

物及工业原料。政治上的
压迫，经济上的控制、剥
削，使通辽地区经济萎靡，
市场萧条，民族工商业受
到空前的打击。

1932年5月，日本人
设立通辽县监务缉私分
局，任命王作羲为局长，
实际上，像县公署、警察

日伪时期通辽税捐局

署等机构一样，所谓的县长、局长、署长不过是傀儡，实权都掌握在日
本人手里。所谓缉私分局，主要是对日本人垄断的粮食、油料、皮张、
钢铁等战略物资严加控制。

1933年9月，伪满洲国公布《商标法》和《商标规定原则》，对工商
业开始干涉，又加"百斯笃"（鼠疫）流行，造成商业萧条，其中皮毛业
受影响最大，通辽城里当年倒闭20余家。10月，开始对水泥、酒、棉花
等产品实行统治，不准私营业者经营。11月，设通辽商务会所粮食集市。

1934年2月，伪满洲国公布"石油股份公司法"，取消了通辽地区
私营商对石油的经营。7月，伪满洲国成立大定工业公司，通辽地区的
工业原材料收购和销售全由这个公司所属在通机构独揽。

在日军占领时期还对经
济实行垄断，掐断了民族工
商业资金链条。在日本侵略
之前，通辽分别于1918年
设立天华富银行通辽办事
处、1931年2月9日成立中
国银行通辽分行。同时，有
当铺70余家，也可为企业
进行小额贷款。

满洲畜产株式会社通辽出张所

1933 年 1 月，伪满中央银行通辽支行接收民国官银号，民族资本被日本人彻底取代。

通辽为粮食主产区，以粮食为原料的加工业曾一度十分兴隆。至 1929 年，全县就有农产品加工业 95 家，其中烧锅 5 家、豆油房 16 家、麻籽油坊 6 家、碾磨坊 25 家、粉坊 13 家、麻绳铺 16 家、酱油坊 8 家。

到日军占领后的 1934 年，全县仍有油坊 12 家，年生产豆油 34 万斤、麻油 5 万斤；烧锅仅剩 1 户，年出酒 72 万斤；有磨坊 12 户，年磨面粉 42.8 万斤；有粉坊 20 户，年产粉条、粉面子 20 万斤。

但由于此时的日军战线越拉越长，战争规模不断扩大，为了满足军需供应，对粮食加大了控制力度，并很快实行配给制，粮食收购、加工都实行统一管理。还禁止老百姓吃细粮，发现谁家有大米白面，则以"经济犯"罪名投入监狱。当时，老百姓领到的粮食越来越粗粝。

日本侵略军在通辽掠夺的粮食

1936 年 4 月，满铁参与并设立了满洲盐业公司，为的是加强通辽地区盐业专卖的统治。

1938 年，城内先后成立了专卖品会社、生活必需品会社、满洲会社、兴农会社等组织。

1939 年 10 月，伪满洲国公布了《特产品专管法》，对大豆三品（大豆、豆油、豆饼）实行收购、配给及输出一元化统治，还在通辽设立了满洲特产专管会社。同时，兴农合作社在通辽城内下设粮栈组合，粮谷之类统由粮栈组合经营。日本东洋棉花株式会社，独揽了棉花、棉布、棉线的经营；烟酒经营权也由日本人尚田在县城内成立的"东亚公司"专统。

1940，日本人伊藤万又在通辽成立伊藤万株式会社，独霸了丝绸经营；还成立生活必需品配给所，对鱼酱、海菜、罐头、粉条、陶器、肥皂、手套、袜子等实行配给制。由于各种专卖品会社相继成立，通辽地区民族工商业受到排挤，市场日趋萧条。

1942年，通辽县"出荷粮"占年总产量的50%。老百姓在丰收之年仍过着半年糠菜半年粮的生活。

综上所述，随着日本人战线吃紧，供应不足，更加残酷地

满洲兴业银行通辽支行

勒索百姓。到日本投降前夕，老百姓没有棉花、布做衣服，穿的是用"更生棉"织成的布，叫"更生布"。所谓"更生棉"，就是把破旧衣服打碎后的棉屑再织成布，因为纤维极短，所织成的布一穿就破，根本不保暖。粮食就更为紧张，老百姓吃的是配给粮，多为杂合面，里面还要掺沙子。当时，日本人规定，中国老百姓不准吃大米白面，日军经常到各家各户搜查，发现藏有大米白面，则被当作"经济犯"或"国事犯"抓走判刑。

在日本人的高压控制下，中国人开的企业、商铺没有原材料，没有货物，只得纷纷歇业。到1945年日本人投降，明仁大街、中心大街繁华地段十室九空，大街上一片萧条。

老通辽人的"奉天情结"

老通辽有南市场、北市场、露天市场。解放后，北市场一度兴旺，南市场愈见式微，露天市场几经改造，虽然依然叫露天市场，但人们却习惯叫它"圈楼"。表面上看，南市场在南，北市场在北，露天市场原本是一块空地，或是按方位命名，或是以特征命名。其实不然，追根溯源，南、北市场和露天市场的叫法都有来历。

南市场、北市场、圈楼，几种叫法最早出现在奉天（沈阳）。通辽建镇之初，属奉天省管辖，不仅官员都是省里委派，到通辽买地、做生意的，大部分也来自奉天。在《哲里木盟地名志·通辽市》一章中，所记载的村名除了未说明来历者之外，大都与辽宁有关，如：长青村，光绪初年，满族人张洛山由义县迁此烧碱、开荒种地；陈玉轩村，辽宁人陈玉轩到此买地雇人耕种；王富村，民国元年，辽宁人张云庭到此买地，后转卖给蓝云庭；凤阳堡，相传此地是军阀吴佩孚（注：应为吴俊升）的五姨太为其女吴凤阳准备的陪嫁地；魏家窝堡，1914 年，辽阳人魏景春四兄弟到此落户；香平堡，1937 年成屯，居民多系辽宁襄平铺人……这样的例子举不胜举。此外，还有很多奉军军阀、军官也大量购买土地，在街里买地建房、做生意。如著名商号"同乡居"，几个股东就都是辽宁铁岭的同乡。另外，随同黄仕福来到巴林爱新荒的随员中，几乎全部来自奉天城。

通辽城最初形成的以休闲娱乐为主的两个场所——南市场、北市场，从渊源来看，也与奉天有关。

1920年，当上了东三省巡阅使的张作霖，为促进奉天繁荣，在十间房圈定3.6平方公里的土地，平坟辟地，先是开设戏园子、赌场，接着办起商行、丝房、饭铺、茶庄、客栈、药房、理发馆、照相馆等，并正式命名为北市场。为了使北市场迅速繁荣起来，张作霖还下令将散落在城内的妓院全部迁到北市场。自此，各种乌七八糟的行业汇集于奉天北市场，成为沈阳最著名的杂八地。

通辽的南、北市场虽然规模上远不及沈阳，但是大同小异。在通辽一建镇，最早兴旺的地段不是城市中心地带，而是当时的城东南角，就是现在的和平路以西，向阳大街两侧，当时称为南市场。建镇第二年，城内其他地方房屋还寥寥无几，这一带已经初见规模，商户、旅店、驻军等都在街道两侧。不久，闻风而动的妓院老板也来到通辽抢占商机，落脚点也恰恰在这一带，使城东南角很快成为饭馆、茶馆、澡堂、落子园（剧场）等集中所在。

随着通辽城人口渐多，南市场已是人满为患，才又在当时城里的中心地带、商铺林立的中心大街南侧建起了北市场。北市场是一条正南正北的胡同，北侧为中大街，南侧为南小街，胡同里遍布赌场、饭馆、茶馆、说书馆和加工出售玉器、烟袋杆、烟袋嘴的店铺以及估衣行、鲜货行等。妓院也在北市场后身落户，一家挨着一家。此外，这里还建起一座土木结构的二层戏楼，北口东侧建起一座澡堂子，可谓吃喝玩乐一条龙。特别是有了电灯以后，每到夜晚，北市场内便灯火辉煌，人来人往。饭馆里酒菜飘香，戏楼里锣鼓铿锵，打扮得花枝招展的妓女招摇，人老珠黄的"站街女"涂脂抹粉，鬼鬼祟祟地招揽嫖客。

与南、北市场相比，露天市场形成的比较晚，大约在1948—1949年前后。当初，这里还是一片空地，那时城里都烧柴火，不烧煤，市场有农村人用大小车辆拉着秫秸进城，这里自然形成一个柴火市。解放后，政府规划在这里建起民居，当中留出一块地方，仍然可以做生意，一些

画面上方为改造前的露天市场，又称八卦街，1988 年在城市改造中拆除

卖旧货的就在空场内摆摊。但不知是有意还是无意，露天市场建筑格局并非像其他地方一样，选择正南正北建筑，而是正房厢房混建错落，且留有多个出口。进了露天市场，仿佛进了八卦阵，不谙熟路径，很容易迷路。因此，人们又管这里叫"八卦街"，这一点，恰巧又与老奉天的八卦街不谋而合。所不同的是，奉天的八卦街就是南市场，当初奉天建南市场时，据说是采用了吴俊升等人的建议，按照八卦所说的一元生二仪，二仪生四象，四象生八卦的形式布局。一说是为了辟邪，取否极泰来之意；另一说是取古人摆八卦阵的战术，让敌人有进难出，起到御敌作用；还有一说是希望客人到此后，能沉浸其中，为商家招揽生意。建国后八卦街一度十分兴隆，东西南北四个出口沿街两侧都是小商铺，卖旧货的、洋铁铺一家挨着一家，沿阳沟边上摆满货物，车马难行。正中间空地四周，是固定摊床，卖货的大都是各国营、集体商店的，卖青菜的、

卖高温肉的、卖牛下水的、卖旧军用大头鞋的，每逢过年卖年画、卖爆竹的，随季节变化而变化。

在很多历史资料里，露天市场不仅是做生意之所，解放前后，这里还是杀人的地方。按理说，东北地区杀人一般不选择在城里，而是在"西门外"。过去，有一句骂人话，叫作"你这个出西门的!"意思就是要被杀头或枪毙。这与八卦说不无关系。西方对应为兑，西门为死门。

资料中记载露天市场杀人，最有影响的有两件事，一件是 1945 年，通辽县县长徐永清等十八位烈士在这里遇害，另一件是罪恶昭彰的大土匪头子金龙在这里被处决。

1945 年 12 月 6 日，城里反革命分子发动叛乱，包围了县政府办公楼。县长徐永清带领部下英勇抵抗，最后，因寡不敌众，与 26 名战友被俘。12 月 17 日，已近年关的通辽城阴风飒飒，乌云翻滚，通辽城内一大早就净了街，岗哨林立，露天市场四周重兵把守，戒备森严，徐永清等 26 位同志被三辆大车押解到露天市场，在叛匪的机枪面前，徐永清和战友们泰然自若，英勇牺牲。

金龙，流窜科尔沁草原多年的惯匪。他手下众多，而且组织完备，武器精良，且枪法极准，并惯于马上奔袭。1947 年，解放之初的通辽，土匪多如牛毛，有名的绺子就有几十股。通辽地区土匪多，这从一些村名中就可见一斑。我们知道通辽周围的村子多以"窝堡"或"围子"命名的居多。所谓围子，就是村子周围有高大围墙，用以防范土匪袭扰。还有一些财大气粗的地主，在自己家周围修起高大的院墙，四角有炮楼，家里雇有炮手。土匪攻打这样的地方，叫"打响窑"。每攻打下一个村子，土匪们都要"人娶媳妇马过年"，奸淫、喝酒、要钱，闹得乌烟瘴气。由于当时正处在解放战争紧要关头，无法调动大批作战部队剿匪。所以采取了剿抚并重的原则。用政策攻心，收抚一些土匪。为做通金龙的工作，组织上派人深入虎穴，使其率部投诚，后被改编为二师骑兵部队。但金龙随队开拔到郑家屯后，领着旧部叛逃。解放军设计在开鲁道德营子将其部几乎全部击溃，只有金龙带领几个人侥幸逃脱。最后，利用金龙匪帮内部矛盾，将其诱捕。

但在后来调查时发现，把露天市场作为杀人场所并不准确，许多亲历者回忆说，徐永清等烈士遇害、枪毙大土匪金龙，地点都不在露天市场，而是在现向阳大街的广场，与露天市场一街之隔。广场南邻现科尔沁大街，北临向阳大街，南侧有一座日伪时期修建的电影院，东西两侧有少量低矮的民房。解放后，所有大型群众集会都在这里举行。

1988年，通辽市（现科尔沁区）政府提出"两街两路一市场"改造工程，两街为明仁大街、科尔沁大街；两路为和平路、建国路；一市场，指的就是露天市场。露天市场周围破旧不堪的土房被一并拆掉，在东南、东北、西北角各建起一座综合楼，只留西南角国营浴池未拆，中间地带建起当时号称东北最大的室内小商品市场。市场整体建筑呈十字形，东南西北四个门上方，都有书法家单文海书写的"露天市场"四个大字。奇怪的是，人们习惯上并不叫它"露天市场"，却叫它"圈楼"。那么，这"圈楼"的叫法从何而来的呢？

其实，这又是"老奉天"情结在作怪。过去，在奉天城里就有一处最繁华热闹所在，地点就在北市场，那里有几座小楼，经营日用百货、土产日杂，加上四周妓院、饭馆、茶馆、说书场、戏园子一家挨着一家，成为奉天人热衷游玩的地方。当年奉天人就把那里叫作"圈楼"。通辽修建的露天市场虽然比奉天的晚了八九十年，而且当时奉天的露天市场早已不复昔日的繁华，一些有着家乡情结的辽宁人还是把那里叫作露天市场。

从 "吴俊升修建姑子庵" 说起

太山娘娘庙，俗称姑子庵，史料多称太山宫。按该庙碑文记载，全称应叫太山娘娘庙。位于老通辽城东门外，即霍林河大街南 100 米、和平路路东。论其规模，在通辽城内的寺庙中是仅次于圆通寺的第二大庙宇。

太山宫修建于 1922 年。此时通辽城已经有近十年的历史，正处于蓬勃发展时期，城市已经开始向东发展，原属城外农田的东门外已陆续修建房屋。

太山宫作为城里唯一一座尼姑庵，也是城内修建的第一座寺庙。但作为道教的庙宇里所供奉的神祇中，却不仅限于道教人物，除了三宵娘娘、关羽、岳飞、药王外，另有道（倒）坐观音、大仙等，既有佛教人物，也有属民间宗教的所谓 "大仙"。

太山娘娘庙所供奉的大仙都有哪些 "仙"，现存的碑文中未有记载。大仙，是在作为正道之道教衰微后，开始盛行于民间的。民间信奉的 "五大仙" 又叫 "五大家" 或 "五显财神"，分别为：狐仙、黄仙、白仙、柳仙和灰仙，也就是狐狸、黄鼠狼、蛇、刺猬、老鼠。作为道教的庙宇，同时供奉佛教神位的，在较小的庙宇中并不少见，如通辽老爷庙中也有释迦牟尼的神位，但供奉大仙的，并不多见。其目的显而易见，那就是 "市场经济" 使然。在太山娘娘庙修建时，还是通辽城内唯一一座庙宇，圆通寺、老爷庙的修建都在它之后。为了笼络更多的香客和信众，故将众多不同教派聚拢在一起，大有宗教超市的意思。

在以往的文史资料里，或详或简，对其均有记述。《通辽房产志》中说："太山宫的正殿，正位是关帝，关帝后面塑有南海大士，西侧是岳飞；后殿是娘娘庙，供奉三雷娘娘（三雷娘娘应为三霄娘娘之误）；前殿是太山门。太山门两侧各有一匹塑马，一为关羽所乘宝马，一匹为岳飞所乘良驹。……此外还有一间'太仙堂'。"

太山娘娘庙是何人所建？历史资料里不约而同地指向一个人——吴俊升。"太山宫是军阀吴俊升所建"这一说法言之凿凿，似乎已成定论。除了《通辽房产志》以外，如《哲里木史志》第六章第四节"太山宫"中记载："太山宫又称姑子庵，民国初年吴兴权所建，是通辽城内第二大庙。"

记载较为详细的是乔子良、薛砚田主编的《科尔沁史话》，书中除了对太山娘娘宫建筑格局及庙内供奉的神祇详加记载外，对修建者也有记述："有力的支持者是东北军阀吴俊升（兴权）及通辽城内的大小商贾地主绅士。……吴俊升是东北军阀、奉系首领张作霖的把兄弟，于二十年代在通辽广占土地，并开商号，盘剥人民。他牵头捐资修建道宫……"

无论是说吴俊升"修建太山宫"，或是说他是"有力支持者"。都没有一种资料述及他修建或支持太山宫的有效证据。那么，吴俊升到底与太山宫有什么关系，或者说到底有没有关系？

如今，太山宫早已化作历史烟尘，所幸还有一通石碑存世，这就是现存通辽博物馆的太山娘娘庙石碑。原碑应该是两通，庙前左右各一。但另一通石碑已不知去向。太山娘娘庙碑正面共计607个字，保存基本完好，仅有五个字残损，不可辨识。内容分为三层：一、道教宗旨；二、捐资修建过程；三、庙内所供奉神祇。碑文最后还刻有碑文撰文、书写、雕刻者姓名及厂家。在一些史料里，也有人记录碑文，但错讹颇多。全文如下（标点为作者所加）：

通辽县东门外太山娘娘庙碑记

维中华民国十有一年壬戌十二月初七日,谨竖碑刻石而言曰:大矣哉斯日也!何日也?为我庙宇建筑伊始之日也。斯庙也,何庙也?为我佛仙护佑善士之庙也。斯建筑也,何建筑也?为我方善男信女种福果、结因实,修今生来世之建筑也。夫当此世,正五百年过渡之时轮王(罔)替、万劫降落徒弄也。圣贤之教即患不足,尽世何堪完济?佛仙慈悲,岂忍坐视凡人羁劫而袖手不救欤!于是,尘民无知,而降经以教之;尘民为恶,降灾以感之;尘民为善,降祥以渡之。方无为之,慈悲为怀,善渡群迷,救苦众生。灵光之照,大而莫可言;灵光之德,至而莫可宣。飘飘荡荡,勃于今世,冠盛其他。□□纪勿姑论,即以我师兄弟三人而言,始而受佛仙渡化,继而受佛仙佑护,遂各出资五百元,用于建斯庙。然锱铢之大,犹不足意。我三人发启建于前,而众善士继随于后,我三人始出资于前,众善士捐助于终。岂徒我三人处心竭力,坚持到底,募化必成之诚而致哉?亦我佛仙素德普及,佛光灵感,得诸大善士捐助之力而成大功焉!当购地之时,也复经地主秦宝玉捐助地价六百元,亦我佛感应之□□也。计购料置材,不数月而成大功也!住于通辽县东门外,计地三十三亩。建后殿三间,太仙、眼光、天仙娘娘诸佛位焉;筑中殿三间,关圣帝君、老君、药王诸佛位焉;大仙堂一间及倒坐观音、山门焉。□周围群墙、主持房、咸与维新,俱各生辉,岂不大哉!斯善岂不尽哉?故刻石竖碑,以铭千古不朽云尔。

龙门正宗十八代弟子,开山道纳:张永贞、张永宏、李永德

监院:尹永金、姜园长、王明广

兴城文法学士艾辅宸撰文

沈水痴生陈希博书丹

沈阳万发义石工厂刻石

佛历一千九百二十二年十二月七日毂旦敬立

石碑上所写太山，为泰山的异写，李斯《谏逐客书》中说"是以太山不让土壤，故能就其高"，所指就是泰山。泰山有碧霞元君祠，供奉的就是云霄、碧霄、琼霄娘娘。与通辽太山娘娘庙所供奉的娘娘相同。太山娘娘也是道教重要神祇。

龙门派创始人系道教全真派祖师王阳明弟子邱处机，龙门派也是北方道教最主要的门派。这表明太山娘娘庙是一座道观。

值得注意的是，碑文最后落款为：佛历一千九百二十二年十二月七日毂旦敬立。

按碑文前面所述，该寺庙建于"中华民国十有一年壬戌十二月初七日"，也就是公元1922年12月7日。这正与上述所谓"佛历一千九百二十二年七日"重合。但问题也就出来了，佛历，是佛教历法，是从释迦牟尼涅槃算起，即公元纪年加上543年，再加一年。如此算来，民国十一年，佛历应该是二千四百六十六年。碑文上所属日期，实际上是公历，而非佛历。况且，一座道教庵堂建立，却用佛教专用佛历，也有不伦不类之嫌。我国启用公历始于民国元年，即1912年，至太山娘娘庙修建刚好十年，对于历来使用农历的国人来说，对公历还需要一个了解习惯的过程。这一错误的出现，不知是否因为那位"撰文"的"文法学士"对于刚刚使用不久的公历所知寥寥，抑或是佛历知识欠缺所造成。

碑文对捐资建庙一事有简要叙述，所提及的人除了"开山道纳"张永贞、张永宏、李永德三人各出资伍佰元外，提及人名的仅有秦宝玉一人，也就是建庙时捐助地皮的"地主"。至于各种资料中被反复提及的吴俊升，碑文中却只字未提。

关于秦宝玉其人，通辽史料里仅出现过一次，就是在《通辽官镇私街合并图说》（以下简称《图说》）中。这是一幅通辽建城初期的地图。因为刘振亭在城东私建小街基引起诉讼，《图说》作为打官司的凭证。就在"官镇"与"小街基"中间，隔有一块空地，图上标有"秦宝玉购地一方"字样。一方，是当时使用的土地面积单位，也就是长宽各一华里，相当于四十五亩。

其位置就在现在的霍林河大街以南，建国路以东，东侧与刘振亭所建"小街基"毗邻，西接"官镇"东门外"马道"。这与碑文中所记载的位置完全一致。《图说》绘于民国二年，即 1913 年，当时，秦宝玉所购土地尚属空地。后因小街基合法化，秦宝玉原本作为农田的地块因其特殊位置，自然也先后建起房屋。在张永贞等人为建造太山娘娘庙募化善款时，秦宝玉以"三十三亩"土地，折合六百元捐助，当在情理之中。

令人不解的是，作为太山娘娘庙的"修建者"吴俊升，在碑文中自始至终只字未提，既没有说他出资修建，也没有说他为该庙捐资。如果真如某些资料中所说，该庙宇是吴俊升修建，作为"善举"，碑文中一定会如实记载，毫无隐匿的必要。按吴俊升的财力，独资修建区区一座庙宇只能说是九牛一毛，退一步说，即便不是他投资兴建该庙，而是以捐资形式，按其财力，也绝不会落在秦宝玉之后，让一个资本并不雄厚的小财主独领风骚，成为碑文正面出现的唯一一个捐资者。有人揣测，吴俊升的捐资有可能是以他夫人的名义，因而刻在石碑背面的"功德碑"上。笔者以为，这种可能性极小。其理由是：一、吴俊升几房有名分的夫人均不在通辽居住，何以在通辽修建庙宇？且花了钱，却有无名无分，只字不留？二、刻在碑后面的捐资者捐资数量一般不会超过秦宝玉所捐"六百元"地价，秦宝玉所捐三十三亩地皮应该是该庙捐资者中最大一笔善款。

综上所述，基本可以确定，吴俊升与通辽太山娘娘庙无任何瓜葛。

吴俊升在整个东三省都有很大影响，他原籍昌图，起家在郑家屯，通辽创建伊始，他是驻扎在郑

太山娘娘庙旗杆

家屯的奉天后路巡防队统领，在丈量"巴林爱新荒"阶段，他曾派兵予以保护。1921年（通辽太山娘娘庙修建前一年）任黑龙江督军兼省长。他在后来通辽的发展建设中起到了至关重要的作用，如他率先在通辽建起"电灯厂""火磨厂"等，并修建大片房屋。

因其在通辽资产较多，影响较大，民间广泛流传着关于"吴大舌头"的故事传说，成为人们茶余饭后的谈资。众口相传，难免节外生枝，甚至无中生有。经查证，有些曾被写进历史的故事也被证明是子虚乌有。例如，郑家屯至通辽的铁路，过去几乎众口一词，认定是吴俊升所修，事实证明，这是一个天大的误会。作为"满蒙五路"之一的四洮铁路是清政府借日资修建的国有铁路，郑家屯至通辽铁路是四洮铁路郑通支线，也属国有铁路之列，和吴俊升毫无关系。

吴俊升一生有三大爱好：金钱、美女、良马。他养马三千匹，帅府里就有纯种马二百余匹。关于女人，他在通辽还有一段鲜为人知的故事。他在通辽城里有一个外室，该女子也姓吴，个子不高，小脚。他把这位"编外夫人"安置在通辽，自有他的主意。吴俊升在通辽有大片房产和土地，管理产业的是"吴长麟堂"。把吴氏女子安置在这里，自然可以放心。想不到的是，1928年6月4日凌晨，随着皇姑屯一声巨响，他命丧日本人事先埋好的炸弹之下，张作霖也不久身亡。三年后，日本人占领通辽，张作霖、吴俊升等人的财产被称作"逆产"被日本人没收，吴长麟堂也作鸟兽散，吴氏女子身无所依，无奈卖身娼门，做了妓女（或许是重操旧业也未可知）。解放后政府解散妓院，吴氏女子从良，嫁给小她十余岁的厨师，无子嗣，收养一孤儿。该女子于20世纪90年代病逝。

在各种资料中，之所以多次出现有关吴俊升修铁路、建寺庙的错误记载，根本原因是史料搜集者过于轻信传说、口碑，且没有认真核对，这是治史者引用口述史料时的大忌。在没有文字资料的情况下，口述、口碑资料可以作为重要依据，但是，对口述、口碑资料必须进行去粗取精、去伪存真的工作，否则就可能产生史实讹误，以致贻误后人。

太山娘娘庙，这座曾经显赫一时的寺庙在解放后损毁严重，山门、院墙倒塌，仅余一座大殿，成为民房，山门前两匹石刻马也在 "文革" 中被砸。仅余一座大殿也在近年城市改造中被拆毁。在庙门外，原有两根石刻旗杆，下有石头基座，上有刁斗。刁斗四面各刻一字，分别为：国、泰、民、安。两根旗杆圆柱上刻有对联：吉星高照通辽地，福耀常临太山宫。"文革" 前期，在 "破四旧" 时遭破坏，底座在后来建银行时用掘土机掘出。

圆通寺与两个和尚

"李善人"与圆通寺

圆通寺位于向阳大街与永安路交角西南侧，现通辽市人民医院院内。

作为寺庙的正式名称，"圆通寺"几个字从建成那天起，就很少有人叫过，在老通辽人眼里，它就叫"李善人庙"。李善人何许人也，竟然有这么大的名气？

李善人，名荣久，字玉和。早年遍访名山古刹，对寺庙管理熟稔于心。通辽建镇后不久，只身来此。李荣久智商不低，情商更高，只凭着一张能言善辩的利口，见风使舵、见机行事，很快与镇里官、商、军、警各界混得十分熟络，出入官衙、商会、豪门大户如履平地。当时，关内每逢旱涝灾情，便有大批灾民闯关东，通辽这一富庶之地也成了他们落脚之地。同时，由于西辽河泛滥、冰雹、大风等也时常光顾通辽周边地区，每有灾情发生，通辽县政府都会责成商会设粥棚赈济灾民。各商户出钱出粮，但不愿出力，李荣久便毛遂自荐，组织人力搭建粥棚，每天熬粥、舍粥。时间一长，人们都知道通辽城有一个舍粥赈灾的李大善人，一传十，十传百，真正出钱的反而被人遗忘，却都记住了"李善人"。

1931年12月，日寇再度进攻通辽，挟飞机、装甲车从城东一路轰炸。城里居民一片恐慌，当官的缩头，商户胆战，于是，便有人组织队伍，准备打着白旗"欢迎"日本鬼子进城。在这关键时刻，有人由于胆小不敢出头,有人出于正义感不屑为之,又是李荣久,坐着马车,举着白旗,带领一帮战战兢兢的队伍到城东迎接鬼子。自此,李荣久在日本人眼里也成了"香饽饽"。

　　已经在通辽站稳脚跟,且有了一定人脉的李荣久经多方募化,数年努力,修建寺庙资金齐备。在日本人里也不乏佛教信徒,同时,他们也想借宗教之名麻痹群众,对李荣久建庙一事予以支持,并在资金上给予帮助。1935年农历九月十三日,圆通寺完工,《圆通寺碑记》记载:"本寺觉智和

残存的圆通寺山门

尚于大满洲国康德三年兴工建筑,于当年九月十三日落成,金碧辉煌,殿寺众多,颇极一时之盛。"

　　圆通寺共有建筑 20 余间,庙内供奉释迦牟尼、观世音菩萨等佛教人物,还另辟有关羽、岳飞等道教神祇。

　　圆通寺分为东西两个院子,有小门相通。东院为和尚,西院为尼姑。寺庙落成后,李荣久削发为僧,当了和尚。管理尼姑的则是李荣久的姐姐。庙宇建成之后,从朝阳请来一位主持,法名叫觉智。圆通寺建成三年后,又在前庙建了一座碑,碑上记载,有一位曹夫人和一位颜氏,与其子春生等,听说庙里修建碑亭缺少地皮和建筑材料,她们捐献了一块地、碑石和建筑材料。为此,圆通寺特意修建一座碑亭,记录了建庙经过以及赞助者事迹。

　　圆通寺作为通辽第一大庙宇,曾经香火鼎盛。每到庙会的日子,人头攒动,十分热闹,显现出日伪统治时期的畸形繁荣。1945年日寇投降后,李荣久及其他僧人逃走,庙里停止了活动,建筑也遭到严重破坏。解放后,

仅余的几间大殿被"哲里木盟医院"占用,当作制剂室、仓库。现已成为危房。曾有多名政协委员提议对其进行保护,但在"就地保护"或"异地保护"等问题上未能达成一致,故议而未决。

这座建于伪满时期的庙宇遗址,是目前城里唯一一座解放前的老建筑,对于缺少人文历史的通辽城来说更显得弥足珍贵。

因缘和尚与圆通寺

因缘和尚来自哪里,在哪座庙剃度为僧,缘何来到通辽,为何最终落脚在通辽城西一个叫家福仓的小村盖了一座小庙?他是如何既不用针灸推拿,也不用丸散膏丹,只凭吹气,就可包治百病?他是如何用"气"吹出李善人庙的钟鼓楼?

话说因缘和尚原本是一位游方和尚,在老年人的记忆里,他从外貌到衣着打扮乃至行为方式,一如传说中的济公和尚。他刚到通辽时,已有五十岁左右年纪,身穿僧衣,头戴僧帽,脚穿青布鞋,都是补丁摞补丁,多年未洗过的样子。他面目清癯,却灰头土脸,暗影中看他,只有两只眼珠还透着活泛气。因此,人们把他当成讨饭的花子一般。

当时,日本人已经占领了通辽,李荣久主持建设的圆通寺已经完工。但是按照一般寺庙的格局还缺少钟楼和鼓楼。没有了钟鼓楼,也就没有了寺庙特有的"晨钟暮鼓"。但此时李荣久募化来建庙的钱已经花光,无力再建造钟鼓楼。就在这时,因缘和尚找到李荣久,说自己可以凭借一张嘴,吹出一座钟鼓楼来。李荣久虽然半信半疑,但他毕竟久闯江湖,见多识广,心中暗想:没有三把神沙,也不敢倒反西岐,此人既然敢口出狂言,必定有过人的本事。李荣久问因缘和尚:"大师父有何妙策,愿闻一二。"因缘和尚只是微微一笑,说:"我只想借庙门前一块容身宝地,其他不必多问。"从此,因缘和尚每天坐在庙门前,声称不用针灸号脉,不用煎汤服药,只凭一口仙气就可医治百病。

对这个衣衫褴褛,其貌不扬的和尚,人们都疑心他是一个疯子。出于好奇,又纷纷围观,想看看究竟。一连几天过去无人问津,李荣久按时派人送来素斋。这一天,一个讨饭的老太太拄着一根木棍挨挤到因缘和尚面前，说自己不慎掉进坑里，摔断了一条腿。因缘和尚微睁双眼，看了看老太太，让她把断腿露出来。老太太卷起裤子，果见她的小腿鲜血凝固，周边青紫。因缘和尚说，你站好别动。只见因缘和尚运足丹田之气，随后向老太太的伤口处不断吹气，奇怪的是，他每吹一口气，嘴里都会发出一声呼哨声，尖厉刺耳。如此反复三九二十七次，再让老太太扔掉棍子，老太太将信将疑，扔掉棍子，伤腿逐渐加力，竟然可以站立。再看伤口，肿胀之处消退。因缘和尚告诉老太太，明后天再来，三天过后保你行走如初。

因缘和尚医好老太太的断腿，成了无形的广告，迅速在城内外传开，一时间，圆通寺前车水马龙，看病的，瞧热闹的，络绎不绝。因缘和尚看病有一个原则：讨饭的、穷苦人概不收钱；其余的人看完病之后，到庙里边把钱捐给李荣久。据说，因缘和尚在圆通寺前看病不多不少，整整一个月，忽一日，突然倒地。李荣久派下小和尚将其抬到禅房，药石无功，三天后苏醒。此后，称内功耗尽，不能再为人治病疗伤。李荣久盘点因缘和尚治病所得，恰好凑足建钟鼓楼的费用。为了感念因缘和尚之德，特为他在通辽西一个叫家福仓的小村盖了一间小庙。

传说毕竟是传说，在流传的过程中难免添油加醋、添枝加叶，为的是使故事更加精彩。但因缘和尚确有其人，用"吹气疗法"为人治病也确有其事。如今尚健在的通辽市文联前主席、著名词作家张世荣先生就亲身体验过因缘和尚为他吹气治病的过程，且称果然好了。另外，著名作家、《茫茫的草原》作者玛拉沁夫在1963年曾撰写《绿荫深处》一文，发表在《人民日报》上。文章的主人公就是因缘和尚。不过，这篇文章说的不是因缘和尚为人治病，而是他多年种树、护树的事迹。

因缘和尚与家福仓庙

解放后，家福仓庙被拆毁，因缘和尚没有了安身之所，便自己盖了两间土房居住。他早已四方闻名，前来求医者仍大有人在，因缘和尚依旧给予悉心医治。因为他为人和善，与世无争，人缘很好，村里的人们晚上经常到他的小屋里闲坐，久而久之，竟成了村里的"文化娱乐室"。

在他家里，经常有人说《大八义》《小八义》《大隋唐》之类的评书段子。每逢这时，因缘和尚沏茶倒水，从不厌烦。闲下来，就坐到角落里，眯起眼睛，仿佛参禅打坐一般。

家福仓村有许多空闲地，都是草木难长的盐碱地，因缘和尚见大家烧柴及盖房使用木材很不方便，便下决心种树。后来竟成了他唯一的事业。他每天起早贪黑，披星戴月，先后种了老大一片林子。可当时人们环保意识差，不懂得爱惜，散放的牲畜经常跑到林子里糟害树木。为了护树，因缘和尚凭一己之力开始在林子周围挖沟，沟宽五尺，深过人。据上了一些年纪的老人回忆说，那条大沟东西方向一眼望不到头！十年树木，百年树人。这些树渐渐长成大林，远远望去荫翳一片。后来，不论村里还是村民家盖房子，用的都是这个林子里的树木。

因缘和尚在村里修桥补路，做了很多好事，就是谁家的孩子死了，也要找他去给扔掉。但就是这样一个人，却险些被卷入冤案。有一年，公社召开党代会，发生了集体中毒事件，凶手一直未捉到。在大抓阶级斗争的年代，因缘和尚属于"封资修残渣余孽"，他成了重点怀疑对象而被抓走。村民听说后，联名签字画押，到公社力保因缘和尚，使得他免受一场囹圄之灾。

综上所述，有事实，也有传说。把一个真实存在的人传得神乎其神，足见人们对因缘和尚的爱戴。但传说毕竟是传说，不可当成信史。正如李善人不像民间传说的那样，他在乐善好施的善人形象后面另有隐情。因缘和尚也不是"仙"，而是一个活生生的人。

话说通辽卍字会

老通辽卍字会坐落在永清大街路北，民主路西 80 米处。在以往通辽历史资料中，偶尔有对这座建筑简单的介绍，但是该会的性质及活动情况等不见诸文字。在群众中，也仅知其名，而不知其实。

卍字会临街有十余间青砖房，正中间有门洞。走进门洞，迎面就是"大殿"，大殿后面有后殿，均为连脊房，即前后两栋房合为一体，大殿内进深十多米，举架很高，

卍字会

堪与当时城里的老爷庙、圆通寺（李善人庙）比肩。大殿为硬山顶式建筑；门前有台阶数层，檐下有明柱，门窗、屋檐、明柱皆油漆彩绘，显得富丽堂皇。解放后，这座建筑被收归国有，曾作为哲盟歌舞团、京评剧团等艺术团体排练场。后来彻底消失于近年的城市建设中。

卍字原本是佛教法轮图案，常见于释迦牟尼胸前，佛教徒将其作为吉祥符号。有一种说法，该符号是经唐代武则天准许，将其读音定为"万"，

并从此成为汉字。

准确地说，卍字会是发端于民国时期的打着宗教旗号的邪教组织。中华民国取代沿袭了两千多年的封建帝制，天下并未从此平息，军阀混战，割据一方，天下大乱。一时间，上至达官贵胄，下至平民百姓，纷纷失去精神依托，会、道、门打着民间宗教的旗号乘虚而入，如雨后的蘑菇，各立山头，招揽信众。民国年间，是中国历史上民间宗教最繁杂、最混乱的时期。卍字会就是这一时期会道门中除了一贯道以外影响最为广泛的一个伪民间宗教组织。

据知情人士说，卍字会吸纳会员并不像其他会道门那样多多益善，条件十分苛刻。首先，要有举荐人推荐方可接纳。而最重要的条件是入会者要有一定的财产，或社会地位。至于平民百姓一概拒之门外。这也是其组织形式、活动内容不为外人所知的原因之一。

通辽卍字会大殿门额上悬挂一块匾，上写"福禄礼求"四个字。但各地匾额上的字各有不同，一般都是上级所赐，照事先起好的字按先后顺序排列，据说，这些供起名用的字就有一百六十个之多。如开鲁县城内卍字会的匾额上写的就是"鲁鼓告旌"，其意不明。卍字会既然是打着宗教的旗号，自然要有供奉的神位。卍字会的神可谓五花八门，无所不包。正位供着主神叫至圣先天老祖，其余既有弥勒佛、太上老君，也有伊斯兰教的穆罕默德、基督教的耶稣。大殿西侧还供奉着历朝历代的忠臣义士，如：关羽、岳飞、屈原、苏武、秦琼等。另外，还有民间信奉的五大仙——胡、黄、灰、白、柳，即狐狸、黄鼠狼、老鼠、刺猬、蛇。至于扶乩仪式上所"请"下来的各路大仙，更是五花八门，如济公、孙悟空、吕洞宾、王母娘娘等等，不一而足。

卍字会的组成人员分为职方、修方、撰方。职方就是卍字会里的专职驻会人员，包括会长、总务、会计等人；修方是入会的会员；撰方是开坛扶乩的专业人员，这些人员都是专门去奉天（沈阳）红卍字会经六个月训练班培训的，内容是学习扶乩开坛术语和"技术"。

扶乩，是一种典型的封建迷信活动，假借佛、仙名义骗人。扶乩是卍字会活动的主要内容，凡教内有重大事情或有新会员入会，都要进行扶乩。开坛扶乩之前，先请正撰、主撰、副撰入位，主持人高喊"各就各位！"，全场肃静。之后主持人依例宣布纪律，如不得随身携带刀枪器械等凶器。紧接着，进行叩拜仪式，主持人喊一声"揖！"全体跪下，对神位"三叩首"。主持人喊一声"兴！"叩拜结束，宣布本日开坛扶乩的目的。扶乩分为主撰、正撰、副撰。主撰立在桌子后面，正撰、副撰分列桌子左右。扶乩的工具形状很像称粮食用的斗，口沿上镶有金边，上方有一横梁，横梁中间有一孔，孔

卍字会石碑

里插一枝木笔——一根像毛笔的木棍。在"请"下某个神之后，随着嘴里念念有词，木笔在沙子上划出字迹或图案，这些字或图案就是"神"的旨意，但须有专人解说其内容。

开鲁县文史资料里记载了一次卍字会开坛扶乩的情况，是撰文者亲眼看见："全体人员都用奇异的目光盯着沙盘，此时，主撰的右手和副撰的左手合握木笔的上端，木笔在沙盘上画了一个酒坛子，上面还画了三把锯子。主撰喊：济佛到了（济公的代号）！众人焚香叩头。起来之后，主撰又面陈开会内容，木笔又画'你笑我，他笑我……'之类的字样，后来就一问一答，由主撰问，木笔写一个字，主撰念一个字。念对了，正撰在字旁画一个O，主撰在字旁画一个X，表示念错了。主撰请济佛做指示，木笔写了'惠子忠恕生前是如来佛前的站堂僧，今应立功，今赐名为悟微，派为本会文书职'等等。"

开鲁卍字会与通辽卍字会均从沈阳传过来，同出一脉，其内容、形式应该大同小异。

关于卍字会的来历，还要从济南"道院"说起。卍字会，全称为"世界红卍字会"。它原本是"济南道院"下属的一个分支。

济南道院创设于 1921 年，前身为军阀马良部下刘绍基在济南设立的济坛。道院合儒、释、道、基督教、回教五教为一，宣扬世界各大宗教均是"先天老祖"化身。因为"以提倡道德，实行慈善事业为宗旨，特命名为道院"。道院于 1921 年 3 月在济南开院，后经北京政府批准，于 1922 年 2 月 4 日，举行正式成立大会，称"济南道院"，为世界所有道院的母院，各国首都所设道院为总院，其他地方为分院。道院设立后，于 1924 年首次走出国门，在东京成立了道院。到 1928 年，国内已有 200 余城市成立道院。道德社和世界红卍字会都是道院的下属机构。红卍字会所有会员均系道院中人。

世界红卍字会和道院是二而为一的组织，道院既萌生于前，又统摄于后。道院成立后不久的 1922 年 9 月，世界红卍字会筹备会在济南大明湖召开，后经北京政府内务部审批、备案，世界红卍字会中华总会于 1922 年在北京正式成立。

世界红卍字会以"促进世界和平、救济灾患"为宗旨，呈准政府立案成立以来，随即在全国各地设立分会，逐渐构建起遍布全国且远及海外的慈善救济网络。世界红卍字会倡导慈善，得到很多名流拥护，熊希龄等名人曾出任会长，他们自行组织、自愿捐献，在灾害、战乱频繁的民国时期，举办了各种形式的慈善活动。如兴办医院、孤儿院、残废院、粥厂、学校等，免费施医施药，安置流民，帮助穷人上学；派出救济队前往战区救治受伤兵民，收容妇孺，掩埋尸体，仅南京大屠杀时他们派出的掩埋队就掩埋尸体三万多具；赈济灾民，筹募赈款，采购米粮、面粉、棉衣、药品等物，分赴各灾区散放；对于国外发生的自然灾害，他们也给予赈济，如 1924 年日本大地震、1933 年美国加利福尼亚州地震，他们对受灾国拨款拨物进行支援，并派人亲赴灾区。

该组织很快在东亚、南亚及欧美各国成立分会,成为世界性的慈善组织。此时的"济南道院"与"世界红卍字会"已经截然不同。日寇占领济南后,济南道院头目先后成为日寇的走狗、汉奸。济南道院后来被国民政府以邪教组织予以取缔。

通辽卍字会虽然打着"红卍字会"的旗号,但其实质却与"济南道院"一样,是以扶乩为主要内容的迷信组织。在现有的资料里,通辽地区鼠疫、洪水、饥荒发生后,并没有任何该组织与慈善有关的记载。另外,群众中也没有任何关于该组织举行慈善活动的传说。由此可见,所谓的"通辽红卍字会",实际上就是济南道院的分支。至于他们为何不叫"济南道院通辽分院"而自称"红卍字会"。这大概与世界红卍字会当时影响较大,且有当时民国要人参与有关。通辽博物馆现存一块卍字会石碑,顶部呈半圆形,依圆弧从右至左有"道基永固"四个字;下半部残缺,因石材质量较差,字迹大多因风化而难以辨识。碑文开头为"通辽院会建筑落成记"。正文第一行也有"窃维道院为研修之场所"字样,因此可以断定,这就是当年通辽卍字会石碑。在碑文里,可以看到该会成立时间为"民国十八年"即1929年。离通辽百余里的开鲁卍字会成立于1937年春天,当时,日寇占领开鲁已经六年,开鲁已经成为日伪统治时期下的"辽西分省"的"省会"。由此可见,日伪统治时期,卍字会仍在正常活动,并继续发展会员。

济南道院被取缔,其下属组织自然是树倒猢狲散。通辽"卍字会"最终在"八一五"光复后烟消云散。留下的只有一栋奢华的大殿,一所荒凉的院子。20世纪80年代,原"卍字会"大殿等作为哲盟歌舞团排练场,在对其整修时,在地板下曾发现很多"经书",可惜全部散失。21世纪初,这座院子被拆,在该址建成现在科尔沁区计生委办公大楼。

作为慈善组织的"世界红卍字会",在新中国成立后,世界红卍字会中华总会主动配合人民政府,响应政府号召,积极开展自我调整和改组,同时继续开展救济活动。1950年6月,朝鲜战争爆发,世界红卍字会中华总会通令各地红卍字会积极响应政府关于抗美援朝的号召，发动会员为抗美援朝捐款、捐物。

1953 年 2 月，世界红卍字会中华总会在《人民日报》上公开发表声明，宣布自行解散。随后，在大陆的各地红卍字分会按总会的指示，接连在地方报纸发布解散声明。至此，源起济南的近代中国第一个大型民间慈善组织，退出大陆历史舞台。

而此时的通辽卍字会早已烟消云散，成了通辽人知之甚少的一个谜。

通辽老爷庙

老爷庙，位于老北门西侧，老城壕（霍林河大街南）与现新兴大街之间。

老爷庙建庙时间稍晚于姑子庵，是城内第二座道观。建庙之初，有武高一、冯崇善两位道士，除了庙会、祭祀之日，平时食荤，不忌烟酒。

老爷庙整体建筑为仿四合院结构，设计严谨、造型庄重，全部为硬山顶式建筑，灰墙蓝瓦，古朴简洁，加上庙前宽阔的广场，高高的刁斗旗杆，规模虽然不算大，却显得十分气派。庙的正面为山门，山门两侧各有一道粉墙。山门内侧为门洞，门洞两侧墙上分别绘有杨二郎杨戬、托塔李天王李靖。绘画采用铁线描手法，工笔单钩，不设色，线条流畅、准确，人物栩栩如生。杨戬手持画戟，身穿铠甲，额上另开一眼，威风凛凛，尤其是站立在身右侧的"嚎天犬"，目光如电，凶猛异常；李靖亦身穿铠甲，手托一宝塔，神情庄重肃然。

正殿为三间，迎面有一八十公分高的砖台，占西侧两间。砖台上有两尊高约两米的泥塑，正位是关老爷，西侧为岳飞。东侧为佛教人物，均为铜像，有观世音菩萨、送子观音、眼光娘娘等。

关羽、岳飞两尊泥塑像高大威严，关羽头戴绿巾，身穿绿袍，胸前五绺长髯；岳飞身穿白袍，正襟危坐，气定神闲，已无怒发冲冠之态。

大殿内精彩之处在西山墙上，整面墙壁刷白底色，用双钩画法，内容为关羽故事，自"桃园三结义"开始，有"温酒斩华雄""挂印封金""灞桥挑袍""千里走单骑""过五关斩六将""单刀会""华容道"等情节，但不见"屯土山关公约三事"和"走麦城"两段。画面粉墙墨线，不设色，画面之间没有界限，用山水、树木巧妙连接，使十几幅单独画面浑然一体。这套连环画虽然出自于民间画师之手，但技法纯熟，笔法精炼生动，不失为寺庙绘画中的精品，与泥塑一起，成为老爷庙的看点。

正殿两侧，分别建有东、西各三间配殿，配殿前面，有两棵榆树，

劫后余生的老爷庙

不算高大，却与整个庭院相得益彰，每到夏天，绿荫如盖，洒满小院，显得格外清幽；正殿台阶下，东西侧分别立一块石碑，刻写着建庙经过、善款来源以及捐款捐物者姓名，大到几百元、几石粮食，小到几斤高粱米、几斤小米，均有记载。

正殿与配殿之间，原有砖墙相连，后来墙被拆掉，东南风，西北风得以从豁口与门洞之间自由穿行，20世纪60年代一场大风，竟然将正殿西侧一通石碑刮倒，为防止出事，索性将东侧石碑推倒。

解放后，庙里的道士搬出老爷庙，到庙后的院子居住，老爷庙被划入北门小学院内。住在庙后面的道士姓孙，俗称孙老道，另有一个小徒弟。庙里已经没有香火，每年四月十八只有少量信众找老道"烧替身"，已经无法维持日常生活。孙老道会石匠手艺，经常带着徒弟出外做石匠活。20世纪60年代初期，孙老道羽化。"文革"期间，有人发现小老道与一年轻女子同居，每天晚上被"革命群众"拉出来批斗，后来被遣送下乡。至此，通辽"三大寺"香火彻底断绝，僧、道绝迹。

无论关内关外，几乎所有大小城市都有关帝庙，满清时期，将关羽封为"护国神"，关帝庙更是香火鼎盛。关羽不仅身居"帝"位，还是"武财神"，官、商、军、民，乃至黑白两道都供奉关羽，很多行业争相尊其为祖师。所以，通辽城修建关帝庙在情理之中。

奇怪的是，这座庙宇被称作"老爷庙"而不叫"关帝庙"，原因在于庙内除了供奉关羽之外，还有岳飞。把两位"老爷"供奉在同一座庙宇里，这是不多见的现象。

岳飞，宋代抗金名将，事迹家喻户晓，但除了他的家乡河南安阳汤阴及杭州外，各地专门为岳飞修建庙宇的并不多见。为什么塞外小城对他格外尊崇，在关羽身边塑有岳飞像？

老爷庙岳鄂王碑。原老爷庙两块石碑之一，仅余碑额、碑座。岳飞被害平反后，封鄂王

这似乎与通辽所处的特殊地理位置有关。

巴林爱新荒原来是蒙古王公的牧场，自从大量汉人涌入，成了这块土地的新主人，蒙古人退出这片草场。或许是"反客为主"的汉人心里难免有"鸠占鹊巢"的愧疚之意，抑或是对彪悍威猛的蒙古马队恐惧心理作怪，所以搬来曾经屡败金兵的岳飞为自己仗胆。如果真的是出于这种想法，那无疑是欠缺相关的历史知识。

千百年来，北方少数民族多次南下牧马，战争不断，但很多人对"辽""金""元"等朝代缺乏起码的认识，统称为"鞑靼人"。

不仅普通百姓如此，一些政府官员也因不辨金元而出过笑话，"文革"后期，各地广播电台纷纷播出刘兰芳的评书《岳飞传》，就有一纸红头文件明确要求："内蒙古地区不准播放"，目的是害怕影响民族团结。岂不知，岳飞当年的对手是"金"，也就是现在的满族先人，而非后来的元。况且八百多年前的战争在今天看来只是"兄弟阋于墙"，早已化作历史烟尘，不说这种规定源于历史知识的贫乏，这种担心也不免有些牵强。

老爷庙既已建成，作为城内唯一一座道教寺院（太山宫也属道教，为尼姑庵）自然香火鼎盛，尤其是每年四月十八庙会，更是人头攒动，车马喧嚣。庙前广场上摆满各种小吃摊和卖货的摊子，打把式卖艺的也前来助兴。最热闹的是有"野台子戏"，这种娱神活动吸引了众多百姓驻足观看。

这一天的主要活动是"烧替身"，有的人家怕身体虚弱的小男孩养不活，在这一天由母亲、舅舅带领来到庙里，买一个纸人，写上小孩子的名字烧掉。阎王见他已来报到，便不再派小鬼来捉。烧完"替身"后，还要剃头，额头上剃成桃形，取"逃"的谐音，后面留一撮"老毛"，稍长可以梳成小辫子，取长寿之意。

"大旱不过五月十三"，每逢春旱，五月十三这天也有庙会，目的是祈雨，祈求关老爷把磨刀水淋下一点，以解人间饥渴。

解放后，孙老道领着徒弟住在后院，每年的四月十八仍有人前来烧替身，只是规模已不复从前。沿北门小学大墙，有人摆摊出售香火祭品，院子里有剃头匠给小孩子剃头、烧替身。但自从孙老道羽化成仙，烧替身活动终止。时间当在20世纪60年代初。

龙王庙与文庙

　　说起通辽城里的几座寺庙，上了一点年纪的人大都能知道其位置所在，甚至能说出与之相关的一些故事。但年代久远，直到 20 世纪 60 年代才最后被拆毁的龙王庙，却鲜为人知，以致史志资料对它也鲜有记载，任它孤寂地在郊外一片枯草古木和荒坟野冢的环绕下风雨飘摇。

　　龙王庙，位于老北门外，也就是现在的交通路与霍林河大街交汇处西北角。

　　建龙王庙当然与西辽河有关。通辽建镇，选址在西辽河转弯处，西、北两侧临河。枕河而居，自有其便利之处，但与西辽河相伴，同时也就选择了风险。在西辽河变成干河之前，几乎每到汛期都要发大水，其水势之大，水流之急，今天想起来仍令人心有余悸。滚滚黄水裹挟着泥沙滔滔而下，势如烈马炸群，横冲直撞，声震十里！至于洪水进城，街道行船，冲毁房屋的事例，屡见不鲜。

　　在人们对自然界的威力无能为力的时候，就只能祈求神灵相佑。于是，就有了修龙王庙之举。

　　对于龙王庙的选址还有一段传说：某年发大水，一个柴火垛顺流而下，漂至北门外一片树林后，突然停止。人们以为这是龙王的暗示，便把北门外路旁作为龙王庙庙址。

　　龙王庙不大，一间正殿，一块写着"东海龙王"的木牌，几只香炉；

西侧另建两间房屋，为看庙道士住所，庙外建有围墙。

有了庙，请了神，就要焚香礼拜。每年汛期之前，城里都会组织祭祀龙王活动，求龙王保佑风调雨顺，一方平安，免受水灾之害。另外，每逢春旱、秋吊，老天不下雨，郊区农民也会前来求雨，大有"临时抱佛脚"之嫌。

也许是因为龙王庙太"专业"，不像城里其他寺庙那样集道家、佛教、民间宗教于一身，香火并不旺盛。随着西辽河大堤、城壕不断加固，加之龙王并不是很敬业，吃着供奉，水患威胁并未减轻，逐渐变得门庭冷落车马稀，不得不"转岗"，成了看坟人的住所。

就在龙王庙后身，是一片乱坟岗子，俗称"祭古寺"，城里的人死了，大多都埋在这里。一道城壕，成了老通辽人的阴阳分界。坟地范围并不大，长宽均约百米。看坟人平时挖好墓穴，等待苦主，以此赚钱。

在龙王庙和乱坟岗子四周，生长着很多高大的树木，大多数是杨树、榆树。在树上，密密麻麻地布满老鸹窝。老鸹大清早飞走觅食，太阳将落时归巢。每到夕阳西下，晚霞如火之际，成群结队的老鸹一边叫，一边飞，遮天蔽日，蔚为壮观。

1958 年 2 月 12 日，中共中央、国务院发出《关于除四害讲卫生的指示》。提出要在 10 年或更短一些的时间内，完成消灭苍蝇、蚊子、老鼠、麻雀的任务。渐渐地，"麻雀"被平反，由"臭虫"代替。之后，由于社会生活的变化，"臭虫"又被"蟑螂"取代。

为了响应号召，人人动手，全民参战。一到晚上，敲锣的、敲脸盆的，纷纷上阵，用响声惊起麻雀，以便用砂枪轰击。消灭麻雀，是因为麻雀吃粮食，既然如此，老鸹也难免受到牵连，结果是，麻雀个头小，飞得快，虽然也大批被消灭，但遭到株连的老鸹却遭遇灭顶之灾。加上外贸部门收购老鸹皮，在利益的驱使下，打老鸹的热情远胜于打麻雀。那次运动过后，龙王庙的老鸹几乎绝迹，老通辽"夕照飞鸦"这一独特景致绝版。

龙王庙至解放后只余一间正殿，院墙及厢房先后倒塌。摇摇欲坠的大殿也在公共墓地迁往双井子后，因无人管理自行倒塌。

文庙，又叫孔庙，是历代祭祀孔子的地方。

在中国，不论城市大小，都会有一座文庙。通辽自然也不例外，1923年（民国十二年）2月，由县商务会、教育会集资，在东门外修建了一座文庙。位于现明仁大街路南，永安路路西、圆通寺（李善人庙）北侧。

文庙规模不大，方方正正的院落坐北朝南，正殿三间，"大成至圣先师"的牌位居于正中，两侧分立孟子、子思、颜回、曾子的牌位。两侧配殿分别供奉72贤人，东西配殿各三十六位。

祭祀孔子每年两次，分别为春丁日、秋丁日。称仲春丁祭、仲秋丁祭。分别为每年春秋两季仲月上丁日（每月上旬的丁日）。届时，着汉服，斋戒。

文庙

祭孔时斋戒不同于其他宗教，主要是忌食"五荤"即葱蒜等，以示对孔子的尊敬。

祭祀之前，首先要准备好三牲祭品，把宰杀好的猪、牛、羊摆放在庙门左侧的台阶上。主祭官照例由县长担任，下设陪祭官，分别由警务科长、教务科长、行政科长等地方官员担任。同时，还指定专人担任通赞、引赞（执事，类似主持人）等。如有上级官员赶上春秋两祭，也在参加祭祀之列。

祭祀仪式开始，引赞把点燃的香分发给参加祭祀的人员，每人一柱，依次敬香。通赞肃立唱诵"主祭官与大成至圣先师行初献礼！"主祭官、陪祭官缓步到孔子牌位前献礼。之后，再行"二献礼""三献礼"。

礼毕，由主祭官或上面来的官员训话，无非忠孝纲常之类孔孟之道。

祭孔仪式结束，之后的一项活动就是分割作为祭品的"三牲"。按照官职大小，分得不同部位。分肉，也是整个祭孔活动的一个组成部分，古已有之。孔子 55 岁时任鲁国大司寇，在一次郊外祭天后分肉，孔子没有得到应有的那份，知道自己已不再被重用，所以带领学生开始了漫长的"周游列国"之旅。

在孔庙里，还有一处人们很少光顾的地方——焚烧字纸炉，位于庙后西北角，其实就是一座很普通的砖砌炉子。用途是焚烧有字的纸张。

千百年来，国人对字存有敬畏之心，不仅是读过书的人，就是只字不识的老百姓，也都懂得"爱惜字纸"的道理。学生习字用过的纸张，不可随便丢弃，要放在指定的地方，以便集中处理。家里的老人更是经常劝导孩子：不可用有字的纸擤鼻涕、如厕。一些上了年纪的老人，背着一个写着"敬惜字纸"的袋子，走街串巷，到处搜集字纸。之后，把字纸送到孔庙焚化。这也是来自底层百姓代代相传的敬重文化的传统。

1945 年光复后，例行 22 年的祭孔活动终止。此后，孔庙院墙、厢房逐渐倒塌，只余正殿。解放后，一度作为房产局施介房管所办公室。至于最后被彻底拆毁，是近些年房产开发的结果。

日本神社与大蒙古忠魂塔

日本神社

日伪统治期间，通辽出现两座不伦不类的建筑，分别叫"日本神社"和"大蒙古忠魂塔"。

日本神社建在现科尔沁大街路南，现一中院内。大蒙古忠魂塔建在城外，在现西拉木伦大街南侧，科尔沁宾馆一带。

日本神社是为在通辽的侵华日军及越来越多的日本移民参拜"天照大神"所修建。当时，这一带居民很少，只有南侧有一座吴俊升修建的通辽电灯厂。日本人在这里除了修建神社，还建了一座日本小学。

神社不大，但日本国内神社应有的设施一应俱全，进门处叫"鸟居"，是用木头搭起来的，刷成黑色，结构很简单，样子类似牌坊。"鸟居"也是人、神的分界处，"鸟居"以内，就是神居住的地方。进了主殿，又叫神殿或本殿，供奉着"天照大神"，只有牌位，没有塑像，天照大神也就是太阳神。据说，小鬼子认为，日本天皇就是天照大神的传人，但天照大神是男还是女，说法不一。

知道天照大神就是太阳神，就可以推断出为什么把神社入口处叫作"鸟居"了。"日本"，原意是太阳升起的地方，太阳在中国古代传说中又叫"金乌"，即三足乌。因此，乌鸦也就成了传说中的神鸟。天照大神居住的地方，叫作"鸟居"大概就源于此。此外，日本又自称"扶桑国"，也是源于中国古代传说中太阳晚上要落到扶桑树上。马王堆汉墓里出土的一幅帛画，画面呈T型，左上角与右上角各有一弯月牙和一轮明月，月牙之上是一只蟾蜍，太阳正中就是一只黑色的乌鸦。其实，只有从我们中国海岸上往东看，才会感觉到太阳是从日本方向升起，如果日本人站在自己的国土上，怎么还会认为太阳是从自己那里升起的呢？这是从中国传承过去的理念，可见一斑。

伪满时期通辽神社（现通辽一中院内）

自从通辽日本神社建成，就成了城里日本人膜拜的圣地，每逢他们的节日，不论政要、军官，乃至普通日本人，都要穿上和服前往拜祭。

平时，神社门前戒备森严，有日本兵把守，不得中国人进入，中国人在马路上经过神社门前，要面对神社，行三鞠躬礼。有对神社不恭的，日本兵要对其进行殴打、惩罚，很多不知就里或故意不向神社鞠躬行礼的，都在神社门前的马路上遭受到了鬼子兵的侮辱。

通辽百姓对这个来自异邦，外表怪模怪样的建筑从最初的神秘感到越来越充满仇恨，尤其是看到日本人无恶不作，残酷杀害、剥削中国人，更是对其充满恶感。人们无法忍受被迫向鬼子的神社鞠躬，有事宁可绕道走，也不会在神社前路过。以往这条临近南市场繁华地段的通衢大道，在日伪统治的那些年里，变得路断人稀。每天都要从这里招摇过市的，除了日本人、汉奸，就是到这里上学的日本小学生。还有一辆"二马车"，每天从北门拉着几个住在城外种马场的日本学生进城，晚上再拉回去。

大蒙古忠魂塔

1933年，驻通辽侵华日军开始在通辽北郊修建"大蒙古忠魂塔"，历时三年，于1936年4月20日完工。

"大蒙古忠魂塔"位置在现科尔沁宾馆南侧。过去，这里有一道呈偏西南—东北走向的沙梁，沙梁的南面，是一座敖包。这座敖包被蒙古人称作"科尔沁的肚脐"，即中心的意思。小鬼子把忠魂塔建在这里，并在忠魂塔前冠以"大蒙古"，自有其深意。

在建忠魂塔的同时，日本人还在塔的周围栽了很多树，在树丛中，搭建几十座蒙古包，迁来蒙古人居住。在后来每年的祭祀活动中，这些蒙古人都要进行骑马、射箭、摔跤等表演。日本人就是想通过蒙古包、蒙古人以及类似那达慕活动，营造"日蒙亲善"的假象。

1936年4月20日是星期日，这一天，通辽日伪政府出面，在"大蒙古忠魂塔"前面的广场举行"开眼式"，即落成典礼。日本人对此次行动极为重视，伪满洲国国务院特派一位"大臣"从"新京"（长春）赶来，东北各省都派人参加。第九军管区驻军、协和会、红十字会和各学校师生也都前来凑数。此外，被击毙日军的家属、特请来的喇嘛和日本道士也参加了"开眼式"。

在"开眼式"之前，日伪政权就散布了消息，并声称"开眼式"上不但有蒙古赛马、摔跤、射箭，而且还有喇嘛"跳鬼"、野台戏、演电影等活动。不少人从二三十里外特意赶来看热闹。这几天，城里做生意的、开饭馆子的也赶来安营扎寨。广场上、树林里，马车、牛车和人群挤在一起，出现了短暂的和平假象。

上午九点，举行入场式，伪满洲国国务院代表、奉经喇嘛、日本道

士和其他喇嘛依次入座。然后是死者家属、学生等列队入场。接着就是介绍修建忠魂塔的目的、经过。然后，日本喇嘛叽里咕噜地念经，接着从伪满洲国代表开始，各省代表等依次上香，每人一束香，半个小时后上香才结束。最后一项为"祝念"，就是向被抗日军民打死的孤魂野鬼致敬。

仪式结束后，参观蒙古村，把二十几个蒙古包走了一遍，

伪满时期通辽大蒙古忠魂塔（西拉木伦南侧）

然后，野台戏、跳鬼相继开始。

对野台戏，人们并不陌生，逢年过节总有机会看到，但很多移民到科尔沁草原的汉人多年来只是听说，却没有看到过跳鬼。一百多个头戴面具的"鬼"面目狰狞，身穿五颜六色、样式古怪的服装，跟着鼓乐张牙舞爪，扭动身姿。人们不知道表演的是什么内容，只是看着新鲜。其实，跳鬼是藏传佛教的一种祭祀内容，通常，在喇嘛庙前专门用来跳鬼的广场上表演，是一种娱神活动。跳鬼跳到专门祭祀死人的塔前，算得上是绝无仅有。

"忠魂塔"前，年年祭祀死鬼，被通辽抗日军民打死的鬼子也越来越多。一直到1945年日本宣布投降，死鬼的数量还在继续增加。不过，这些死鬼已经不是死在中国人仇恨的枪口下，而是被野兽般残酷的日本人自己杀死或自杀。

1945年8月14日，得知日本天皇已经宣布无条件投降的消息，城内的驻军早已匆匆溃逃，通辽永福优级学校校长大卜眼看着辉煌不再，前途渺茫，不得已带领全家来到城北"大蒙古忠魂塔"。大卜与自己的老婆和两个女儿跪在忠魂塔前，面对那些先他一步为天皇效忠的野鬼，

大卜念念有词，他身后的妻子女儿却早已失魂落魄。大卜祷告完毕，面露凶光，先后将妻子和两个女儿杀死，然后剖腹自杀，侵略者肮脏的血，再一次涂抹在通辽北郊这片和平安静的土地上。

通辽胡子也抗战

通辽出胡子，是当时奉天省出了名的，有"大绺子无其数，小绺子如牛毛"之说。这些绺子大的千八百人，小的三五个、十几个人。马上来，马上走，来无影，去无踪，手段残忍，枪法极准。至今，当年作为满蒙边界的"柳条边"南侧的老百姓中还流传着一句歇后语：边外的胡子——不开面。

通辽地区为什么出胡子？应该有着深刻的背景。首先，自清末科尔沁草原放垦，大量的蒙古人失去草原，成为无家可归的流民，这些无以为继的牧民为了生计，不得已铤而走险，成为"流寇"。在清末民初的文献中，"蒙匪"袭击"荒务局"、衙门等报告屡屡出现，张作霖、吴俊升等也都是靠"剿匪"步步升迁。日寇占领东北前，较有影响的大股"蒙匪"就有陶克陶胡、疙瘩梅林等。其二，日本、俄国为了霸占蒙古东部草原，不惜花费重金引诱蒙古王公贵族，同时，为了煽动他们脱离中华民族大家庭，纷纷送给他们武器弹药，这些枪支弹药多数流入民间，成为胡子手中的武器。

"蒙匪"，是清代、民国时期官方文件上的称呼，也叫"马贼"。老百姓称之为胡子，也叫红胡子。

那么，"胡子"一说有什么来历吗？

《奉天通志》上说："有称强盗曰胡子，凡有二说。一说胡子之称起于明代。汉人即称东北曰'胡儿'，明时，胡人往往越界掳掠汉人，见之则曰胡儿。胡子，犹胡儿也。后逐沿为强盗之称；一说，昔日强盗抢劫，恐人相识，常戴假面垂红须，供以遮掩，故又称红胡子。"

《奉天通志》上的说法可以算作诸多解释中的一种。其实，这一叫法应该与戏曲舞台有关。在广大老百姓文化普及率很低的旧社会，戏曲既是人们娱乐的主要方式，也是接受传统文化、历史、礼仪教育的主要课堂。戏曲舞台上的人物形象对老百姓的影响，可谓深入人心。

中国戏曲的一个主要特点就是脸谱化，花花绿绿的油彩和髯口（胡须）等把舞台人物的性格勾画得一目了然。在戏曲舞台上，占山为王的"山大王"如《盗御马》中的窦尔敦、《锁五龙》中的单雄信以及杨家将里曾经当过寨主的孟良等，除了脸谱颜色、花纹不一样外，共同点是都佩有火红色的髯口。久而久之，人们就把现实生活中的土匪称作"红胡子"，简称胡子了。

日寇占领通辽地区，抗日队伍立即竖起抗日大旗，投入到驱逐日寇，保家卫国的战斗中。一些深明大义的胡子也不乏爱国之心，纷纷举起义旗，投身抗日洪流。先后宣布抗日的绺子有：绿林首领"海山"，于1931年12月加入救国会朱霁清部，转战在通辽、开鲁、朝阳、建平一带；绿林好汉于海滨（又名于海川）、杜洪奎、齐福臣先后率部抗日，被编入高文彬、贾秉彝部活动在通辽、开鲁、左中一带，一度发展到1500多人的队伍；值得一提的是匪号"高老梯子"的高振鹏，辽宁黑山人，他宣布参加抗战后，先后把"大老疙瘩""战东洋""四虎""双龙"收归旗下，聚起500多人的队伍，改称"东北民众救国军"，按照正规军做法，设立政治、参谋、副官、军法、军械等八大处。提出"国破家亡，吾人发财何用！"他们收缴散落在民间的枪支，不断扩大队伍，坚持在蒙边抗战，一直到1945年日本投降。

在军阀混战、民不聊生的情况下，一些人被迫走上以抢掠为生的胡子生涯，但在外敌入侵时，共同的民族仇恨把所有有血性的中国人团结在一起，同仇敌忾，万众一心，枪口一致对外，打击共同的敌人。通辽地区的抗日力量，集合了方方面面的力量，其中，"胡子"是一支不可小觑的力量。

大刀队血战马道尹府

1932年8月，辽北蒙边宣抚专员公署改称东北民众抗日救国军第五军区，高文彬任司令员，下辖五个梯队。其中，第五梯队司令员为谢国忱。谢为辽宁黑山李家窝堡人，曾担任过张作霖的勤务兵。"九一八"事变后，谢国忱以热河民团为基础组建义勇军，在辽西、内蒙古开展抗日活动，1932年，曾三次攻打通辽，痛击日寇，在民众中影响很大。1932年6月，高文彬率领抗日救国军第一、第四、第五3个梯队攻打通辽，高文彬亲自指挥第一梯队800多人从城西佯攻，刘震玉、谢国忱率2000多人从小街基迅速攻入城内，从清晨战斗打响，至下午三时，日寇已经全部龟缩到日军指挥部——马道尹府负隅顽抗。

马道尹府，是原奉天东边道道尹马龙潭私宅，由三组四合院及一个园林组成，也是通辽城内唯一一座明清风格建筑群，日寇占领通辽后，将其作为"逆产"没收，作为日军指挥机关、法院等部门的办公场所，实系日酋巢穴。

日军占领马道尹府后，在四周围墙上架设电网，凭据高墙大院和严密防守，使其成为坚固的堡垒。

谢国忱在攻打通辽之前就做好了攻克日军指挥部的打算，为此，组建了一支200多人的大刀队。下午3点，攻打敌军指挥部的战斗开始，单团副带领大刀队发起攻击。为了砍断电网，事先用胶皮缠住刀把，砍断铁丝网，打开一个缺口，大刀队相继跳到院内。

在通辽附近的铁路桥上苏军接受日军投降

马道尹府层层设防，小鬼子本以为固若金汤，做梦也没有想到大刀队从天而降。大刀队见一个砍一个，马道尹府里一阵阵鬼哭狼嚎，杀得鬼子只能躲在屋里打冷枪。

在大刀队里，有一个人手里拎着的大刀与众不同，不是宽背砍刀，而是一口铡刀，只见他对准鬼子抡圆双臂，一刀一个，砍瓜切菜一般。此人原本是"绿林"出身，报号"小天师"，日本人入侵通辽后参加抗日队伍，成为谢国忱麾下的一员猛将。在马道尹府后花园里，他将一个鬼子撂倒在一张石桌上，抡起铡刀，将鬼子砍为三截。

战斗一直进行到晚上9点多，有消息说驻在钱家店东大营的日伪军两千多人已经逼近，谢国忱命令大刀队撤出战斗。这一仗，砍伤的不算，仅砍死的鬼子就有80多人。谢国忱大刀队在通辽一带威名大震，被群众传为神话。

在通辽百姓中，还流传着一个夜袭马道尹府的故事，说的是1932年冬的一天，一个天寒地冻，滴水成冰的晚上，西北风卷着沙土，刮的对面不见人。半夜时分，马道尹府门前突然闪出两个人影。这两个人手持大刀轻步上前，门前的日军哨兵还没醒过神来，脑袋早已搬了家。两人飞步闯进院内，见日本人挥刀就砍，日本宪兵队院内经一阵混乱后枪声大作，由于寡不敌众，两壮士含恨倒在血泊中。这一壮举，震惊了整个通辽城。气急败坏的日军运用城内所有军队、宪兵、警察，对全城戒严、搜捕，折腾了一阵后，只是抓捕了一些"可疑分子"，只好草草收场。

1945年，苏联红军攻占通辽，日本神社和大蒙古忠魂塔被群众毁掉。此前，大蒙古忠魂塔因周围有树木，日本人将其当作节假日及周末休闲场所，添置了一些单杠、双杠、吊环以及空军训练用的大铁环等设施。在修建通辽人民公园以前，这一带已经改造成苗圃，但东南角一带仍然是人们的游玩场所。

"监绳"魏德富传奇

这里所说的传奇，并非凭臆想杜撰编写的故事，而是说，魏德富其人其事具有一定的传奇性。

在巴林爱新荒行绳丈放之后，军阀、政客、满清旧臣及各地商人纷纷前来买地，在这些人里，都是腰包里揣着哗楞哗楞响的大洋钱来的。而本打算赚钱糊口，根本没有打算在此安家落户的魏德富，却意外地得到一块地，又将老家的家产变卖，全家搬到科尔沁草原，从此，在通辽城东就有了一个叫"魏家窝堡"的村子。一百年过去了，当初在通辽街头赫然挺立的吴俊升的大瓦房，气派讲究的马道尹府，洋气十足的万育和药堂二层小楼，还有那些令人侧目的日本建筑，都纷纷化为历史尘烟，只有魏家当初那块土地,至今还叫"魏家窝堡"。一个普普通通的"打工者"造就的这段故事，足够称为"传奇"了吧！

巴林爱新荒"行绳丈放"，就是说开始丈量土地，编号待售。当时没有皮尺之类的工具，丈量土地一靠大绳，二靠地弓。因此，荒务总办一干人马里，就有了绳工、监绳一类人员。绳工，没有什么技术性，靠的是两条腿，手拉着大绳，用脚步丈量土地。每丈量一段，都要记载清楚。为确保不出差错，避免丈量时徇私舞弊，专设有"监绳"，就是专门司职查看丈量、记录是否准确。监绳，既需要责任心，又要心细如发，不徇私情。

魏德富就是一位监绳。不过,他不是巴林爱新荒务总办的雇员。当时,除了巴林爱新荒务局以外,卓里克图亲王也成立了自己的荒务局。在丈量土地时,两个荒务局一起上阵,以示公允。魏德富就受雇于卓里克图亲王的荒务局。

魏德富为人精明能干,干活认真,一个偶然的机会被卓里克图王爷看在眼里。卓王看此人与同是拉绳丈放的人有些不同。只见他谈吐不俗,举手投足间颇具气质。一次闲谈得知魏德富的家世,卓王不由得大吃一惊。原来此人非等闲之辈,他是奉天(沈阳)大河湾屯白塔村人,满族正蓝旗,并且是前清皇亲国戚,嘉庆皇帝的生母魏佳氏就出在他们家。清末允许满族人取汉姓,魏佳氏就姓了魏。

在大清朝,不但是皇亲国戚,就是普通旗民也是衣食无忧。凡是有爵禄的人家,男孩子生下来就有俸禄,普通旗人也按月有"钱粮",即按月发给"贡米",被称作"铁杆庄稼"。因此,当时朝廷规定,凡是旗人,只准干两种职业,一是做官,二是当兵,其他一律不准。但是,到了清朝末叶大厦将倾之时,朝廷府库空空,已经难以顾及,许多满族人也都自谋生路。当时,魏家已经没有了往日的显赫,顾不得朝廷的禁令,为一个姓于的地主家种水稻。家族中另有一支就到了黑龙江买地耕种,立屯子叫魏家窝堡。魏德富为了生计,这才来到巴林爱新蒙荒局做起了监绳。

或许是惺惺相惜,卓王色旺端鲁布见堂堂国戚竟然没落到如此地步,来到自己设立的荒务局以"打工"为生,心存不忍,于是,将巴林爱新荒荒段东面的一块地赏给了魏德富。

其实,卓里克图亲王"赏给"魏德富的土地并不在属于他自己封地的范围,更不在巴林爱新荒荒段之中。就像他的爷爷把采哈新甸荒私自出卖一样,是在拿别人的孩子送人情。后来,他干脆和巴林爱新荒务总办黄仕福一起商量,把魏家窝堡一带的土地划段出售,挑起又一次争端。

魏家新获得的这块地位于西辽河岸上,是西辽河冲击而成的一块平整肥沃的土地,蒙古语叫作"夏布金利"。凭空得到一块土地,这是魏德富做梦也没有想到的事。他传书给穆克顿（奉天）家人。1914 年，魏德富的四弟魏德贵带领自己的三个儿子魏景会、魏景元、魏景芳来到夏布金利，在一块高皋之地搭起窝棚，取名南城魏家。

魏家是一个大家族，老大魏德宽、老二魏德明、老三魏德富、老四魏德贵，兄弟四人并未分家。在南城魏家前期准备工作完成后，有了落脚的地方，魏德富再一次通知家人，卖掉穆克顿财产，举家搬到科尔沁草原西辽河边上的南城魏家，并用变卖家产的钱在周围再添置土地。全家人开始了再次创业。他们先后招来徐世友、孙富昌、孙富贵及石姓人家等。魏家一家人与雇工一样，日出而作，日落而息，干活不比雇工少，吃的不比雇工好，魏家日子过得日渐殷实。

南城魏家的当家人是老三魏德富，人称魏三老板。蒙古人则称他为诺颜。魏德富为人豪爽，急公好义，在这一带名声很好。他不仅治家有方，外界交际也很广泛，连达王府管家等都与他是好朋友。据说，他与疙瘩梅林交往很深，疙瘩梅林起义后，王府专门派人找到魏德富，要他从中劝说。

1931 年，日寇占领通辽，为了便于统治，开始集村并屯，把南城魏家附近几个村合并在一起。在给村子起名字时，参考魏家本族在黑龙江一支，把新合并的村子改称魏家窝堡。魏家窝堡成立时，只有十几户人家，100 来人，两趟半街，6 眼土井。附近其他村的共同行政村长由景字辈魏景芳担任。这时，魏家考虑到因创业之时子女多未读书，便请来一位叫孙大光的先生。同时，家里开始有包衣李明玉等，雇佣长工若干。景字辈子女都已长大成人，按"清孝德景，国忠廉明"排序，国字辈男孩就有 14 人。

魏家虽然家大业大，人丁兴旺，魏景春还担任了村长，但始终恪守仁义传家祖训。魏景春经常骑着高头大马，见到乡民从没有颐指气使，仗势欺人。相反，却颇有豪侠之风，乡邻遇难，经常出手相帮。据说，老百姓受日本人欺负时，魏景春敢于脚踢日本鬼子。"跑大鼻子"时，苏军里有人凌辱妇女，魏景春也敢于上前干预，因此，乡邻对他敬重有加。

后来，还有人以他的事迹写了一篇小说《金鸽子》。

1947 年，在土地改革时，魏家的土地分给佃户、长短工一部分。1950 年，贯彻土地改革法，废除封建土地所有制，魏家 6000 亩土地全部被分。

如今，魏家窝堡已经是近 500 户人家、近 2 000 人口的村子。"文革"时，曾改名叫东方红大队，1984 年恢复原名。至于魏家后人，在那个特殊的历史年代，作为地主子女，入党、参军、升学毫无例外地都受到了影响。关于魏德富、魏景春那些颇具传奇色彩的故事，也长时间无人提起，只能贮藏于魏家后代的心里。

通辽"万人坑"到底在哪

所谓"万人坑",是指埋葬多人的墓穴。当有一大群人死亡并欲把尸体尽快埋葬时便会设置"万人坑",设置"万人坑"的目的当然各有不同,遭遇天灾时会被用于阻止疫症传染,在战争中则会被用于侵略者掩盖战争罪行。

在中国,大多数"万人坑"都是日本侵略者用于种族灭绝和掩盖战争罪行而制造的。据考证,从1931年"九一八"事变开始,到1945年战争结束,日本侵略者仅在辽宁境内制造的"万人坑"就有34处,这些"万人坑"大多分布在抚顺、本溪、阜新、北票、大石桥等地的矿山,埋葬着遇难者至少有60万人。相信一定还有藏在深山老林里的"万人坑"未被发现。

通辽没有煤矿,没有森林,也没有修过大型军事工事,而且当时仅仅是一个边塞小镇,那么通辽为什么也有不止一个"万人坑",又是谁设置了通辽的"万人坑"呢?要解开这个谜团,还要从1945年后连续四年在通辽发生的鼠疫说起。

日寇侵占东北14年,不仅到处杀人放火,还在东北建立了臭名昭著的731部队及其所属的细菌部队,他们以大量人体做实验,进行细菌研究,还把鼠疫、伤寒等病菌用于战争。1945年,为了挽救其垂死的命运,竟然灭绝人性地到处撒播疫菌,以致造成1945年至1949年东北大鼠疫,成为危害通辽的"无风三尺土,有病百斯笃,辽河开口没法堵""三害"之首。

这场鼠疫,通辽市(原哲里木盟)是重灾区。仅1947年,全市疫点达234处,发病人数19 304人,占东北三省总发病人数26 183人的73.73%。死亡16 139人,全家死绝178户。当时,通辽城内万户萧疏,路断行人,最多时每天死亡者达一百五六十人。因为国外媒体纷纷报道这场鼠疫,通辽小城一夜间"世界闻名"。

当时的通辽刚刚解放,百废待兴,国民党特务和土匪又不断骚扰,再加上这突如其来的鼠疫,使得通辽城成了人间地狱。

在哲里木盟人民政府防疫站《1947年—1949年防治鼠疫工作记述》中有这样的记载:"通辽城内呈现糜乱状态,没有一个院不发生(鼠疫)的,没有一条街不发生(鼠疫)的。在十月上旬,通辽城内每天最多死亡160人,发现患者230多名。城周围里外鼠疫死

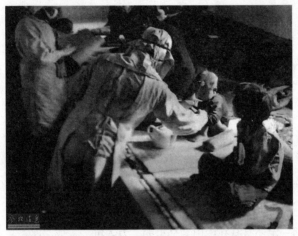

日军为了研究鼠疫病菌,将其投入战争,在东北和内蒙古东部各地搞鼠疫试验。图为在鼠疫发病地区设立的"隔离室"

者尸体到处枕藉。城内隔离所也都是患者,通辽变得一片死气沉沉,往隔离所用担架运患者的络绎不绝。街上家家闭户,商店封闭,完全成了一个死城。"

1947年的鼠疫大流行,是1945年、1946年鼠疫的继续。其根本原因就是日本侵略者撒播的鼠疫菌造成的,其次是人们对鼠疫防治知识缺乏,卫生条件极差,鼠疫流行后又缺少必要的抗生素类药物,只能靠磺胺类药物治疗。另外,又正值国内战争时期,人口流动性大,给鼠疫传播造成了便利条件。

据当年幸存者回忆,由于鼠疫期间死人较多,先患鼠疫死去的还有

棺材，后来，就用箱子、柜甚至马槽子盛殓，再往后，则用炕席、秫秸裹。到鼠疫最猖獗的时候，就只能把人撂在车上拉走。

凡是死去的人，都由防疫队派人拉出城外，分南北两地掩埋。城南为两处，即东南门及西南门，城北在西辽河大堤附近。

当时城南有两个出口，一个在现永安路立交桥处，另一个在现民主路立交桥处，交通工具仅为大车。由于出城后便道两侧均为沙坨子，大车在沙子里打横，行走实在不便，因此，走不出多远，只得就近掩埋。到后来，死人多时，都来

日军防疫队，所到之处无不遭殃。老百姓把他们称作"孝子队"

不及挖坑，只能用犁杖趟沟，把死尸用沙土覆盖上就算完事。

死于鼠疫的人，尸体都携带鼠疫菌，春天一到，被啮齿动物及野狗吞噬后，势必造成鼠疫二度传播。为了做到"灭鼠拔源"，在苏联专家的指导下，1948年，人民政府组织人力物力，开始了科学防疫，对鼠疫尸体进行了重新焚烧掩埋。据当时参加过鼠疫尸体翻埋工作的薛公维回忆："工作开始，先在水塔的南面挖了五个大坑，深五米，对南坨子的所有坟墓，无论新旧一律挖出来，用棺材板做火化烧柴，将尸体放置其上，火化后将其残骸运往大坑，再撒上来苏儿进行药物消毒后以土覆盖掩埋，以绝后患。"

关于翻埋尸体数据，《通辽市（县）鼠疫资料》有如下记载：

"1948年1月5日至2月8日，对通辽火车站附近的坟墓进行消毒，取尸体焚烧深埋。共翻埋处理尸体1 710具，尸体碎骨318件，古坟2 546座。2月中旬至3月末，动员人工7 327名，翻埋尸体25 662具，

其中鼠疫尸体 12 863 具。"

根据这组数字，通辽城南五个大坑里共掩埋尸骨两万五千多具，叫作"万人坑"应是名副其实。

对这次死于鼠疫者尸体焚烧掩埋工作，也可见于《哲里木盟防疫队

日军防疫队在疫区消毒

短期教育通辽县南坨子翻埋工作实习总结》（中华民国三十七年四月一日）。这次焚烧、掩埋尸体共动员"民伕一〇三名，学生二十五名，县地医院医生十二名，县防疫员三名，防疫站医生四名，生活管理者二名，橱夫四名，共计一三八名"。"此次翻埋新坟一九六〇具，旧坟一二八八具，总计三二四八具。其中焚烧二二四三具，掩埋三四六具，原地处理六五九具。"可以说，通辽设置"万人坑"，是为了科学消灭鼠疫。

由于焚烧掩埋尸体时正是数九寒天，南坨子面积又很大，零散的尸体难免有遗漏。20 世纪 70 年代笔者随单位到南坨子栽树，一崔姓师傅第一锹就挖出一颗骷髅。

按照薛公维的说法，大坑的位置在"水塔"南边，当时城内只有一个水塔，就是通辽火车站的水塔。这座水塔除供应铁路用水外，日伪时期还有一条管线通往日本人开设的"满铁医院"，位置在"圈楼"东南角。这也是当时通辽城里唯一一条自来水管线。

据此判断，五个大坑的位置应在铁南与城北和平路相对应，且距离老车站不算太远的地方。

另一处鼠疫尸体集中的地点在城北。当时通往城北的道路有两条，一条是走交通路出老北门（现科尔沁区政府东侧），另一条是走和平路出东北门。当时，出北门后，路西为乱坟岗，路东一直到和平路东北门外是一片庄稼地。东起和平路，西至交通路西，南自"二道壕"，北至"三

道壕",即西辽河北大堤（俗称北大壕）。

据史料记载，北大壕南侧为盐碱不毛之地，伪满统治时期亦为一片荒地，无人耕种。直至二十世纪五六十年代，这里仍然植被稀疏，很少有草木生长。据老年人回忆，1947年这里也翻埋过很多尸体，因此，老百姓管这里也叫"万人坑"。虽说具体情况没有文字记录，但是总数应有几千具。按习惯说法，把这里叫作"万人坑"亦无不妥。

有人说，通辽"万人坑"形成于1947年，而日寇早在1945年就已经投降，它们之间应没有必然的联系。其实，1947年大鼠疫爆发是日寇制造的东北大鼠疫的延续，这是显而易见的。虽然有资料记载"1917年以前，通辽以北查干套拉盖每年都有恶疫流行"，后被证实为鼠疫。但是，由于通辽所处的科尔沁草原曾是蒙古人的牧场，那时人烟稀少，加之蒙古牧民没有定居习惯，一旦发生鼠疫，便采取原始的方式，未染疫的人立即移居他处，并在蒙古包前竖起一个标识，提示人们不可靠近。这样就有效遏制了疫情的蔓延，避免了更多的人感染。至于当时鼠疫发生的情况和死于鼠疫的人数，因缺乏文字资料记载，不敢妄断。

不过，可以肯定的是，在日军占领通辽地区以前，虽然也发生过鼠疫，也有人员死亡，但规模都不大，流行范围也较小。自日寇占领通辽后，鼠疫爆发不仅成为常态，而且范围广，时间长，死亡人数众多。

1945年日寇投降之前，从未发生过鼠疫的科右中旗王爷庙首先爆发鼠疫，事后证明，这是日寇有意撒播鼠疫菌所致。此外，驻守在各地的驻军临逃离前，把鼠疫菌撒在不能运走的粮食、食品及其他物品上，饥饿的人们捡拾这些粮食、食品食用后便会立即感染鼠疫，因为防疫知识匮乏，无法阻止疫情的传播，最终导致1946、1947年东北鼠疫灾难性流行。通辽的"万人坑"掩埋的正是这三年期间死于鼠疫的人们。

因此可以说，虽然日寇不是通辽"万人坑"的直接制造者，但死于鼠疫的人却是日军撒播细菌所致。对于死于这场鼠疫的通辽人以及千千万万死于鼠疫的东北人民，日寇罪责难逃！

南坨子"碉堡"留下的历史疑问

　　记得解放初期有一本不太厚的小说，叫《移花接木》，故事说的是有一个特务，装扮成卖鱼的，在臭鱼烂虾里放入了鼠疫菌。这本书写的就是通辽的故事。回想起来，那时的通辽就已成为"世界名城"了！那么，一个弹丸大的通辽是怎样"成名"的呢？那就必然要联系到当时日本鬼子在通辽搞的鼠疫菌试验！

　　去年秋季的一个午后，再次去森林公园（原来是南沙坨子）。这一次本想去赴一场美丽的约会——早就听说森林公园里有枫树，又正逢中秋时节，不知枫叶是不是红了。

　　进了公园，绕过一湾碧水，蜿蜒向西，一路上，秋水旖旎，波光潋滟，沙丘起伏，秋叶婆娑。虽然秋季天气已有些凉，但草木依旧葱茏，偶尔有几片黄叶点缀其间，层林中就有了层次感，仿佛是一幅色彩厚重的油画。

　　正边走边欣赏这旖旎的秋色，路旁，一幢灰色的建筑蓦然闯进眼帘，凝神细看，似曾相识。会是它吗？那个留在我记忆中的"碉堡"！

　　小时候，就知道南沙坨子（常称"南坨子"）有一座日本鬼子的"碉堡"，"碉堡"坐南朝北，南侧有窗，北侧有门。门是铁的，挂着锁。南坨子虽然离城区很远，但却抵御不住它的诱惑，暑假里或秋天，同学们经常会结伴到这里来。有时候是来玩，有的时候是来打草。借此，我们常常会爬到"碉堡"上去玩。

　　碉堡，是一种防御设施，通常应该建在交通要道和重要军事防御区。

曾经也看过真正的碉堡，他们就卧在铁路旁，碉堡上向外射击的洞孔像一只只失神的眼睛，不过，那些碉堡都是圆形的。可南坨子那座碉堡却是方形的，只是顶部呈半圆形，上面

日军在通辽南坨子修筑的"碉堡"

也有圆孔，可圆孔有点小，看上去不像射击用的，倒像是通气孔。灰色的水泥墙体上还有明显的模板的痕迹。

　　这个"碉堡"让我感到怪异，因此，半个多世纪来一直在我脑海中挥之不去。我捉摸不透它到底是个什么东西，干什么用的。此刻，当远远地看见这个灰色怪物时，一时不敢断定它是不是我记忆中的那座"碉堡"。

　　小路上，有一个年龄比我小的老太太领着小孙子，从外表看像是农村人。我以为她是南边那个叫前坨子村的村民，就上前去问她，这是不是小鬼子建的那座碉堡？她说"什么碉堡？不知道"。我踏着没膝深的荒草向怪物走去，老太太似乎也有了兴趣，无奈小孙子执意向相反的方向跑。我到了"碉堡"前，听到她在后面大声问："是吗？"我说："是！"她又问："有字吗？"我说："没有。"

　　看起来，她更相信用文字写成的历史。

　　站在"碉堡"前，看它依旧是原来的模样，好像岁月在这里停止了，只是在"碉堡"的顶部有用水泥新抹过的痕迹。还有，它的南侧和西侧都被沙子埋住了。

　　我点着一支烟，坐在沙堆上揣摩着这个丑陋的东西，怎么看都觉得它不像是碉堡。我把目光投向南面，越过南坨子村再向南，应该有一座叫周家围子的村庄，1943 年，在那里曾经发生过一场惨烈的人间鼠疫，后来被专家学者认定为是日本侵略者搞的一次鼠疫试验。

　　1943 年 7 月，周家围子有两人突然死亡，人们还没有反应过来这就是骇人听闻的鼠疫，日本鬼子的防疫队就进了村。他们先是封闭了围子四周的大门，围墙顶上每隔五米就有一个手持扎枪的保甲人员站岗放哨，村外还有骑着马的日军和警察巡逻警戒，不准村民外出。

　　防疫队每天两次进村"摸疙瘩"，就是检查腋下、大腿根有没有淋巴肿大。不管男女老少，大姑娘小伙子、老公公儿媳妇，全部脱光，男女各站一排，面对面相对而立，挨个查体温、摸疙瘩。摸出疙瘩的或体温高的就被送进隔离所。有的人害怕，身子一哆嗦，就被说是得了鼠疫。

　　老乡们回忆说，那时发生的事很蹊跷。防疫队总是在头一天晚上就挖好坑，挖几个坑，第二天准死几个人。一个不多，一个不少。他们给村民打一种针，说是防疫针，但被打了针的，第二天准死！村民卢老八新婚不久，媳妇死后被日本人扒了皮。卢老八本来已经逃到村外，听说后跑回村子和日本人算账，抛饭碗打了防疫班的人，他们把卢老八捉住，打了一针，不到十分钟，卢老八就死了。

　　孙玉富原本在铁路工作，回来探家时，村子已经被封锁，他只能一个人在村外玉米地里躲藏。他家共五口人，母亲先被送进隔离所，死后被剥了皮。大弟弟听说后整天哭，防疫队说他得了鼠疫，也被送进隔离所，不久就死了。紧接着，父亲和小弟弟也被关起来。

　　村子控制稍松一点后，孙玉富想回村看望父亲，因在玉米地里被蚊虫叮咬，身上已经没好地方了，在围子门前接受检查时，也被送进隔离所。因此，他有机会看到隔离所里发生的一些怪事。他看到，一个厢房里有六七个铁笼子，养的是"白耗子"。他看到日本人给"白耗子"注射从人身上抽出来的血，也给人注射从白耗子身上抽出来的血。令他吃惊的是，厢房的墙根下放着大坛子，坛子里都是血水，上面漂着棉花。他好奇地挑起棉花，看到里面泡着的竟是人脑子、眼珠子……

村民回忆说，西门外放着四张大条桌，这四张桌子就是日本人的解剖台。人死后，放在桌子上，日本人像杀猪一样用水泼，有剥皮的、有开脑子的、有开膛破肚的。内脏挖出来后泡在药水里，然后拿走。有的人还没咽气，就被活活解剖了。

就在这次"鼠疫"中，小小的周家围子村一共死了179人。

从时间上判断，防疫队来得不算晚。从隔离手段上来看，也算严格。同时，又每天给村民打"防疫针"，为什么一个小小的村庄连鼠疫都没有控制住，反而愈演愈烈？

在周家围子闹鼠疫的同时，附近村庄也有鼠疫流行，那些村庄没有被封锁隔离，反倒没有死那么多的人。

种种迹象表明，这是小鬼子在周家围子搞的一次鼠疫试验，是活生生的人体试验！

我的思路从周家围子收回来，眼看着这座怪异的"碉堡"。

这里地处南坨子中心，四周都是漫漫黄沙，没有交通要道需要据守，显然，它不是军事防御设施。

以前曾听老年人讲，当年，这里戒备森严，周围有电网，有巡逻哨，老百姓根本无法靠前。

会是弹药库吗？根本不可能！这里连汽车都难以通行。况且，日军当年的火药库就设在城里，位于老爷庙西二百米处。日本鬼子逃走时，已经来不及将它们带走。1945年，地方维持会防御土匪进攻时，所使用的弹药就有一部分来自这座火药库。

唯一的可能，这里是小鬼子存放鼠疫菌的仓库！

内蒙古东部属于鼠疫发源地，以前也有鼠疫发生，但都有一定的周期性。自从日本鬼子进了东北，这里的鼠疫就接连不断。罪恶的七三一部队所犯下的罪行已是世人皆知。1945年8月，日本鬼子宣布投降，他们临逃跑时，又把鼠疫、伤寒等细菌以及剧毒品投放到存放的大米白面里面，另外，还派特务把含毒菌的玩具、糖果等送给小孩，还往水井里投放疫菌。

小鬼子丧心病狂的举动，使我军民遭受了巨大伤亡，他们反人类的罪行也受到全世界正义声音的谴责。

时间已经过去将近七十年，昔日刽子手们制造罪恶的刑场已恢复平静，但日本鬼子留给中国人民的伤痛却始终无法愈合。

不论这里是不是他们存放疫菌的地方，但肯定是他们制造罪恶的地方。在绿草如茵的森林公园，这个"碉堡"就像长在一块碧玉上的脓疮，让人厌恶，但还必须留着它，因为它是历史的见证。他告诉我们，时间可以流逝，但历史不能遗忘。如果事实真的如此，我建议，这里应该成为爱国主义教育的课堂，告诉后人永远不要忘记这血的耻辱，一个健忘的民族和一个落后的民族一样，没有出息！

末代皇帝来通辽

　　清廷倒台，溥仪被赶出皇宫，后来被日本人弄到东北长春，成立了一个傀儡政府，改长春为"新京"，溥仪摇身一变，成了伪满洲国"康德皇帝"。

　　1945年8月14日，日本宣布无条件投降。溥仪也随后宣读"退位诏书"，在日军卵翼下13年的伪朝廷"满洲国"也同时垮台。

　　日本人或许以为这个伪皇帝以后还会有些许用途，因此想将他挟持到日本。他们先从长春到吉林通化大栗子沟，在火车里颠簸了近三天。由于仓皇出逃，没有备足干粮，一路上只吃了两餐，饥肠辘辘。13日，他们住进通化县大栗子沟煤矿的日本矿长家中，随后，乘飞机转道沈阳去日本。

　　在沈阳机场，溥仪及随从被苏联红军俘虏。在苏联军官回忆当时溥仪的文章里写到，"在这群身穿浅绿色衣服的人当中，有一个穿深蓝色英国制服、戴圆形角质眼镜的中国人特别显眼：雪白的衬衣在深蓝色制服里，雪白的手帕在上衣口袋里露出一角，白皙的皮肤看上去保养得很好。总之，在一片狼藉的机场上，在被风吹得粗糙皱裂的士兵的脸衬托下，这个人显得很怪。苏军士兵把这个中国人带到普里图拉将军面前，翻译与他交谈了几句之后对普里图拉说：'将军同志，这个人说他是满洲国和全中国的皇帝，叫溥仪。他请求把他交给苏联指挥部，请求把他和他的仆从与日本人分开。'" 和溥仪同时被俘的有他的弟弟溥杰、妹夫润麒、万嘉熙、侄子毓嶦等人，以及溥仪的贴身侍卫李国雄、御医黄子正。

就这样，溥仪在苏军的押解下，乘飞机"空降"通辽。

当时的通辽机场已被苏军控制。在溥仪走下飞机的时候，看到一群蒙古军士兵正在苏军监视下修整机场。一群苏联士兵听说俘虏了满洲国皇帝都上来围观，一个士兵还与溥仪握了手。一个军官模样的人打趣说："士兵和皇帝握手，这真是一件不平常的事。"随后，乘坐一辆吉普车进入市区，

被苏军俘虏的溥仪

住进一家私人医院。院长张励清和医生张尔捷接待了他们。

医院为他们准备了晚餐。但吃的是什么，几个参与者在事后的回忆录里各有各的说法。有的说是吃了一顿面条，有的说吃了一顿丰盛的晚餐，也有的说随便吃了一顿晚饭。爱新觉罗·溥杰在回忆录中说："医院院长张励清端出精米白面来款待我们，当他捉住一只鸡想要杀以飨客的时候，却在溥仪"越发不杀生，绝对不吃肉"的坚拒下作罢。"

原莫斯科军区中将亚历山大·热尔瓦科夫当年全程参与押解溥仪，他在回忆中说：

这所小医院的院长姓张，当他得知眼前这位被苏军重兵戒护的戴眼镜穿西装的人就是"康德皇帝"时，惊讶不已。具有中国正统观念的"臣民""百姓"，能见到"君主""皇帝"，特别是在自己家里的土炕上见到"皇上"，就是做梦也不会有这样的"奇迹"。他准备按照中国北方百姓的风俗，杀鸡宰羊，备两桌好酒好菜招待溥仪一行9人，以表高墙深院东道主的心意，但被溥仪再三劝阻和在亚历山大的制止下才罢休。最后他还是做

了一顿颇为丰盛的晚饭，大家吃过晚饭，便在里屋炕上和衣而睡。

溥杰在回忆这段经历时说，那天晚上，小小的医院曾经热闹了一番。苏联军官来看热闹，随军记者前来采访。"当时我们既觉得无话可说，但又不能不勉强说几句敷衍。他们的目标是溥仪，我和我的两个妹夫只是担任翻译。当时苏军中会日语的占绝大多数。""晚餐时，苏联军官拿出牛肉罐头、黑面包和啤酒相飨，我们几个比较年轻的因为饥火中烧，便抢着打罐头和

走出通辽民生医院时，溥仪的心情明显好了许多

切面包。吉冈（注：日本人安插在溥仪身边的'帝室御用挂'）虽然在沈阳机场曾流着眼泪请求苏联网开一面，允许溥仪赴日逃命，在日军被解除武装之后，他一举一动都是低声下气地请求苏联方面'批准'；但对于我们却还没有放下'主人'的架子。他看见我们并无为主绝食的'义气'，冷笑着揶揄说：'苏联的东西那么好吃么！'他虽然这样地做出不屑的姿态，可是在桥本'我们领受主人的盛情罢！'的一言转圜下，也扭扭捏捏地吃喝起来，而且吃的并不比我们少。"

当时在场的医生张尔捷后来成为通辽市（现科尔沁区）政协委员，他在撰写有关溥仪在通辽的文章中说，是医院的厨师为他们做了一顿面条。饭后，溥仪还"赏赐"给厨师李尊一一把纸币。在溥仪"用膳"时，附近的老百姓听说来了"皇上"，纷纷前来参观。有一位住在医院附近的老太太还用衣服大襟兜来几个咸鸭蛋，不顾苏军士兵阻拦，送给溥仪。这时，住在附近的老百姓也都围过来看"皇上"。溥仪见他昔日的"子民"如今已成为看客，自己反倒成为阶下囚，至于自己的命运如何还是一个

在通辽机场，溥仪准备上飞机飞往苏联赤塔

谜。浑浑噩噩之中，说出一句连他自己都糊涂的一句话："我们都是中国人。"说罢，从口袋里掏出一个精致的铁盒子，打开后，盒子里有一张外国人的照片，是他的英文老师庄士敦。

这一夜，溥仪是在苏军看守下度过的，他们有的睡在土炕上，有的在桌子上和衣而卧。看守眼也不眨地盯着他们，连上厕所都有人持枪把守。

第二天早上，溥仪一行被叫到院子里，在西厢房前依次拍了照。随后，送往机场，乘坐一架大型飞机离开通辽，前往苏联赤塔。

身为逊帝、伪皇帝的溥仪，是在他的祖先康熙、乾隆东巡科尔沁二百多年后来到通辽。想当年，创造了康乾盛世的两位皇帝东巡时多么气派！而他们的不肖子孙，在当了十三年傀儡"皇帝"之后，又成为苏军的阶下囚。白云苍狗，世事变迁，坐在颠簸的飞机上飞往异国他乡，前途未卜，命运渺茫，溥仪心中该作何想？

老通辽解放前夕几段轶事

1945 年，日本侵略者在中国的处境已是四面楚歌，但其仍不甘失败。8 月 11 日，为了阻止苏联红军的进攻，驻哲里木盟日军悍然掘开开鲁县苏家堡西辽河大坝，使开鲁、通辽、东科中旗（今科左中旗）等多处受灾，被淹良田 10 万多亩。

西辽河水并未能挽救日寇的灭亡，1945 年 8 月 15 日，日本无条件投降。实际上，8 月 13 日，驻扎在通辽的日军就已经闻风逃窜。被侵略军占领了长达 14 年之久的通辽城迎来了抗日胜利的曙光。

8 月 16 日，苏联红军收复通辽，一起到达的还有抗联战士郭亚臣。在苏联红军的倡导下，成立"红军之友社"，张家军任主任，郭亚臣任副主任。国民党潜伏人员、日伪余孽和地方豪绅也趁机混入其中。10 月 15 日，成立通辽县临时政府，伪军退役少将刘居正为代理县长。下旬，成立中共通辽县工委，建立通辽县人民政府，徐永清任县长。12 月 8 日，以张绪武、王文民为首的国民党潜伏份子策动保安总队叛变，颠覆了新生的人民政权，徐永清、郭亚臣等共产党人被捕。同时，拼凑起国民党县党部和县政府。12 月 17 日，徐永清等 28 名同志惨遭杀害。

花封宪刑场求情　小警卫死里逃生

1945 年 12 月 17 日，是徐永清等 28 名烈士就义的日子。

为了掩人耳目，张绪武、杨精一、闵杰三等人临时拼凑起一个"法庭"，在对徐永清等人进行"公开宣判"后，他们分别被押上几辆大车。

一同被"判处死刑"的共有 29 人，但是，在以往关于这段历史的文章中，记载和徐永清一起遇难的烈士都是 28 人。是文章记录有错误吗？当然不是，而是因为在刑场上即将行刑之时出现了一段插曲。

王欣在《徐永清县长遇难记》中讲到这样一个细节："警卫员小陈的母亲已年过半百，这时也赶到现场，她呼喊着，'你们还我儿子，不要杀我儿子！你们杀我的儿子我也跟着去'，她边喊边往刑车上扑。"但在笔者调查时，原四中退休历史教师，八十岁的高老先生讲述了一个鲜为人知的故事。因为老人与陈氏"警卫员"一家有交往，对其后人行踪也略知一二，因此，作为口碑资料，具有一定的可信性。笔者根据高老先生口述，将现场复原如下：

在枪杀徐永清等人的刑场上，张绪武、杨精一、谢万励等人煞有介事地坐在一张桌子后面，准备行刑的刽子手子弹上膛，哆哆嗦嗦地站在广场的一侧等候命令。这时，几辆大车在严密押解下来到刑场，徐永清等人跳下马车，慷慨赴义，引起广场上一阵骚乱。

就在这时，一个人趁乱走到张绪武身后，附在他的耳朵上悄声说了几句话，并在张绪武手里"宣判书"上的陈国栋几个字上点了点。张绪武沉吟片刻，说："好吧，就给老弟一个面子。"随后，在事先准备好的宣判书上随手划掉了陈国栋的名字。随后，就从被捆绑着的人里叫出一个人来，此人正是徐永清县长的警卫员陈国栋。在围观的人群众目睽睽之下，陈国栋被解开绳索，当场释放。

这个在刑场上为陈国栋说情的是谁，他为什么有这么大的"面子"？

此人姓花，名封宪，早在 9 月，国民党成立通辽县党部、拼凑临时政府时此人担任保安队队长。为大肆发展反动势力，扩大外围组织，花封宪到处网罗日伪余孽、流氓、土匪等社会渣滓，使保安队从原来的 60 人很快发展到了 400 多人。

此后，隐藏在暗中的国民党地下势力为了颠覆政权，曾阴谋策划了一场逮捕徐永清的行动。后因郭亚臣等人从辽源搬来援兵，徐永清才免遭毒手。这次行动的幕后策划、组织者里就有花封宪。

正是因为花封宪在县党部里有着举足轻重的地位，张绪武才不得不答应他的请求。但是，他又为什么专为陈国栋求情呢？原来，陈国栋的父亲在日伪时期曾当过警员，花封宪是警尉，属上下级关系，且私交不错。

陈国栋及家人对此事一直讳莫如深，前文引用王欣所述陈母哭诉一节如若属实，亦当在花封宪说情之前。

不过，在徐永清牺牲后的11月，经调查取证之后，人民政府遂将韩庭桂、花封宪等人逮捕。1946年1月，通辽获得解放，随即枪决了花封宪等十几名罪大恶极的反动分子。

土匪围城　红枪会御敌败北

徐永清等二十八名烈士遇难，革命政权被反动势力颠覆。国民党重建通辽县党部和县政府，县党部书记为王文民，县长为金志强。

此时，正值时局动乱，国共两党反复拉锯，不仅惯匪横行、一些流散社会的原日伪旧部、被击溃的国民党散兵游勇也都纷纷拉起少则三五十、多则数百人的队伍，占山为王，到处骚扰百姓。

此时盘踞在通辽城的，是国民党辽宁省第七师，另外还有由地痞无赖、散兵游勇、还乡兵痞拼凑而成的县保安队。为了加固城防，在通辽城周大修工事，重新把日伪时期架设在城外的电网修好，并在城壕顶上内侧修了一条一米多宽的路，叫作马道。马道外侧有近一米高的土墙，既便于调动人力，也可以俯在马道上向外射击。随后，又按户摊派人力，在城壕与电网之间挖了一条护城河。他们以为，以这样坚固的三重工事，既可以防止土匪攻击，也能防御八路军攻城。

城里刚刚准备就绪，就有一股土匪气势汹汹杀奔通辽而来，这就是臭名昭著的金龙匪帮。

以金龙为匪首的这伙儿绺子不仅人多势众，而且很多土匪都是在草原上流窜多年的惯匪，骑术精，枪法准，凶狠残暴，作恶多端。他们想趁着即将过年、通辽城内防守空虚之际发一笔意外之财。土匪们叫嚣着："打进通辽，人娶媳妇马过年。"金龙虽然号称人马众多，但千八百人的队伍毕竟无法对通辽实行包围，他们沿着西辽河的冰面过河后，把进攻地点选在城北，重点就在西北门至老北门一带。土匪的马队沿着电网外面的土道往来穿梭，一边呼喊，一边打枪，气焰十分嚣张。北城一带老百姓极度恐慌，白天，一些胆大的还敢偷偷地溜出去看看动静，一到晚上，家家闭户，大人孩子都躲到炕沿下，以防流弹误伤。

城里也早已行动起来，国民党守军和保安队自城西北角开始，一直到小街基一带严密布防。

当时的通辽城里有一个组织，叫红枪会。红枪会的人平日里经常聚集在一起练功夫。加入红枪会的人，都有一个红兜肚，兜肚上面绣着一条龙。据说，红枪会里有人会掐诀念咒，临上阵之前，先给众人"上法"，就是给每人一道符咒，把写在黄表纸上的咒语烧成灰，放到酒碗里，喝了"符水"，就能够刀枪不入。

就在土匪围城的第二天，红枪会首领找到县政府保安队，主动请缨，要求出城破敌。

一大早，红枪会全体会员手持扎枪在老北门集结。站在队伍里的大都是年轻人，穿着各异，高矮不一。在墙根底下，摆着一溜八仙桌，在一张桌子上摆着神龛、蜡烛、香炉，另外几张桌子上摆放着几摞二大碗。这时，会首一声令下，列在队伍里的会员们脱掉棉袄，露出贴身的红兜肚。这些年轻人哪里经过真刀真枪拼命的阵势，心里直打鼓，再加上刀子似的西北风一吹，早有人哆嗦成一团。

红枪会里专门写符念咒的人站在桌子前，开始请神。他手里举着三炷点燃的香，闭着双眼，嘴里念念有词。等他插好香，叩完头，起身宣布，他已请下二郎神前来护法。紧接着，二大碗里倒满酒，每人发了一道符，点燃后把纸灰放在酒碗里，仰头一口喝干。首领一声令下，红枪会呐喊着"刀枪不入！"便冲出了老北门。

候在门外的土匪见城里放下吊桥，有人结队出城，不由分说就是一阵乱枪。此时，这些会员们才知道吞符念咒并不能抵挡尖啸的子弹，还没等冲过吊桥，早就有人在哭喊声中倒在血泊里。后面的人一见大事不好，赶紧掉头往回跑。短短几分钟，这些号称"刀枪不入"的红枪会就草草结束了战斗，白白丢在城门外几具尸体。

保安头目"炫技"毙命　老三师杀进通辽城

红枪会铩羽而归，土匪继续围城。城里的国民党守军和保安队也不出城征战，只是缩在城里防御。保安队里有个头目，叫赵中亚，此人当过兵，自诩枪法百发百中。他早就听说围城的土匪二炮手有百步穿杨之技，赵中亚要借机与二炮手一决高下。这一天，他伏在马道土墙上向城外喊话，要与二炮手比试枪法。二炮手也不含糊，趴在路边土壕后面喊道："你说怎么比？"赵中亚说："咱们俩一替一枪。"二炮手说："好，说话算数，我让你先开枪。"赵中亚说："你小子别后悔，有尿儿你就把脑袋露一露。"就见土壕上果然露出了二炮手的狐狸皮帽子。说时迟那时快，赵中亚甩手一枪，二炮手的皮帽子应声飞到半天空。赵中亚以为得手，正在洋洋得意，忽听二炮手喊道："看起来你小子还毛嫩，白瞎我这顶皮帽子了。这回该轮到我了！"赵中亚不知是中了二炮手的诡计，二炮手并没有真的把头露出来，而是用枪管支起狐狸皮帽子。赵中亚此时不能装弹，只得把头露出去，只听一声脆响，赵中亚身子一歪摔倒在地，一颗子弹不偏不倚，正中赵中亚的眉心。

赵中亚被二炮手打死，震动了通辽城。保安队的头目认为，赵中亚是为守城而死，要隆重为他发丧，出殡时，下令各保甲通知各户派人参加。赵中亚在一片惊恐气氛中被抬出城安葬。

善于马上作战的土匪对攻城显然不擅长，即便是城里大队人马出城为赵中亚送葬，也没能攻下通辽城，但气焰依然很嚣张。第三天傍晚时分，忽见土匪队伍一阵骚乱，一声"扯乎"[①]，顺原路向西逃去。

原来，"螳螂捕蝉黄雀在后"，是新四军老三师逼近通辽城。面对老三师，土匪们自知不是对手，慌忙逃窜。守城的保安队见土匪逃窜，老三师杀进通辽，纷纷喊着"八路来了"，便弃城而逃。国民党守军仓促

---

① 土匪黑话：撤。

抵挡了一阵，也慌忙逃走。

在保安队里，原有一些当过土匪的，他们趁着城内混乱，逃跑前还想趁火打劫，捞上一把，他们专门找深宅大院，用枪托砸门。老北门有一个姓陆的木匠，人称陆老二，此时正躲在门后听动静，见有人砸门，不知是什么人，正在犹豫时，门外"啪"的响了一枪，正打中陆老二的肚子，吓得他赶紧俯下身不敢吭声。

一阵混乱之后，街上略沉寂了片刻。可是，顷刻间，又一阵杂沓的脚步声伴着叫门声传来，叫门的都操着南方口音："老乡，开门。有土匪没有？"

人们不敢开门，大家还不知道，这支操着南方口音的队伍，正是解放通辽的新四军老三师八旅十二团。有的人家院门最后被砸开，端着大枪的战士冲进院子，挨个屋搜查。

关于这次土匪进攻通辽，在老通辽人中流传很广，但在各种资料中却鲜有记载。特别是关于金龙打通辽一事，一些史志专家更是认为，金龙没有攻打过通辽城。据此判断，1945 年末至 1946 年 1 月，确实有过土匪攻城一事，至于是哪伙儿土匪绺子，则需进一步考证。

老通辽解放初期几则老兵轶事

1946年3月，新四军老三师八旅十二团三营解放通辽。

3月的通辽，正值天寒地冻，部队无法在外面露营，只得安置到老百姓家里。

刚刚获得解放的通辽老百姓，以往见过的，除了日本兵、伪满宪兵就是国民党部队，这些家伙穷凶极恶，一向是搜刮民财、打人骂人、强买强卖。群众对他们深恶痛绝，但又惹不起，所以，对当兵的只有远远地躲避，唯恐惹上无妄之灾。而且，在此之前，他们从未见到过共产党的队伍，此刻，新四军不但开到了自家的院子里，长官、士兵还住在了自家的炕头上。有道是，自古以来兵匪一家，不管谁的队伍，都是老百姓的灾星。尽管这些长官和兵看上去很和蔼，心里仍然不免恐惧。

在老北门一带的一座四合院里就住着几个干部和战士。其中，有一位受了伤的连长和他的警卫员。一天早上，警卫员正在帮助老乡打扫院子，看到房东大娘喂鸡，警卫员对大娘说："大娘，我们连长负伤了，想买您一只小鸡给他补补。"大娘听到战士要买鸡，以为自己听错了。以往，过往的队伍拿老百姓的东西哪有花钱买的？赶忙说："老总，长官想吃鸡，就随便抓吧。"警卫员说："大娘，我们有纪律，不拿群众一针一线。我们连长吃您的鸡，是要给钱的。"双方反复争让，大娘无奈，只得收了钱。谁知,在抓鸡的时候却费了周折,一次又一次,都没有抓到,撵得小鸡满院子乱飞。警卫员无奈,随手掏出匣子枪,"啪"的一声枪响,把小鸡打死了。

这时候的通辽城已经安稳了多日,城里早就断了枪声。警卫员的枪声一响,把大家吓了一跳,以为发生了什么情况,纷纷跑出来。正在屋里养伤的连长也急忙跑出来,问:"怎么回事?"等警卫员说明情况后,连长大为不满,将警卫员狠狠训斥了一顿,说:"补什么补,把小鸡炖了,大家改善伙食。"还有一次,一个院子里的战士要吃豆腐,恰好北门有一家豆腐坊,便派炊事员前去买豆腐。炊事员端着盆来到豆腐坊,正赶上豆腐刚刚压好。炊事员说:"老乡,给我来一盆豆腐,多少钱?"豆腐匠见是当兵的来买豆腐,哪里还敢收钱,赶紧捡了一大盆豆腐,说:"老总,拿去吃吧,不要钱。"炊事员反复向豆腐匠讲解人民军队的"三大纪律,八项注意",豆腐匠哪里肯相信,执意不肯收钱,无奈之下,炊事员端起盆,把一盆豆腐又扣回到原处,说:"不要钱,我就不要了!"豆腐匠见状,上前把炊事员拉回来,收了钱,炊事员这才把豆腐买回去。

老三师在第一次解放通辽后,住的时间并不长,却留下很多类似的故事。通辽人民也真正认识了人民军队,成为建国后几十年军民鱼水情的序曲。

荣复转退,是干部战士从部队回到地方的几种安置方式。其中,"荣"指"荣军",也就是荣誉军人的简称。被授予"荣军"称号的,都是身上有伤残的。因为他们在战争中有功,建国后,统一由国家和地方政府抚养。通辽就在建国后成立了荣军教养院,进入荣军教养院的荣军每人发一件黑色的棉大衣,成了荣军的标志。

俗话说,五个手指头伸出来还不一般长,这些荣军虽然在部队都受过党的教育,但文化水平普遍不高,又年纪轻轻的就成了残疾人,心里难免烦躁,加上整天在荣军教养院吃饱喝足无事可干,个别人把各种军功章、纪念章别在胸前，开始到街上寻衅滋事。

有一天，两个穿黑大衣的荣军来到第一副食商店建筑工地（现金叶广场东侧），不管旁边来往行人，竟然在路边小便。工地上有人持枪守卫，见状上前劝阻。谁知两个荣军开口说道，老子为革命光荣负伤，在你这里撒泡尿又能怎么样！说着，双方竟动起手来。一个荣军说，你小子敢把我怎么样，你还敢打老子一枪吗？那位保卫人员其实也是从部队转业回来的，哪里听这一套，抢起枪托就给了荣军几下。说，当了几天兵有什么了不起，老子也是枪林弹雨里过来的。双方互不相让，揪扯在一起。有人赶忙跑到荣军教养院请来领导，这位领导劝道，都是当兵的出身，怎么能自己人打自己人呢！

更有甚者，一些人拄着拐杖，到处游逛，到了饭时，进了馆子专点好酒好菜，吃完起身就走，饭馆子怕惹事，哪里敢管！有一天，几个荣军来到戏园子，不买票就要进入看戏，偏偏赶上看门的是一个犟眼子，死活拦着不让进，事情惊动了戏园子领导，领导客客气气地把他们请了进去。不料想，戏演了不大工夫，几个荣军又借机闹事，大呼小叫，甚至抢起板凳，搅得戏没法往下演。

荣军滋事愈演愈烈，在城里造成了很坏的影响。地方政府与教养院的领导意识到，事情再发展下去，势必会影响军民关系，破坏人民军队的崇高威望，因此，决定对荣军进行一次集中教育，组织他们重新学习人民军队的传统，让大家懂得人民军队是老百姓的队伍，是与旧军阀、国民党部队不一样的。虽然脱了军装，仍然是一个兵，仍然要为人民服务。经过教育整顿，荣军们普遍提高了觉悟，此后，再也没有荣军滋事的事情发生。

王建国，著名的战斗英雄，电影《南征北战》中的主要角色就是根据他的事迹改编的。王建国不仅曾多次负伤，而且精神也受到了刺激，举止言谈异于常人。王建国还有一个爱好，就是喜欢到处走，每到一处，都会留下人们日后的话题。

有一年夏天，王建国乘火车来到通辽，为了他的安全，政府还专门派了两个人形影不离地跟在他身后。王建国身穿洗得发白的军装，只是没有了领章、帽徽。胸前挂满了擦得锃亮的各种奖章，走起路来，挺胸抬头，步伐有力，走到人多的地方，他就跳到一个较高的地方开始讲演。一开始，他讲得还算有条有理，说着说着，就开始走板儿，围观的群众难免发出哄笑声。这时，王建国大手一挥："笑什么笑！严肃点！"说罢，拨开人群，头也不回，大步流星地走了。一群半大孩子跟在他的后面，也学着他甩着胳膊走正步。

走得饿了就进饭店，让跑堂随便上几个好菜，连吃带喝，狼吞虎咽，旁若无人。如果碰巧有衣着破烂的人在跟前，他就一个劲儿地让人家和他一起吃。有胆子大的，果真坐在他身旁和他一起吃喝，他就对人家问长问短，有时，甚至伸手管跟着他的人要钱，然后随手给人家一把。吃饱喝足，站起身走人。钱自然要由跟随他一起来的人付。同时，还要跟王建国给过钱的人讲清道理，把钱再要回来。

有一天，王建国不知发了那根神经，跑到土产商店买了好多鞭炮，他叫来一辆二马车，把鞭炮搬到车上，让马车在马路上使劲跑，他自己则站在车上放鞭炮，各种鞭炮轮番上阵，他咧着大嘴，边放边笑，二马车的后面，一大群孩子紧紧跟随。拉车的马也算是见过世面，以往经常拉着戏园子撒海报的人敲锣打鼓满街跑，但毕竟和放鞭炮不一样，吓得赶车的人用力勒紧马嚼子，唯恐马受了惊。

王建国这次大闹通辽城很是热闹了一阵子，在他走后的很多年，还是人们茶余饭后津津乐道的谈资，甚至添枝加叶，越传越玄乎。有人说，王建国到过他们家，吃过一顿饭，临走时出手很大方，给了他们很多钱。有一种流传最广的版本，说王建国因为功劳大，又受过伤，毛主席亲手颁发给他一张"免死牌"，无论到哪吃饭不花钱，就是杀了人也没有死罪。这显然是古典小说或戏剧看多了，以为人民政府也和封建王朝一样，会给有功的人发放"丹书铁券"之类的东西。

文化名人与通辽

　　一座城市的知名度，不但与它自身的经济发达水平密切相关，更与它的文化底蕴密不可分。每一座历史文化名城，都有文化名人的游踪、墨迹或脍炙人口的传世佳作。通辽历史较短，从建城至今，不过一百年。虽然有康熙、乾隆的御制诗写到科尔沁，但毕竟他们写诗的时候西辽河畔还是一片天苍苍、野茫茫的荒原。

　　文人骚客频频光顾通辽，还是建国以后的事。或是随团访问，或是采风，或是开会，还有的是因个人之间的友谊等等。历数来过通辽的著名作家、诗人，有魏巍、贺敬之、老舍、叶圣陶、端木蕻良、玛拉沁夫。此外，还有到此公干的曲协主席刘兰芳，走穴的歌唱家克里木等。但留下印记的，是作家和文人，他们在

1964 年 8 月，全国人大常委会委员长朱德和国家副主席董必武视察哲里木盟（今通辽市）

通辽期间写下大量的精美诗文，留下了珍贵的墨宝，这是留给通辽人的一份珍贵文化财富。

玛拉沁夫，著名作家，1951年，21岁的玛拉沁夫作为工作组成员，来到通辽市科左后旗做群众工作，他得知伊胡塔苏木伊和包力皋嘎查青年妇女塔姆，赤手空拳同一名越狱逃犯展开英勇搏斗的真实故事，就以塔姆的形象为主人公，经过反复加工，创作出短篇小说《科尔沁草原的人们》，发表在我国最权威的文学期刊1952年1月号《人民文学》首篇。同年，他与人合作，将小说改编成电影文学剧本，拍成影片《草原上的人们》。传唱了半个多世纪的歌曲《敖包相会》就是玛拉沁夫为这首电影插曲写的歌词。前不久，通辽市科尔沁区在央视宣传片上，就打出"科尔沁，敖包相会的地方"宣传口号。

1963年，他来通辽深入生活，写出了报告文学《绿荫深处》《奴隶村见闻》和《日出》，发表在《人民日报》上。1964年1月上旬，他代表自治区文艺界参加了哲里木盟首届文代会，并为业余作者讲了创作课。他十分关心通辽地区的文学创作，很想为故乡做点贡献，他几次想在通辽建立一个生活基地，这样他就有机会能多来通辽深入生活，扶持文学创作队伍了。之后几次来通辽讲学指导，看望老友。和通辽很多作家结下深厚的友谊。他在一次参观通辽市展览馆后，在留言簿上挥毫写下八个大字"科尔沁我心中的歌"。

著名作家魏巍与他笔下最可爱的人马玉祥

魏巍，著名军旅作家，以一篇《谁是最可爱的人》蜚声文坛，被收入中学课本，影响了几代人。在这篇文章里有这样一段话："在汉江北岸，我遇到一个青年战士，他今年才21岁，名叫马玉祥，是黑龙江青冈县人。他长着一副微黑透红的脸膛，高高的个儿，站在那儿，像秋天田野里一株红高粱那样淳朴可爱……"

马玉祥因为在大火中救出一个朝鲜小孩，被在前线采访的魏巍得知，把他写进文章中。马玉祥转业到地方后，一直在通辽工作，几十年守口如瓶，从不对外宣传自己，成了一位"消失"了的英雄。一次，他从收音机里听到正在播放魏巍的小说《东方》，几经辗转，联系到几十年没有音讯的老战友，从此，老英雄和作家再度结缘。他们书信往来不断，谈思想，议工作，论家常，彼此互相鼓励，互相嘱托。只要有人进京，马玉祥都要捎去对魏巍的问候，魏巍也给马玉祥带去自己的心意，把《东方》《地球的红飘带》等著作赠送给马玉祥。

1987年4月28日，马玉祥从内蒙古科尔沁草原来到北京，和魏巍在西山的住所相见。挚友相逢，感慨万千。魏巍紧紧握着马玉祥的手，久久舍不得松开。那次相见，马玉祥诚恳相邀，约定来年在科尔沁草原相会。

1988年8月，迎来了魏巍夫妇如约莅临通辽。魏巍把最新出版的《中国人民志愿军抗美援朝战史》赠送给马玉祥。在书的扉页上写着魏巍的题词：高粱老来色更红，你永远是最可爱的人！并挥笔写下"天地有正气，江山不夕阳""你永远是最可爱的人"。

1991年魏巍再次到通辽看望老战友，看到老战友获得的荣誉证书十分激动，在背面写下"你做好了抗美援朝的上篇文章，又做好了和平建设的下篇文章，实在可敬"。

魏巍和马玉祥分别于2008年8月24日和2008年4月11日去世。

柯蓝，中国散文诗学会会长、散文诗的普及传播者、当代散文诗奠基人，3次到通辽，并与通辽文学艺术界诸多散文诗作家结下深厚友谊。在他的督促关怀下，才有了"通辽市散文诗协会"、开鲁散文诗碑长廊。他对通辽文化事业的发展所做出的贡献，居功至伟。

1995年8月15日，科尔沁散文诗学会举行了成立大会，柯老组织北京、深圳的文友成立代表团，他亲自率团前来参加成立大会，还到通辽市的批发城、育新乡、莫力庙参观访问，挥毫题字。

2006年7月29日，"开鲁古榆园柯蓝散文诗碑长廊落成剪彩仪式"

举行。柯老亲率代表团来到通辽，去开鲁参加剪彩仪式。内蒙古民族大学教授、作家邵忠信在文章中记录了柯老参加通辽市散文诗协会成立大会后宴会上的一段故事：邵忠信见宴会气氛有点沉闷，一向豪放不羁的他毛遂自荐，起身唱了一首《丽达之歌》，顿时引起一些人的惊诧，甚至惶恐。不料柯老竟高兴地鼓起掌来，连说"好，好！"并且也站了起来，不甚入调地唱起了《兄妹开荒》："雄鸡，雄鸡，高呀么高声叫……"唱罢转头风趣地对他说："你唱黑夜，我唱黎明，挺好，咱俩土洋结合。"2005年秋，柯老来通辽了解科尔沁散文诗学会的发展情况，他从珠日河牧场归来后心情很沉重，当晚在下榻的宾馆写下了一首向往绿色的散文诗作《假如我是一棵树》：

"假如我是一棵树，我愿永远生长在科尔沁草原上／我的树上开满了红花／我的树上结满了红果／每天有小鸟在树上观望／我能够听见远处有马头琴的弹奏和百灵鸟的合唱……于是我永远碧绿，拒绝枯萎和凋零……"

他每有新作，都会寄一本给邵忠信，如有征文，他会写下：邵参赛！

他为通辽培养了一大批散文诗作者，结识了一大批朋友，侯洁春、方纲、刘向前等等。

2006年12月11日，柯蓝溘然长逝，但是，他在科尔沁撒下的散文诗种子，将茁壮成长。

上了一点年纪的人，估计都读过贺敬之的诗。《雷锋之歌》《西去列车的窗口》《三门峡，梳妆台》等一首首热情、豪迈的诗歌，在二十世纪五六十年代青年人当中争相阅读、朗诵。

1997年7月，贺敬之访问通辽。这时，正值《开鲁报》征集纪念麦新的文章，因为在延安时麦新曾为贺敬之多首词谱曲，《开鲁报》主编方纲向贺敬之索稿，贺敬之很快就寄来《纪念麦新同志》诗二首：

一

碧血塞上几经春，大刀一曲忆战云。

岁岁清明碑前祭，蒙汉万口念麦新。

二

此行未到麦新镇，梦中呼名会故人。

老友新姿可告慰，什九未改战士心。

方纲先生在事后的记述文字中写道："诗用毛笔抄在荣宝斋八格纸上，小楷行书，洒脱而俊逸。落款有'一九八六年七月作于通辽。一九九七年五月为纪念麦新同志牺牲五十周年，应开鲁报社嘱书'的小注。事隔不久，敬之老先生还应邀为《开鲁报》文学副刊《绿星座》题签，同时，我还意外地偏得了一份'风景这边独好'的墨宝。"1982年6月，通辽举办空前规模的纪念麦新牺牲35周年大会，这次活动由中国音乐家协会牵头，内蒙古文化局、内蒙古音协、哲里木盟文联及开鲁县委联手组织，中国音协吕骥、孙慎及京、津、沪、辽、吉、黑、晋、陕、湘音乐界名流130多人参加。叶佩英、杨洪基等歌唱家也激情登台演唱。

1958至1962年期间，很多著名专家学者来内蒙古视察和参观访问，1961年下半年，应时任国务院副总理兼内蒙古自治区党委第一书记、人委主席乌兰夫的邀请，以叶圣陶为团长的文化部代表团于7月31日至9月20日起，先后在呼伦贝尔盟、哲里木盟（今通辽市）、昭乌达盟（今赤峰市）、呼和浩特市、包头市参观考察，成员有作家、戏剧家老舍、曹禺，建筑家梁思成，文学家吴组湘，音乐家吕骥，美术家林风眠、谢稚柳，摄影家郑景康等许多知名专家。他们在参观访问期间或回京后，"八仙过海，各显神通"，写下了许多论文、散文、诗词、游记，创作了许多画作和音乐、舞蹈、摄影等艺术作品，发表在中央级报刊上，有的还被收入学校教材和专著专集，有力地扩大了对内蒙古的宣传。内蒙古人民出版社出版了《碧野春风》诗集及《远域新天》散文集，在每本书中，都有数幅古元、谢稚柳、吴作人、姚有多等名家画作做插图。先后到过通辽的名人还有：高士其、阮章竞、端木蕻良、陆柱国等。不仅如此，歌唱内蒙古的诗集《碧野春风》里还有多首写通辽的诗章。其中仅叶圣陶先生写通辽的诗作就有6首，它们是：《莫力庙水库》《为哲盟展览馆题句》《通辽大林公社保安屯二首》和旧体诗《浣溪沙二首·安代舞》。

他在《莫力庙水库》一诗中写道：

大坝万米众聚沙，辽河引水一道斜。

波光云影顿涌现，千渠东出分支杈。

沙土解渴气沾润，庄稼牧草绿无涯。

沼泽水姿蒲苇成，清池风动红莲花。

远从长江移鱼种，银鳞塞北有新家。

一尾何止十斤重，烹鲜共叹鱼味佳。

人力胜天岂虚语，党群奏绩信堪夸。

三年全改自然貌，谁信先时荒沙而外更无他。

这首诗清新质朴，形象贴切，全方位地对莫力庙水库进行了描述，绘声绘色，就像一幅美丽的图画。在西辽河水干涸、美丽的沙湖莫力庙水库风光不再时再读这首诗，不禁感慨丛生，别有一番滋味在心头。

叶老访大林公社保安屯，也留下两首珍贵的诗作。这两首诗亲切自然，朗朗上口，乡土气息呼之欲出。其一：

卫生模范户，石沈是朱陈。

彩柜净于鉴，玻窗绝点尘。

北墙多贴画，南炕可延宾。

男妇多佳健，大娘笑脸频。

通辽旧有民谣"无风三尺土，有病百斯笃，辽河开口无法堵"，说明当时的卫生状况极差。在全国开展爱国卫生运动中，通辽城乡齐努力，迅速摆脱了脏乱状况，一跃成为全国卫生先进城市。保安屯就是通辽的缩影，干净整洁的村容村貌，健康好客的保安人，给叶老印象极佳。更令人惊叹的是诗人敏锐的洞察力。访问中，叶老认识了一位姓石、一位姓沈的老大娘，都是村里的卫生模范，又恰巧是儿女亲家，这一情景被叶老作为诗的开头，可谓别开生面。

其后，《浣溪沙·安代舞》二首写作手法突变，显示出叶老深厚的旧体诗功底。

一

翠竹柔铜婉转弦,

红巾挥拂队回旋,

欹腰踏足舞蹁跹。

一唱群和齐顿拍,

移时高啭彻云天,

赓歌继阕尽留恋。

二

安代流行遍哲盟,

引喉起歌欲忘形,

儿童翁姬亦称能。

时出新词非偶发,

当前歌颂亦忠诚,

全场豪兴更云蒸。

无独有偶,著名作家,长篇小说《踏平东海万顷浪》、中篇小说《上甘岭》的作者陆柱国先生对莫力庙、安代舞也情有独钟,分别写诗一首。他在《安代吟》中,有"百里奔波到库伦"的句子,由此可见,作家们是亲自到库伦见到了老少妇孺跳安代的盛况,否则,怎么会写出"街头一呼跳安代,三岁幼儿离母怀,七旬翁姬弃杖走,老小尽奔场内来"这样生动的句子呢!

老通辽历史上的"第一"

第一次出现"通辽"这一地名

民国二年（1913 年）1 月 25 日的《黄仕福为开放镇基掣签招领请备案给奉天都督的呈文》中，记载："去年十二月，……拟即设立镇基，定名通辽。"

这一名称被奉天省民政厅下文正式批准，则是在 1913 年 7 月。就如一个孩子，从这一天起，上了户口，有了具有法律意义的域名。

第一次进驻部队

1914 年 7 月，奉天后路巡防营第七营营部驻防通辽镇，营管带为张凯文。

这时的通辽镇建成的房屋不多，大多集中在城东南角，即现和平路与向阳大街交角一带。临街房屋就成了部队的营房。

此前，在黄仕福带领荒务总办人员到巴林他拉（白音太来）时，奉天后路巡防吴俊升就派人跟随保护。当时，由于科尔沁草原放垦此起彼伏，很多蒙古人失去生计，被迫铤而走险，成为打家劫舍的"蒙匪"令政府不堪其扰。

第一次称"通辽镇"

通辽刚刚建立，虽然也叫"镇"，但并未正式设治，原因之一，是草创初成，人烟稀少，不足以成为规模。一直到 1914 年 12 月才正式称镇并设治，成立设治局，局长富明哲。设治局下设承审员、农商会、警察所、文牍等机构。

第一个西辽河渡口

1914 年三月，一个叫郭锡三的船户为"有利交通，方便行人"，从辽源（郑家屯）购来一只大木船，在西门外设义渡船口。"经巴林爱新农林会转呈辽源县公署，已尊请军警各界保护。"

第一个教育主管机构

1919 年 2 月，通辽县成立劝学所，委任马希驹为所长，劝学员郭文阵、王文厚。

1923 年，将劝学所改为教育公所，所长马希驹。

1929 年春，通辽县教育公所改为教育局，马希驹任局长。

第一所小学

1916 年 11 月，孙宪祖、孙秀山等呈镇教育公所批准，在通辽镇设立一班初等小学校，召集学生 30 人。翌年 3 月，辽源县正式批准为镇立国民学校，租房 10 间，招收学生二级。

这是通辽历史上第一座正规学校。但自此后几年里，学堂与私塾并存了多年。

1918 年，镇学务委员李庆函请设立镇高等小学校，于当年下半年将镇立初等小学改为县立高等小学，学制 7 年，校长李庆。

第一次叫"通辽县"

通辽最初建城，名曰"通辽镇"，是奉天省辽源县（现吉林省双辽市）属下。1916 年，通辽镇设四个区，共 63 个村（屯），镇内蒙汉居民 4 506 户，人口已达到 26 836 人。其规模与当初主管县城郑家屯不相上下。这一年，成立试办通辽县设治委员公署，设治委员富明哲。

1918 年，"为防匪患，本街商民自行捐款，在四周修筑土城，分列八门。城内商铺三百余家，房屋逐渐增修，街市热闹，大有繁荣气象。镇管辖有村屯 63 个，又新搭窝铺（堡）百余处，蒙汉居民约有万余户，男女六万余人。先后放荒已垦熟地 22 000 余方。境内划四区，设警察分所一处，马步警长 71 名"。

3 月，"省长任命富明哲为试办通辽县设治委员，27 日携带官方到任"。

1918 年 6 月 26 日，通辽实行县治，设立通辽县公署，行政直属奉天省。

第一次航运

1919 年，"通辽县会同达旗王公议决试办辽清河运。航线由辽源县（郑家屯）码头到通辽县南海猞猁、通辽北门外鄂包（敖包）两码头"。

第一条铁路

1921 年 12 月，郑家屯至通辽铁路竣工，全长 114.5 公里，翌年 1 月正式营业。这条铁路是北洋政府拟建的"满蒙五路"之一———四洮铁路支线。全部工程向日方贷款，日方提供技术、设备。建成后控制权完全掌握在日本人手里，成为其掠夺东北及蒙古东部资源的运输线。

第一条通往山海关、奉天的铁路打通线——后改称大通线于 1927 年 11 月 15 日正式通车。全长 251.7 公里。

第一家"中外合资"农场与"外资公司"

1916 年 3 月，日本人早间正志和中国人张明府创办公济号农场。这是通辽镇第一家"中外合资"农场。

1921 年，日本人早间正志、松岗信夫在通辽开办"华兴公司"经营垦务。用拖拉机耕地。这也是通辽地区最早见到的拖拉机。

日本人觊觎内蒙古东部已非一日。"公济号""华兴公司"就是他们为实现"独占满洲"罪恶计划迈出的试验性的一步。

此事是经县知事（县长）富明哲批准，他应对此事应负有责任。日本人侵入通辽开办公司一事，终于被张作霖发现，1923 年 5 月，省政府一纸文书，结束了自通辽建镇、设县治以来一直在通辽任职的富明哲的仕途。文件称："富明哲操守难信，政务废弛，撤任听候查办。自民国七年二月一日到任，到十二年五月十二日交卸。遗缺由富维骧署理。"

在处罚富明哲的同时，通辽县招垦局聘请两名苏联人做技术顾问，开办火犁公司。火犁，即拖拉机，是当时人们的称呼。后来，"火犁公司"成为当地村名保留。

第一家工业企业

1923 年，由军阀吴俊升投资 65 万元修建"通辽电灯厂（长记）"，"长记"主管是吴俊升的侄子吴长麟。

第一位在通辽创业的"海归"

1925 年 1 月，留美农业科学硕士张鸿钧在通辽距通辽县城西 60 公里的排山达建"忠义农场"。农场所有农具均购自美国，有 12 马力与 20 马力拖拉机、垦荒马犁、耕地马犁、16 片圆盘耙等。奉天省长公署发训令，予以推荐。

第一个植树节

植树节，始于中华民国。1915 年，孙中山向袁世凯大总统提议设立植树节，以鼓励民众植树造林，得到袁世凯认可，定于每年清明节为植树节。指定地点，选择树种，全国各级政府、机关、学校举行植树节大典并从事种树。1925 年 3 月 12 日，孙中山先生逝世，民国政府农矿部公布了《总理逝世纪念植树式各省区植树暂行条例》，规定每年 3 月 12 日为全国植树节，各省必须举行仪式和造林活动。

从通辽镇建立第三个年头的 1915 年开始，通辽每年都有了植树节庆典，届时，县知事训话，公布当年植树任务。机关、街道及周边各村普遍种树。如 1928 年清明节，"县知事齐乡率僚属及各学校职教员、学生并各乡绅，在城北苗圃举行植树典礼"。

1923 年 3 月 6 日，县公署决定在县修道种树，并制定"修道种树办法"。全年修县道 3 条，250 里。乡道两条，36.5 里。无论县、乡、里道两旁均栽植柳树墩。

栽柳树墩，是当时特定情况下植树的权宜办法。因为通辽县只有一个苗圃，规模不大，栽种树木只能砍柳树枝条。为保证成活率，每一个树坑内栽种十几根柳树枝，所以称"柳树墩"。好在当时地下水位高，柳树易成活。后来，随着城北建苗圃扩大面积，城里种树不再栽种柳枝，改为以株作为计算单位。如：1925 年 3 月 16 日，县公署训令：清明在即，各区补种栽树亟应进行，每区本年应种树 50 000 株。

第一次体育运动大会

1926 年 5 月 5 日，通辽县召开体育运动大会，县师中学生徐洪勤获得了 1 500 米和 5 000 米冠军。

第一次大规模"合法"种植大烟

1923 年 3 月，通辽县"遵循东三省临时筹集总局训令"，各区摊派任务种植"烟苗"（鸦片）。一区 8 000 亩，二区 15 000 亩，三区 15 000 亩，四区 15 000 亩，五区 13 000 亩，六区 13 000 亩，七区 8 000 亩，八区 15 000 亩。而就在前一年 3 月，通辽县上行下效成立禁烟局，并在各区设立检验所。在发布种植大烟"训令"之后的 7 月份，又成立通辽县禁烟善后局。

第一家汽车运输公司

1924 年 2 月，陈铭三募集资本三万元，购进新式汽车，成立汽车公司，运行在通辽—开鲁之间。但因当时路况太差，特别是春季翻浆，难以行走。日军占领通辽后，该公司停运。1934 年 5 月 5 日，日本人池田吉郎购进 6 辆汽车，开办通开长途运输公司，运行区间为通辽至开鲁。

第一个飞机场

1934 年，日军在通辽县城北门外修建飞机场，混凝土、沥青铺设飞机跑道，可起落小型飞机。1945 年日本投降，欲将伪满洲国傀儡皇帝溥仪劫持到日本，被苏联红军在沈阳机场截获，乘小型飞机押往苏联，途经通辽是就是在该机场降落。随着日本投降，该机场废弃。

1958 年，人民政府在通辽南 10 公里处修建飞机场，很多在校学生为支援机场建设，出工出力。为解决运力不足，中学生从东郊建华砖瓦厂搬砖，步行送到机场，每次往返三十多公里。

通辽飞机场几经改造扩建，已经成为可以起降大型飞机的机场，有至沈阳、北京、呼和浩特、深圳、杭州、西安、鄂尔多斯等多条航线。

第一家农业科研单位

张作霖在钱家店成立农事试验场，聘请虞振镛任场长。虞振镛于

1929 年到任。他先后在美国伊利诺大学、康奈尔大学研究生院攻读畜牧学，分别获得了学士、硕士学位，是我国兽医防治系统的奠基人。

西辽河上第一座大桥

第一座西辽河大桥位于通辽城西，与明仁大街西端相连。俗称"老洋桥"。

这座大桥建于 1935 年，1936 年竣工。桥基为直径 20 厘米、长 8 米的木桩，每排三根，入土深约 10 米。桥墩台为 40×40 厘米钢筋混凝土排架，主梁为四根工字钢。桥面为 20 厘米厚钢筋混凝土板。跨径 12.2 米的 10 孔，11.8 米的 2 孔，计 21 孔。桥长 256.2 米，桥面净宽 45 米，载重量约为 6 吨。

这座大桥是日本帝国主义占领通辽后，为战争需要和掠夺通辽及赤峰等地资源所修建。

1945 年，苏联红军进攻通辽，过坦克车时将东侧桥面压坏。1948 年，为支援解放战争，将被压坏的东侧抢修成三孔木桥，1949 年再度被冲毁。

第一个汉奸县长

1931 年 12 月，辽宁省政府任命董云卿为通辽县代理县长。随后，日本侵略者占领通辽，翌年 3 月，董云卿"继续担任县长"，日本人富田直次任代理参事官。

前排右起第一人，愁眉苦脸、心不在焉者为汉奸县长董云卿

第一个民主政府

1945 年 10 月，在中共辽北省辽源工委领导下成立中共通辽工委，杨明德任书记，徐永清任县长。

第一批国营企业

1947 年，二师修械所、印刷厂移交地方。同时，人民政府将东泰隆烧锅收归国有，成为通辽第一批国营企业。

百年回眸老通辽

民俗篇

　　一个城市的民俗是这个城市的灵魂，丰满了城市钢筋水泥的躯架，并使之生动、可爱。每个地方的民俗都独具特色，演绎着每片土地的文化生活。所以，要想了解一个城市，就不能不去了解它的风土人情。

　　老通辽人的生活方式、五行八作、交通用具、居家物件，还有沟通的方言等构成了老通辽城的方方面面，于是，一幅幅生动精彩的民俗画卷呈现在人们眼前。似乎在这字里行间就能看见从前人的生活节奏，或慢或快；似乎那叫卖的声音就在耳畔，或近或远；似乎那某个特定的场景跃然纸上，或隐或现……

淡出通辽城的交通工具

作为交通工具的"二马车""驴吉普"和"倒骑驴"，都曾为通辽的经济繁荣做出过贡献。如今，虽然"二马车""驴吉普"早已淡出了人们的生活，在城里偶尔还能看到一两辆"倒骑驴"，但在当年，这几种交通工具的规模之大、影响之深，至今让老通辽人历历在目。

威风十足的二马车

二马车、人力车曾经作为老通辽的主要交通工具，在坎坷泥泞的街路上，在昏暗的路灯下，店铺掌柜、政府官员、有钱人家的小姐太太，搂着妓女的阔少，洋洋得意地坐在车上，招摇过市，成为老通辽街头的一道风景。

二马车什么样？年轻人恐怕只能到反

中国传统样式马车

映三四十年代的影视作品里去看：通常是有身份的人搂着太太坐在马车上，赶车的车夫在前面"高高在上"，马蹄踏过碎石路，踏踏有声，十分神气。

通辽是从什么时候开始有的二马车已不可考，但应该与四洮铁路郑通支线（郑家屯至通辽）、大通铁路（大虎山至通辽）先后修通有关。

西洋式马车，通辽俗称二马车

第一条铁路郑通线修到通辽时，通辽已经过十年的建设，正处在上升期，俨然成为和郑家屯不相上下的商品集散地，商铺林立，买卖兴隆，每年都有大批的牲畜、粮食、皮毛等货物通过通辽销往外地。铁路修通后，大批客商直接到通辽采购货物，或到通辽投资开买卖。同时，早期来通辽淘金的商户腰包一天天鼓胀，日渐丰盈。"饱暖思淫欲"，出门拜客，请人下馆子看戏，再用脚量也就显得寒酸；实行县治后，往来官员日渐增多，在没有汽车和其他交通工具的情况下，二马车，成了最排场、最讲究的代步工具。

二马车并不是说都是用两匹马拉的车，而是为了与"大马车"相区别而起的"小名"。

现在看二马车，从技术角度来说并没有什么复杂之处，生产也很简单。但在当时，其加工工艺是有相当难度的。二马车除了坐人的"沙发座"，其他部位基本上全部采用钢铁。四个轮子，后面的两个轮子大，直径近米，前面的两个轮子小，五十公分左右，四个轮子都装有弹簧，这样，行走在碎石路或土路上，乘客就能免受颠簸之苦。二马车车体较长，为了便于转弯，分为前后两个部分，中间用转轴连接。在"沙发座"上，还装有可折叠的遮阳伞，每逢下雨也可以支起来，不用的时候放到后面；还有一种较高档的，车厢封闭，有门有窗，遮风挡雨，也显得气派。二马车的另一个特点是，马夫的座位在"沙发座"的正前方，且"高高在上"，目的是方便马夫越过马背，看清前方的道路。这种设置也明显说明与中国传统理念的不同。国人一向强调尊卑，看重等级。传统的"二马车"是在小型马车上加篷，车夫只能斜着身子坐在车辕旁边，主人则是正襟危坐，目视前方。尊卑上下，一目了然。

二马车一被引进通辽，就立即吸引了人们的眼球，也成了人们争相一试的对象。在不太长的时间内，城里就先后有了十多辆二马车，这个数字堪比 1945 年前后城里自行车的数量。每天马铃叮咚，马蹄踏踏，威风十足。

除了载客，二马车还有一个功能——做广告。

利用二马车做广告的主要有两类，一是商铺买卖开业、新进货物；二是戏园子请来新角或排演新剧目。

二马车的引进，为通辽城开辟了一条广告宣传的新途径，也成了街头常演不衰的一道风景。最好看，也是使用频率最高的。戏园子来了新角儿或是上演新戏码，届时，租用一辆或两辆二马车，在车后面竖起一块花花绿绿的广告牌，车里面坐着小乐队，敲锣打鼓，满大街跑。引逗得小孩子成群结队，赶在后面追逐。

城里唯一一辆箱式二马车是日本人的。当时，在城西北角紧挨西辽河大堤南侧，是日本人开办的种马场，而日本小学则在现通辽一中院

日军种马场

内。这辆二马车就是专门接送学生的。这辆车与普通的二马车还有一不同之处，就是在车前面安了一条横杠，杠子上装有两套挽具，也是唯一一辆由两匹马拉的"二马车"。每天早上，二马车通过老北门炮楼进城，晚上再从这里出去，届时，行人纷纷躲避在路旁，侧目而视。

二马车，作为主要交通工具之一，到1945年时城里还有十余辆。解放以后，城内只剩下两辆还在继续运营。这两家车夫都居住在城北，相距不远，其中一户姓张，一户姓申，人称"张马车""申马车"。把某家的姓氏后冠以职业，只是为了有所区别，不含贬义，是老通辽人对邻居的惯常称谓。由于张马车后来被嫁到外地的女儿接去，通辽城里就只剩下申马车一家，每天依然早出晚归运营。大约在20世纪60年代初期，因申马车年事已高，便也挑了马车。至此，城里二马车成为历史。

客运工具"驴吉普"

通辽城里养牲口的人家不少，尤其以养驴的为多。即便是解放后的五六十年代，汽车也属于稀罕物，很多单位都用驴车拉货。加上从各煤场往住户送煤的，从粮库往各粮站拉粮食的，从车站货物处往外运日用百货的，毛驴车常常是一串一串地在大街上招摇。

但是，用驴车作为客运交通工具，在通辽城形成蔚为壮观的"驴吉普"大军，还得从建设新火车站说起。

1978年，在原建于1966年车站的原址新建一座新车站，把位于车站东约三华里的军用仓库作为临时车站。临时车站位于铁道南侧，从城里去车站需要过铁路。自临时车站至永安路一段是土路，每逢下雨，积水遍地，最深处可没过小腿，路途遥远，加上没有路灯，给上下火车的人们带来极大的不便。

当时，城里已经有了公共汽车，但线路很短。平时只跑明仁大街，从东到西。只有白天有火车发车、进站才有接站车。当年北京、天津知识青年初到通辽，曾经编了一套顺口溜：一条大街俩岗楼，一辆汽车跑两头，一个公园两个猴。这是当时公交状况的真实写照。

临时车站移到东郊，晚上到站的火车进站时，已经九点多钟，公交车早已下班，这就给"驴吉普"让出了市场。一些脑子来得快的，把毛驴车赶到临时车站迎送客人，并很快形成规模。每当火车到站时，站前空场上毛驴车一辆挨着一辆。为了能拉到客人，赶车的手里拎着鞭子，拥挤在出站口，见人就问，见人就拉。

有了这个赚钱的门道，城里有驴车的人家大多都加入其中，并很快波及郊区。尤其是晚上接站时，一天的活计已经干完，闲着也是闲着，接到人自然高兴，接不到人，只当是闲溜达一趟，无本生利，何乐而不为！

至今人们记忆犹新的，还有"驴吉普"加快费。上车、接站，为了赶时间，有时会要求赶车的快一点，赶车的立即以加钱为要挟，名目就是"加快费"。加钱通常为正常乘车价格的三分之一。

很快，人们给这一"新生事物"取了一个雅称——驴吉普。

当时，一些第一次到通辽来的人都对通辽的两件事极感兴趣，一个是主要街道旁一家挨一家的茶馆，一根铁管从屋子里伸出老远，Y字形的出气口喷出白色蒸汽，发出连续不断的笛声；再一个就是满大街的毛驴车，赶车的吆喝声不断，毛驴也兴奋地呼朋引伴，撒开四蹄。直到今日，提起当年那番热闹景象，人们仍然津津乐道。

"驴吉普"形成的热闹景象到1981年10月新车站投入使用后才逐渐收敛。

名列"四大害"的"倒骑驴"

"倒骑驴"，出现在20世纪80年代。城里大多数"企业改制"，一时间，大量企业职工下岗，失去赖以生存的饭碗。一些有胆量或是有一定本钱的，选择了经商、摆地摊，更多的下岗职工空有一身力气，却一时找不到适合自己的工作。"倒骑驴"，这个本钱不大，又不需要技术的活儿，就成了年轻力壮的下岗职工的首选。

"倒骑驴"，算得上是一件发明，是自行车和手推车的组合，把自行车和手推车车架子用一根轴连在一起，下面用链条带动轮子转动。骑车人在后，车架子在前，这种骑法和传统三轮车正相反，故谑称"倒骑驴"。这种车有几大好处：一、轻便快捷，即便是车上坐两三个人，走起来也不觉太重；二、本钱小，加工制作容易；三、没有多少技术含量，几乎一上手就会；四、不占地方，不用的时候把前后两部分拆解开，可以放到院子里，这对当时住平房的人来说再方便不过。再加上不用上牌照，无须考取驾照，一时间，人们趋之若鹜，纷纷效仿。在这支队伍里，除了下岗职工，还加入了一些原本退休而身体尚好的人，闲来无事，弄一辆"倒骑驴"满大街游逛，拉到客人，赚个三五块，就到抻面馆要上一盘大骨头、二两酒；拉不到客人，就当是锻炼。此后，又先后有郊区失地农民，甚至旗县下岗职工加盟到"倒骑驴"大军。在不太长的时间里，城里拥有"倒骑驴"千余辆。

由于"倒骑驴"发展过快，大大出乎有关部门的想象，以至于相关的办法、法规滞后，"倒骑驴"横冲直撞，横行猛拐，堵塞交通，经常因倒骑驴违规行驶造成交通事故。"倒骑驴"，在为人们的出行带来方便的同时，也在给城市添堵，甚至对人民的生命安全造成危害。当时人们把"倒骑驴"列为"四大害"之一，编成顺口溜"塑料袋，倒骑驴，伴舞小姐××局"。

把"倒骑驴"列为"四大害"之一，除了不遵守交通法规，屡肇交通事故，还有一个重要原因。加工制作"倒骑驴"，一个自行车架必不可少。当时，因为改装"倒骑驴"成风，城里大量丢失自行车，甚至偷盗、收购、加工、销售一条龙。丢失自行车成了家常便饭，闹得人们苦不堪言。

相关部门紧急整治，加强规范，如发放牌照，非城市下岗职工不得营运等，取得了应有的效果。不久，一种加装塑料车篷的三轮车横空出世，并逐渐取而代之。这种三轮"改邪归正"，骑车人在前，车斗在后，因第一批三轮车大多是"神牛"牌，后来，"神牛"成为载客三轮的代名词。期间，又有电动三轮车满街乱窜，屡肇事端，仿佛当年"倒骑驴"的翻版。好在不久就被取缔。如今，出租车、"神牛"各行其道，与公共汽车一起，担负着为人们出门代步的任务。也有人对三轮车的存在大加质疑，甚至不予以取缔心存不甘。至于三轮车今后命运如何，还当拭目以待。

老通辽的花街柳巷

妓院，在三教九流中占有一席之地，南宋的谢枋得在《叠山集》中把娼妓列为第八位，赫然列在"儒"之前，因此，社会上流传着这样一句顺口溜：一流皇帝二流官，三僧四道五流医，六工七匠八娼妓，九流书生十乞丐。说起妓院的历史可谓久远，早在公元前700多年的战国时期，齐国管仲设女闾，亦称三百乐户，以此招徕各国客商，是为妓院之始，这也是历史上最早出现的"国营企业"；从那时候起，妓院就如附庸在社会肌体里的一个毒瘤，无论饥馑灾荒之年，还是繁华昌盛之期，妓院都相伴而生，绵延不绝。

老通辽妓院不但出现得早，而且发展得快，其数量之多，甚至一度超过城里其他行业。

说它出现得早，是因为通辽建镇的第二年，妓院就在到处是一片建筑工地的通辽镇落了户。因此，有人戏称"妓院比通辽镇小一岁，比通辽县大三岁"。

第一家在通辽镇挂牌营业的妓院是以妓院老板李桂顺的名字命名的，叫"桂顺堂"。李桂顺死后，子承父业，由他的儿子（人称"李二爷"）经管桂顺堂。这家妓院从民国四年开张营业，一直到1947年被人民政府取缔，整整经营了三十二年。

说到老通辽妓院发展之迅速、数量之多，远远超乎人们的想象。

1931年，伪满洲国"蒙政部""劝业司"、工商科调查员迁厚美（日本人）、
土木尔巴特尔（蒙古人）写过一份《调查材料报告》，报告中说："一九三一
年（"九一八"）前，通辽县有二等妓院十二家，一般妓院一百家。"也
就是说，1931年之前，妓院是各行业中户数最多的，占各行业总户数的
八分之一；全城总人口中，每100个人里就有1.7个妓女。

妓女在门前招揽嫖客

老通辽为什么妓院昌盛？这还要从建镇初期的人口结构及后来城市
类型说起。

建镇之初，通辽城里就像一个大工地，东南角一带（和平路以西、
向阳大街两侧）到处是住着建筑工匠们的窝棚，到处是建设中的土平房、
砖平房。为了抢工期，尤其是在小街基已经率先"招商引资"，赚得第
一桶金后，以便宜的价格买下地皮的商人们，更想抢占商机，不遗余力
地招徕工匠日夜加班，甚至不吝工钱。

有一句老话或许可以解开当时妓院迅速发展的谜团，那就是："没

有窑子，养不了跑腿子。"

"窑子"，就是妓院；"跑腿子"，就是现在所说的"外出打工者"。

最初落户通辽捞金的和来通辽打工的，都不会带家眷，这些人孤身一人跑单帮，时间久了，难免寂寞。正所谓"食、色，性也"，在没有五彩缤纷的表演，光怪陆离的演出来满足剩余精力的情况下，人类最原始的本能难免越发疯长。于是乎，苍蝇逐臭般的妓院便应运而生，及时落户通辽。

通辽自建镇以后，一直到1931年日寇占领时期，经济发展是不平衡的，总体上属于以商品交易为主的消费型城市。城里没有较大型工业制造业，在所有加工制造行业中，以粮食转化或牲畜副产品转化为主，如皮毛、皮革加工、粮食加工、烧酒以及酱菜业等，此外，就是与生产生活息息相关的染坊、糖坊等，都属于小型作坊或家庭手工业作坊。支撑整个城市经济命脉的则是牲畜、粮食交易、典当、估衣行以及遍布全城的土产日杂、丝绸布匹商行。流动人口相对较多，尤其是铁路修通以后，通辽交易市场十分热闹。这些都是支撑娱乐业和妓院长盛不衰的原因。

在1947年政府开展的消灭"黄、赌、毒"运动中妓院被取缔之前，南市场、北市场几乎成了花街柳巷的代名词。在南市场妓院不断增加，人满为患的情况下，北市场——又一个以妓院为主体，集娱乐、餐饮为一身的销金窟开始繁荣。

北市场位于和平路与民主路之间，南连现明仁大街，北接中心大街，一条胡同联通当时最繁华的两条商业街。北市场妓院都在胡同后面。

妓院门前都有牌匾，还有的请当地名流写字。按不成文的规矩，凡是写"书院""书馆"的，属于高级妓院。其余妓院名称皆俗不可耐，如"迎春院""玉乐堂""宜春堂"等。

旧时妓院分四等，一等妓院妓女称"女校书"，是仿效唐代名妓薛涛薛校书附庸其风雅，一等妓院的妓女不仅要年轻漂亮，会琴棋书画、吟诗作对、大鼓二黄，还要会骑马、骑自行车。通辽妓院大多数属于三四等，二等的极少。

妓院经营方式都是夫妻店，外雇一个"茶壶"。男主外，结交军、警、宪、特及政界人物。开妓院要有靠山，行话叫"插杆"。遇有"窑皮"闹事、妓女"热客"等棘手的事，都有"插杆"出手相助；女的又称"老鸨"，专门管理妓女、招揽生意、掌管收支。"茶壶"管招待、端茶送水、买东西叫饭、掌管时间等。妓院一般自己不烧水，用水都到附近茶馆去打，这个差事自然由"茶壶"担任。另外，妓女的房间门下方都有一个小门，妓女、嫖客要洗下身，就从小门里递出一个小盆，喊一声"茶壶"。"茶壶"便赶紧拎着茶壶往盆里倒水。久而久之，"茶壶"就成了代号。

妓女来源复杂，身份也不同。最多的是妓院把女孩从人贩子那买来加以调教，如长相好的还可以学点文化或请师父教一些技艺。十五岁当"清官"，只陪客人喝酒取乐，不卖身，算是实习阶段。17岁开始接客。此外，也有被拐卖的良家妇女或被生活所迫卖身妓院的。这些妓女没有人身自由，除非被有权势的人赎出去"从良"。有一种妓女叫"打住"，多为生活没有出路的妇女或被遗弃的姨太太，在妓院找一间屋子，按月向妓院交纳一定的费用，多赚归己。这种妓女只是"借地生财"，身份自由。"打份子"，妓女身份，但无固定妓院。每到一家妓院，都按其年龄、长相、名气签订合同，赚钱按五五至二八比例分成。

命运最惨的是一些赌徒、大烟鬼的妻子，因丈夫赌博欠债太多或没钱抽大烟，就把自己的老婆卖到妓院当妓女。她的丈夫与妓院签有合同，每个月可以到妓院和妻子团聚几次，但要从应分得的部分里扣除，所以一般不会去的次数太多。通辽有一男子，就是因赌博欠钱无法偿还，把妻子送进妓院，儿子送人。一直到解放后解散妓院才把妻子接回去，但两个儿子已经随养父改为姓陈，终生不与其来往。

到妓院嫖妓，又叫逛窑子。形式大致有：打茶围、关门、拉铺、住局、叫条子等。打茶围，也叫"开盘"。这是民国一般富裕阶层如商人、政府职员甚至家里有钱的学生，由一人请客，到妓院买一些花生、瓜子、水果，请一名妓女相陪。说笑打闹，唱歌弹曲，一小时光洋一元，外加盘子钱及小费；"关门"比打茶围贵一倍，光洋两元；"拉铺"比"关门"

贵一倍,需光洋四元;"住局",价钱比"拉铺"贵一倍,需光洋八元。"住局"必须吃"住局饭",菜要"成双",至少四个菜、两个汤,加上"住局费",一宿至少十元,相当于当时一般职员半个月薪水。还有一种特殊服务"叫条子",是指有钱人将喜欢的妓女招呼到家里服务,商号招待客户洽谈生意、机关单位招待上司,到妓院要有名的妓女"三陪"。价钱要比"住局"贵一倍。陪宿一夜光洋十六元,外加车马费及吃喝钱。妓院开张、新妓女开业,都要事先打通关节,若不照顾好有关部门的官员,就会有麻烦上身,因此,都要事先拜客。所谓拜客,就是妓女送上门去免费服务。

通辽妓院在1931年日寇占领通辽时受到重创。首先,是日本人对妓院盘查较严,从业妓女要定期检查身体,发现有性病的不准接客。更主要的原因,是以加强治安为名不断骚扰,并加重盘剥,很多妓院承受不起。再加上市场萧条,民不聊生,很多妓院只得关门大吉。到1933年(伪康德元年),二等妓院只剩一家,一般妓院剩三十家。与此同时,新增日本妓院5家,日本妓女25人。

还有一种妓院,不挂牌,一两间破房子,用木板搭南北炕,专门招徕人老珠黄,被妓院赶出来无处安身的妓女。妓女人数多寡不定,在炕上互相之间没有隔断,谁领回来客人也不回避,在自己的位置上进行交易。由于妓女又老又丑,房间简陋,稍微有点脸面的人不会到这里来。每天早上,妓女尽量收拾得干净整齐,到僻静处"守株待兔",见到孤寡贫困者即上前搭讪,因为价钱便宜,也能找到客人。

这种场所被称为"卖大炕"。因为"老板"本小利微,利用没有生活出路的妇女赚钱,人们对这种人的鄙视更甚于开妓院的。"卖大炕的"也成为老通辽一句骂人话,专门骂那些"蔫嘎阴损"的坏人。

闲话老通辽澡堂子

　　澡堂子,就是浴池。如今走在大街上,随处可见。尤其是现在的宾馆、会馆、足疗城,连小招待所也设有对外营业的浴池。居家也都有了专门的卫生间,什么太阳能、过水热、电淋浴器等洗浴设施家家具备,想怎么洗怎么洗,想什么时候洗就什么时候洗,所以说,洗澡,对当代人来说已不算什么事儿,更谈不上是大事儿,但退回到几十年前却不是这样。

　　三十多年前,因为经济条件差,住房困难,根本谈不上卫生设施。加上那时家里人口多,十几口之家多的是,人口少的也得五六口,好多人家都是三代同堂。几乎所有人家都是两代人同居一室,住南北大炕,甚至两户人家挤在一间屋子里也不罕见。这样的境况,洗把脸都费劲,就别说洗澡了。说起来现在的年轻人难以相信,从解放前到改革开放前,通辽城里只有一家澡堂子,原来是私人产业,解放后归为国有,改成国营。

　　说起澡堂子,那得从通辽建镇说起。通辽建镇之初就有了南市场、北市场两处饭馆和妓院、剧场等集中的场所。为适应需求,澡堂子也应运而生,第一家澡堂子就建在了南市场。后来,有一个叫刘居正的在北市场附近又建了一座浴池,至此,通辽城里有了一南一北两个澡堂子。刘居正,有资料说是当年私建小街基的刘振亭的儿子,其身份为"退役日伪少将"。其实,建北澡堂子时,日寇还没有侵占东北,但他在日伪时期成为汉奸却是事实。通辽历史资料里,对刘居正是有所记载的:

1945 年 8 月 15 日，通辽成立"地方治安维持会"，日伪少将刘居正任会长；10 月 15 日，成立通辽县临时政府，刘居正为代理县长。1946 年 3 月 20 日至 24 日，中共通辽中心县委提议召开了临时参议会，其中，议程里有"清算汉奸刘居正、沈子奇等人罪行"。

刘居正不仅修建澡堂子，还在北市场开妓院，并建过一座砖木结构的戏楼，后在一场大火中被烧毁。此人解放后被镇压。这些虽为题外话，但随着刘居正的被镇压，他建的澡堂子也随之停业散摊。通辽城从此就仅剩下一个澡堂子了。

在当时，澡堂子并不是普通百姓能够经常光顾的地方。一般人不赶上特殊情况都不会去澡堂子洗澡，因为去洗一次澡要花三毛钱呢。三毛钱说起来不多，但那是当时一般工人一天工资的四分之一啊，是一家人一天足够吃菜的钱。所以，要想洗澡，就去西辽河天然大浴池。夏季，每天都有很多人泡在西辽河里，人们扑腾一阵，连消暑带洗澡，一举两得。讲究点儿的在回来的路上，找一口水井，用柳罐斗提上沁凉的井水从头到脚浇上一遍，会更舒适。但美中不足的是这个天然浴池有时

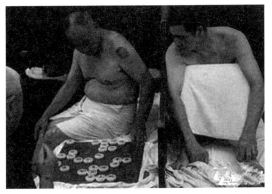

洗澡之余，棋迷杀两盘象棋

令性，只有夏天才行，春秋水太凉，冬季就成了冰场。女人要想洗澡就更加困难，只能在夜深人静的时候躲在角落处偷偷擦一擦。

那些卖苦力的每天都弄得一身汗、一身泥，但大多数人也只有到过年时，才会去一次澡堂子。

澡堂子里有专人招呼顾客，他们是澡堂子里为数不多穿衣服的人。他们有一个习惯，喜欢在头上扎一条白毛巾，毛巾扎法既不同于山东人，也不同于"偷地雷"的河北人，他们是把毛巾捋起来，从脑后拢过来，

在脑门上系一个扣，在当时这也成了他们的行业标志。

进了澡堂子，墙上写着"贵重物品交柜保管"字样。手表、金钱等不交柜，损失自负；大厅里有几排两两相对的床，床头有一只小柜。

进澡堂子要穿拖鞋，早些年没有塑料拖鞋，是用木头做的，木头鞋底，钉一条二指宽的胶皮。走在水泥地面上，好比穿着木屐走在石板路上，踏踏有声，十分清脆。

澡堂子最初没有淋浴，只有一大一小两个贴着瓷砖的池子，大池子里水温稍低。那时洗澡，讲究"泡"。坐在热水池子里，一泡就是老半天，直到浑身烫得发红才算过瘾。澡堂子的好处之一就是，凡是进了屋，都脱得一丝不挂，没有了贵贱之分，地位之别。百姓官员、警察小偷、掌柜伙计、车夫兵痞，一律"赤诚相见"，毫不掩饰。去洗澡的人澡堂子会给每人发一条浴巾，有的人松松垮垮地围在腰上，挡住"要害"；也有人不用，泡够了，到大厅里躺在床上美美地睡上一觉；也有人要上一壶"叶子"，半斤果子，连吃带喝，还有就在澡堂子里下棋的，休闲自在够了，然后回去再泡。

虽然说大家都光着身子，身份平等，但是从肤色上还是大致能看出差异：有浑身上下皮肤细白的，有两头黑中间白的。从皮肤上就能大概猜得出他们的职业，白嫩的，不是机关文员，也是商店掌柜伙计；而那些一身腱子肉，除了被短裤常年遮掩的部位以外通体黝黑的，自然是干力气活的。

有了澡堂子，就有了常客。一些有闲钱又有闲工夫的人往往吃饱了早饭，就早早去澡堂子，因为这时的水干净。澡堂子里的水往往从早到晚一天不换，如果去得晚了，水就像泥浆一样，有人调侃说，水稠得像糨子一样，连脚都伸不进去。

澡堂子还是唱歌的好地方。有人专门喜欢在澡堂子里唱歌、唱戏，时人称"澡堂子唱手"。澡堂子里不论地面、墙壁、水池子，除了水泥就是瓷砖，所以拢音，猛地一嗓子，经反射后的声音分外好听。另外，或许是澡堂子里的蒸汽对嗓子也有帮助，好多人一到澡堂子，嗓子就"开了"，吼两句"金少山"，唱两句"马连良"，时髦的唱一段"铁嗓子周旋"，感觉唱出的声音比在外面唱得好听多了。因此，有些人想唱歌也会去澡堂子洗澡。

要说那时的澡堂子设施虽然没有现在的高档浴池好，但服务设施和质量却不比如今差。不但有专门搓澡的师傅，他们还统一着装，半袖浅蓝色上衣，配白色短裤。那时当搓澡师需要专门拜师学艺。好的搓澡师傅讲究的是手法，一条毛巾缠在手上，从脸开始，额头、脸颊、耳根、脖子，依次往下，一直

剃头匠在刮胡子

到脚。不同的皮肤用不同的力度，毛巾搓在身上，刚柔相济，擦得皮肤微红，浑身舒坦。搓澡师傅还擅长按摩推拿，在各关节和穴道上敲击一遍，能击打出花点，节奏鲜明，富有乐感。最后是抻指头，把顾客的十个手指依次抻一遍，每抻一下，"啪"的一声脆响。一套搓、敲、抻、按下来，保你遍体的骨头松散，睡意蒙眬。

澡堂子里还专设一间小屋，是给剃头师傅预备的。很多人在澡堂子里洗完澡顺便就剃头，在这儿剃头有一样好处，就是省去洗头这一层。

俗话说："饱了不剃头，饿了不洗澡。"剃头难免要低头弯腰，刚刚吃饱了去剃头，肚子窝着不舒服；而洗澡消耗体力，饿了洗澡，容易头晕眼花。可澡堂子里却真的把这两个行当合在了一起。可有一样，凡是要剃头的，都是先洗澡，等肚子里的东西消化得差不多了才去剃头。

澡堂子里除了洗澡、剃头的，还有修脚师傅。洗澡后脚干净，没有臭味，同时，脚底也泡软了，好干活。那时的鞋袜远不如现在的舒服合脚，加上"扛大个"的、推胶车的、出力气的人走路多，又负重，很容

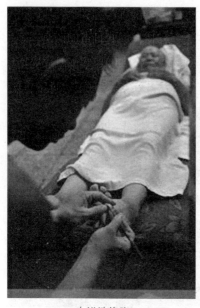

在浴池修脚

易得脚疾，最多的是长鸡眼、脚趾甲畸形。江湖上也有专治鸡眼的，地上铺一块白布，用墨水画着脚上的各种疾病，为的是做广告，有来修脚的，就在当街把脚搬起来，放在自己的大腿上，用小尖刀往外抠鸡眼、修脚指甲，鲜血淋漓，看着瘆人。因此，更多的人愿意到澡堂子修脚，既卫生又安全。

修脚师傅与理发匠、澡堂师傅、厨子、跑堂等都属于服务行业。按旧社会的说法叫"伺候人的"，都应该属于"下九流"之列。但唯独修脚师傅却是上九流。有一种说法，说是其他属于下九流的"伺候人"时都要站着，修脚师傅则不然，即便是给王侯将相，甚至皇上修脚，也得坐着。你想，能和皇上"平起平坐"，地位能低得了吗？

按旧俗，各行各业都要有祖师，澡堂子也不例外。各地澡堂子供奉的祖师不尽相同，有的供葛洪，就是自号抱朴子的炼丹家、医药学家。老通辽澡堂子供奉的祖师爷是姜子牙。老东北门有一户澡堂世家，每逢春节，都要在西房山竖起一根旗杆，旗杆顶上飘着一面杏黄旗，旗杆下有神龛，点着香烛。姜子牙是封神榜上的人物，封神时把所有的神都封完了，却忘了自己，只得将自己封在旗杆之下。姜子牙一生与水有关的故事，大概就是在渭水垂钓，钓来周朝八百年江山。如果现在仍时兴供祖师，他应该是钓鱼协会的首选。至于他如何成为澡堂业的祖师则不得而知。

解放后，澡堂子改成了通辽"国营浴池"，地点就在"圈楼"步行街西南角，20世纪80年代市政府改造露天市场，建起"圈楼"及几幢楼房，唯独浴池没有动。一座破旧的三层小楼在那里坚持了多年。

随着城里人口不断增多，国营企业职工每人每月发一张澡票一张头票，面值均为三毛。女职工没有头票，洗澡时用盆塘，发两张澡票。同时，随着生活条件的改善，加上政府号召大搞"爱国卫生运动"，洗澡的人

20 世纪 80 年代前通辽城里唯一的浴池

成倍增加，浴池里每天人满为患，但浴池却没有因此增加，依旧是一花独秀，一直到近三十年才遍地开花。

不过，20 世纪 60 年代，市里较大的企业，如农机厂等已建起了职工浴池，每周开放六天，职工家属也可以到澡堂子洗澡，唯独周六为女职工洗澡日。说到女职工洗澡日，不禁让人想起一件趣事。

话说有一个姓李的师傅，因年纪大了，到厂收发室打更。打更每天都要上班，没有星期礼拜，时间一久，对周日、周末的概念就有些淡漠。有一天，李师傅见厂里的人走得差不多了，就托付一起打更的照看一会，自己拎着毛巾肥皂去洗澡。走到浴室外间，急匆匆脱了个精光，穿着木拖鞋便进了浴室。浴室里蒸汽氤氲，模模糊糊地看不清东西，这时，他

仿佛听到浴室里有声音，像是有人洗澡。他正在愣神，只听水池子里有人说话："李师傅洗澡来了？"李师傅吓了一大跳，忽地想起，今天大概是周六。慌乱中，也不知衣服是怎么穿上的。

在浴池里洗澡的果然是一位女同志。此人是市里国营企业第一位女干部，四十几岁年纪。她和李师傅在一个厂里工作多年，彼此都很了解。她知道李师傅是记错了日子，否则，一贯老实巴交的李师傅，借他个胆子，也不敢在女职工洗澡日闯入女浴室。反倒是李师傅，听到浴室里传出女人的声音，吓得张皇失措，落荒而逃。据说，李师傅临出门，这位女干部还调侃一句："李师傅，怎么不洗了？"

老通辽招幌

名人题写光耀门楣

招幌，是招和幌的合称。招，招牌，又叫字号。大店铺，招牌也大，黑漆金字，悬于门楣之上。字当然也要讲究，写字的多是当官或有名望的文人墨客。

小店铺就不能那么讲究，最小的，一块木板，本色无漆，用墨写上字号，等到做买卖赚了钱，免不了换一块像模像样的招牌。有一定规模，却又无力找名人题写招牌的，只能做一块招牌，自己写或请账房先生代笔。好在那时候念私塾，写大仿是基本功，经商的、管账的，能写一笔好字的人不在少数。至于店铺的名字讲究一个吉利，无非是富、裕、福、长、兴、茂、久、发、盛、隆之类。比如，1919年，通辽镇主要商铺有："隆兴当当铺""庆源涌烧锅""天庆东烧锅""太古元烧锅""茂盛兴油坊""裕盛泰油坊""恒义盛磨坊""福盛和磨坊""连义长杂货""源聚东杂货""丰源庆杂货""宝隆兴杂货""连盛长杂货""谦恒义杂货""德隆大车店""海泉大车店""福德成大车店"等。

通辽最早的几家买卖都在小街基，如李家油坊、德庆公果匠铺、天合兴丝坊和天庆东烧锅。

到民国五年（1916年），商铺发展成50多家，较大的商铺有荣生福、鼎和兴、连盛长等。由于这些店铺门面较大，招牌也开始讲究起来。大

老通辽街头店铺悬挂的各式招幌

街两侧一家挨一家的店铺纷纷挂起金字招牌。

　　这时候的通辽城，房屋建筑在原来砖木结构的基础上，也开始使用"洋灰"即水泥，不仅用水泥砌砖，还用水泥抹墙面，并且在墙上用水泥雕刻图案、文字。图案雕刻仿砖雕或石雕手法，图案精美细腻，栩栩如生。现在仅存的一幅水泥雕刻，在圆通寺（李善人庙）大殿两侧的山墙上，一只大花篮，花篮里有各种花卉，栩栩如生。水泥刻字多在女儿墙与墙体相连部位，两尺多宽，十几间房屋，长长的一大溜，雕刻精美的楷书，内容为店铺所经营的商品。牌匾、招幌与"洋灰字"相映成趣，可谓琳琅满目，惹人瞩目。

　　当铺，除了牌匾和悬挂写有某某当字样的招幌以外，还有一个特别之处，就是在墙体上写一个大大的"当"字。通常为白底黑字，大的足有一两米见方。字为端正的楷书，显示出财大气粗的霸气。

　　除了招幌，一些买卖家还有对联，既有黑漆底，也有木头本色底。字写得好，词句也编得精妙，往往是根据自家生意特点撰写。如城里最大的饭店桂竹园饺子馆（最初叫方家馆），门两侧的对联是：虽无易牙调羹手，却有孟尝饱客心。上下联各嵌入一个古人名字。易牙，是勤行

（饭店业）祖师，善于调和五味。孟尝是战国四公子之一，善于结交朋友。对联贴切而又有品味。刘家馆的对联是：店好千家颂，坛开十里香。虽然是传统对联，世代因袭，却是通俗易懂，明白晓畅。对联与招牌上下呼应，仿佛笑脸迎客，俗中见雅。

各种招幌花样百出

饭店招幌：饭店、酒店、小饭铺，都讲究挂幌子，东北尤其如此。当年的南市场、北市场饭店集中的胡同里，招幌高悬，迎风飘摆，令远道而来的乡下人垂涎三尺。

饭店招幌，又叫幌子，上部是一个圆圈，水桶般粗细，外面粘金色吉祥图案，下面缀三尺长红布条，里外三四层。顶上拴四根绳子，绳上有钩，用来悬挂。绳子与圆圈连接处拴四朵花，鲜艳夺目。

根据饭店大小，分别挂一个幌子、两个幌子、四个幌子。挂一个幌子，是只卖家常菜饭。挂两个幌子则是炒菜较为齐全。挂四个幌子，是表示进了该饭店，顾客要什么可以随便点，从一般毛菜、生猛海鲜，到满汉全席，都可以满足。在老通辽，只有桂竹园悬挂四个幌子。

还有一种鸡毛小店，只卖粗茶淡饭，连炒菜都没有，自然不配挂幌子，只在门前挂一个破笊篱。有的农村人进城，舍不得进饭店，怀揣两个苞米面大饼子，到了这样的小饭铺，用开水冲一点葱花算作"高汤"，连吃饭带歇脚。

药店招幌：老通辽早期只有中药店。中药店招幌别具一格。门前宽绰的，在门两侧各立一根杆子，门前较窄的，在房檐上支出两根杆子。招幌就从杆子顶端垂下来。招幌为木板做成，上下各有一组"双鱼"，中间是十几块一尺见方的菱形木板，每块木板上写一个字，合起来，无非是长白人参、暹罗犀角、梅鹿茸片、虎鹿药酒、丸散膏丹等字样。长长的一串当街悬挂，遇风摇摆，容易伤人，所以下面要固定在地面上。

膏药店的招幌要小得多。顶上一根横梁，雕成花纹图样，下面菱形木板刷白漆，正中涂黑色圆形图案，仿佛一块膏药。最底下悬挂一只葫芦。

绸布店招幌：大街两侧，最多的是绸布店。绸布店喜欢悬挂各色旗帜。

旗帜以长方形居多。颜色、尺寸不固定，三四尺长、两尺多宽。旗的周边镶有牙边，正中间写着店铺名称。绸布店招幌一般为两块，店铺门两侧各支出一根长杆，旗帜就挂在长杆上。大街两侧，几十家店铺比肩而立，远远望去，招幌连成一片，一派兴旺景象。

剃头棚招幌：旧时管理发师叫剃头匠，原因是当时剪分头、背头的极少，大多数靠干活吃饭的人都剃光头，剪头的推子很少派得上用场。剃头棚的招幌简单，只有一块白布，镶牙边，中间用墨写一个"发"字。

剃头棚，解放后改称理发店，即便是后来归了国营，门前也还是高挑两个白布红牙边的幌子。一直到五十年代后期，位于北市场路南的一家"美容理发社"才安装两个旋转式门灯。这种招幌外观与圆筒式门灯差不多，有红、蓝、白三种条纹，呈螺旋状，通电后内层旋转，三条螺旋形彩条就像不断上升。这种招幌明显带有异域风情。据说，外国理发师有简单的外科医生技能，可以替人做包扎、疗伤。红、蓝、白三种颜色分别代表血、血管、绷带。虽然古代中国人与西方交往甚少，但在理发师都稍通外科医术这一点上，却是相同的。

剃头匠分有固定门市和流动两种。流动的剃头匠挑着剃头挑子走街串巷，他们的招幌拿在手里，叫作"唤头"，生铁铸成，一尺多长，呈柳叶状，尖头收拢，用一根铁棍从中间往外划，发出持久的"嗡嗡"的响声。其实，和物理实验用的音叉是一个道理。

用响器做招幌的不仅是剃头匠，还有锯锅匠、货郎、算命先生等行当。

锯锅匠，肩挑担子走四方，担子上挂着一个碟子大小的小铜锣，担子一晃，铜锣就叮咚作响。同时，锯锅匠还要吆喝——锯锅锯碗锯大缸！老通辽管锯锅匠叫"轱辘匠"，或许是与锯锅匠所锯的物件，诸如碗、盆、缸都是圆的有关，锯锅匠是一个受人羡慕的手艺，不要说大物件，就是饭碗、碟子破了也要锯，一只饭碗打十几个"锯子"不新鲜。

货郎的响器是一只拨浪鼓，一边走一边摇，大姑娘小媳妇听见波浪鼓声就赶紧跑出来，买绣花针、花丝线之类的小玩意。

算卦、抽贴、相面的除了少数"坐馆"，即有门市，大多数串胡同。

招徕顾客的响器各有不同，有的手持两块竹片，边走边敲打，盲人则一只手持竹竿探路，一只手敲小铜锣，若是带着徒弟，敲锣的活计就由徒弟来干。

五花八门北市场

老北市场，是集餐饮、娱乐、购物于一体的一条胡同。胡同里除了饭店、说书馆、戏园子、妓院以外，还有一些商家买卖，诸如烟袋铺、玉器铺、馃匠铺、水果铺等等。

最夸张的招幌非烟袋铺莫属，胳膊粗的烟袋杆，足有一米多长，两端涂金粉的烟袋锅和翡翠颜色的烟袋嘴，下面一根长长的红布条，高高地悬挂在门前。每逢秋季，是烟袋铺生意最红火的季节，骑着骆驼或赶着长长一大串勒勒车的蒙古人拉着粮食或赶着牲畜远道而来，腰包里鼓了，买完酒、烟、盐、布匹绸缎等必需品，烟袋铺是一定要光顾的地方。逛完烟袋铺，免不了陪着女人到玉器铺看看。玉器铺的招幌与别处不同，是几块刷黑漆的木牌，每块木牌下面栓一块红绸子。一尺多长，三四寸宽，分别写着金字：玉器、玛瑙、珊瑚、翡翠、绿松石等等，显得稳重而不张扬。北市场里最多的，还是饭馆子，一家挨一家，门前都挂着火红的幌子。

开板　关板　挂幌　摘幌

过去，开门营业叫"开板"，停止营业叫"关板"。板，指的是栅板。栅板是一尺多宽、两米来高的木板。十几块栅板上分别写着"左一""左二""右一""右二"字样，说的是上栅板时的顺序。临街的店铺，窗门上下都有暗槽，即滑道，栅板顺暗槽依次装进去，最后从里面插死。

每天开门，由小伙计先把栅板打开，摞到窗下，正好六七十公分高，来往行人走累了，可以坐在栅板上休息。之后再挂幌子，这是告诉人们，已经开门迎客了。挂幌子时，幌子上面的铁钩不得朝外，要朝着店铺方向，表示往里"勾人"。相反，钩子朝外，则是表示往外推人，影响生意。

饭店的幌子个头最大，挂得也高。挂幌、摘幌有一根专用的"幌杆"，用来把幌子挑起来。幌子摘下来后，不准放在地上，幌子落地，被视为不吉利。要放在靠门最近的一张桌子上。幌子摘下来，任谁来也不再接待，接下来，该算账的算账，该封火的封火。最后，是"劈小柜"，也就是分当天顾客赏的小费。自家的事，当然不得有外人参与。

幌子大都是可以摘下来的，停止营业要摘幌，因此，不再接待顾客，也叫"摘幌了"。

药铺的幌子分量重，上下固定，因此不存在摘幌。况且，药店以治病救人为主，通常夜里有人值夜班，不论什么时候，只要有人敲门买药，立马起来答对，不能延误，这也是药铺不摘幌子的原因之一。

最后一块金字招牌

解放前，通辽城里各种店铺有几百家，招幌五花八门，金字招牌更是琳琅满目。日伪统治时期，经济萧条，不少商家歇业，悬在门上的招牌也从此不再。随后是打仗、1947 年大鼠疫，对商业影响也很大，金字招牌又减少很多。金字招牌最后一次大规模消失，则是在"公私合营"时期。1956 年初，全国范围出现社会主义改造高潮，资本主义工商业实现了全行业公私合营，原私营工商企业基本消失殆尽，变成以"公家"为主体，原工商业者入股分红。原有的招牌、字号自然不复存在。

在通辽，却有两个例外，一个是酱菜业龙头企业同乡居，另一个是卖膏药的小药铺独一处。独一处属特殊情况没有实行公私合营的小商铺，位置在明仁大街路南，民主路至交通路中间。黑漆牌匾，上书"独一处"三个榜书大字。这块牌匾一直悬挂到"文革"开始。

同乡居是城里最大的一家酱菜业，后院生产酱菜，门市里除了酱菜外还经营海鲜、调料、粉条等等。其产品远销到山海关、锦州、奉天、营口等地。公私合营后，铺面位置在老百货路南，门楣上仍悬挂同乡居牌匾。据同乡居一位股东的后人讲，同乡居原来还有一块招牌，虽然不知是何人所题写，但字迹苍劲，柔中带骨，笔力不凡，后来不知什么原因换成了这一块。由于这家门市位置正好在城市中心，是商业最繁华的地段，再加上与众不同，因此格外显眼。截至 1966 年"文革"开始，在"破四旧"声浪中，老通辽最后一块金字招牌消失在烈焰之中。

　　不过，有一块老店铺的匾额很多年一直完整保留，并且是在通辽城最繁华的中心地带——明仁大街中段，老一百西侧。这里是临街十余间大瓦房，西侧是一个门洞，一度作为后院商业局的出口。其余房间西侧为土产一商店，中间位置为国药商店，东侧是"信记文具店"。信记文具店的匾额不是悬挂在门额上，而是在门的上方装一块固定的木板，就在这块刷白漆的木板上，工楷手书"信记文具店"几个字。通辽解放后，一直到改革开放前，城里只有两个文具店，信记算一个，另一个在和平路路西，老邮局斜对面。五十年代初社会主义工商业改造时，实行公私合营，这两家文具店的店员都是被"合营"对象。七十年代后期，信记文具店划归百货一商店，以销售文具、乐器为主。或许是因为匾额固定在门上，或许是原来的主人资本并不雄厚，名气不大，这块匾额一直没有引起人们注意，甚至已经归了"国营"，还打着这块"信记"招牌，一直到房屋被拆。

漫话老通辽大车店

作为区域中心城市，通辽城可谓八方辐辏，不论城周边的老百姓，还是远在各旗县的农牧民，赶集，办年货，卖牲畜、粮食、皮张，都要进城到通辽。于是，就兴旺了提供住宿、吃饭的饭馆、旅店和大车店。

大车店（泥塑）

老通辽的旅店虽然算不上豪华奢侈，但相对大车店来说，档次上毕竟要高一些，价格自然也高。所以，农村牧区到城里来办事的，大多选择住在大车店，图的就是经济实惠。至于赶着大车进城的，住大车店更是不二的选择。

老通辽当初有多少家大车店，现在已经无法统计。据老年人回忆，民国时期，通辽大车店最多时有二十几家，日伪时期经济萧条，大车店和其他行业一样，倒闭的倒闭，没有倒闭的也只能勉强维持，到1945年，城里的大车店仅剩下六七家，其中有位于北大街的曹家店、周家店，位于向阳大街与和平路交汇处的东风店，位于中心大街与和平路交汇处东侧的海风店等。

大车店，顾名思义，不仅人要住店，大车也要"住店"，所以，大车店的院子就要大。不然到了上秋卖粮食的季节，四面八方的大车成群结队地往城里来，就会失去赚钱的好时机。大车店里人住的地方是大通铺，十几间房子，从中间一分为二，两侧的屋子里都是对面炕。为解决取暖，大炕下面有几个"门灶"，就是在炕沿墙下面留出几个烧火的洞。几捆秫秸塞进去，屋子里就温暖如春。大车停放在院子里，牛马则另有牲口棚子，长长的一大溜。

大车店里房间的标准也不一样，也有"高间"，同样是火炕，但仅能住一两个人。住"高间"的都是跟车来的东家或"掌包的"——负责打理钱财的人。住"高间"不是为了舒适，而是为了钱财的安全。

住大车店可以带伙食，不过不能像下馆子那样要七碟八碗，吃饺子、烙饼。大车店的伙食简单，只能保证热热乎乎地吃饱。赶上"五黄六月臭韭菜"的季节，花上五毛钱就能炒一盆韭菜，哥几个劳累了一天，吃炒韭菜喝烧酒，也是在家难得的享受。当然也有小灶，那是住在"高间"里的东家吃的，只不过没有饭店讲究。

住大车店就别怕乱。因为这里住的人都来自四面八方，入店的时间也不统一，做什么也随意。吃饭的、喝酒的、猜拳行令的、打架的、骂街的，还有半夜起来喂牲口的，闹闹哄哄不得消停。但有两宗事招人欢迎，一是斗嘴，也就是开"哨"，再就是唱二人转的。

"哨"在农村极普遍，铲地挖沟休息的时候，人们累得驴马汗流，休息时，就撺掇善"哨"的开场。所谓"哨"就是两个人一替一句，顺嘴往下说，没有主题，以把对方"哨"败为目的。能"哨"的人往往嘴皮子利索，脑子来得快。通常是一个人说完上句，另一个人马上就得接下句，略有停顿，围观的人就起哄。"哨"的时候，句句不离"带色的"，所谓"肚脐眼下半尺"，拿对方的老婆、嫂子、老丈母娘开涮是常事。要紧的是，说出话来要字头咬字尾，如对方说的是一句骂人的话，要把这句话最后一个字或词用谐音化解开。对方本来说的是一句口头语，要巧妙地用谐音和"那种事"联系起来。

"哨"的高手面带微笑，沉稳应对，常常自称看过《哨谱》，精通108种"哨"法。人道吹牛不上税，也没有人追究其真实性。"哨"到紧要关节时，还要唱上几句，二人转、评戏，要啥有啥。一伙人在炕上这么一"哨"，围观的再一个劲儿起哄，谁还能睡得着？

在大车店里"开哨"的，不一定都是熟人。一些善"哨"高手，"哨"出了瘾，只要有机会绝不放过，张嘴只要有搭腔的，就算是应战，顺嘴不软不硬地还击一句，双方就此开始"哨"。

"哨"也有"哨"的规矩。可以骂人，但不可伤人，就是不准涉及对方的老人，这是基本底线。除此之外，三叔二大爷、老姨四舅母都没有避讳，结果也不重要。赢了自然兴高采烈，输的也是心服嘴不服，在大家伙一阵哄闹声中结束，皆大欢喜。

"哨"是东北"特产"。冬三月，外面冷得伸不出手，正是"猫冬"的时候，再加上昼短夜长，没有什么业余文化活动，坐在热炕头上开"哨"就成了一种休闲娱乐。

老通辽的"哨"粗俗而不下流，即所谓"嘴花心不花"。和当年流行的"四大黑""四大白""四大软""四大硬"以及"十道黑"一样，是东北民俗文化的一部分。随着人们文化素质的逐步提高，业余文化活动的丰富多彩，"哨"与"四大"退出历史舞台，也是历史的必然。

住大车店最受欢迎的是唱二人转的。当年，有很多四处闯荡的二人转艺人，搭不上班子，就凑几个人临时搭伙赚几个零钱花。大车店是最好的落脚点。

二人转，又叫"蹦蹦"，老百姓也叫它"地蹦子"，到了大车店，"地蹦子"几个字就更加名副其实。住店的人们坐在炕上，或是喝酒，或是耍钱，唱二人转的在地下演，观众居高临下，与现在到剧场看二人转演出正好相反。其实，这也是二人转最初的演出形式。早期的二人转都是业余的，农闲时，或是"一副架"，或是"两副架"，再加上简单的乐队，走村串户演出，从自娱自乐开始，到收点演出费，最后走向城市剧场。农村没有大的演出场所，只能在较大的住户家里演。看戏的坐在炕上，抽着旱烟，嗑着"毛嗑"（葵花籽）。地中央就是舞台，演完了，供一顿饭，左邻右舍给点黏豆包、馒头或一块猪肉，只当是出场费。

在大车店唱二人转比不得走村串户。在村子里唱，观众男女老幼都有，剧目要"讲究"，太露骨的不能唱。在大车店则不然，车老板子走南闯北，都是"嘴上无德"的主儿，平时说话还句句不离"荤"，那些文雅的段子，诸如《大西厢》《梁祝下山》之类他们不爱听。要唱，就来"粉"①的，用夸张幽默的唱词、露骨的动作，演绎平时碍于出口的故事情节。观众听得高兴，纷纷掏出钢镚、纸票往地下扔。

大车店里也住女客，并且是男女混居。当然，到大车店里住的不会是大姑娘、小媳妇，一般都是跟着丈夫一起进城的"半大老婆子们"，图的是便宜。一铺大炕上睡着几十个人，每人一个用木头做的枕头。到了晚上，屋子的梁上挂着一盏马灯，后来换成15瓦灯泡，昏暗中勉强有点亮光。因此，就演绎出种种钻错被窝的笑话。笑话一般都是虚虚实实、真真假假，谁也说不清到底是不是发生过这样的事。

俗话说："车船店脚牙，无罪也该杀。"这里说的是旧时的几种行业，即：赶车、摆船、开店、拉脚和"牙子"，也就是如今说的"市场经纪人"。这其中，除了"牙子"靠一张嘴吃饭，其余都是靠卖力气吃饭，为什么说他们"无罪也该杀"？原因就是他们见多识广，世上什么样的人都要接触，还长着一张利嘴和一双慧眼。在这几个行当里面，尤以开店的为甚。店老板与官绅士商、土匪流氓、军警宪特、骗子小偷，哪一个都有接触，考虑到自身利益，哪一个都不能得罪。大车店，历来属于"特种行业"，警察局都要给予"特殊关照"。大车店也就有了一项特殊职能——替警察当眼线，店里住进飞贼小偷，店家要及时知会警察。不过，警察不会到大车店里抓人，要等到他们走出大车店才能抓捕，这也是大车店和警

---

① 又叫带色的，即有黄色内容的段子。

察局心领神会的交易。当然，倘若住进店里的是江洋大盗、出名的土匪绺子则另当别论，只要知其身份，大车店主与他们就会心照不宣、相安无事。

解放后，实行公私合营，大车店被归拢到一起，成立了"联营大车店"，位置就在今天的交通路与科尔沁大街东南角，院子很大，四周是房子和牲口棚。这里是通辽城的对外出口，从城西"西洋桥"、城北西辽河渡口以及城南来的车马到这里都十分方便。

联营大车店往南不远就是通辽城唯一的粮库，一入冬，农村送公粮的大车、勒勒车都排着队交公粮，交通路拉粮食的大车从北河渡口一直排到粮库。那时节，很多卖小吃的摊子就纷纷在交通路两侧抢占地盘。卖包子、饺子的，卖油条、浆子的，卖馒头、豆包的，卖切糕、大饼子的，一家挨着一家。早晨起来，从远处看，黑压压一长溜，蒸腾着牛马的热汗。牛马进城，免不了要排泄，这虽然给环境带来了影响，但也多少解决了一些人家的烧柴问题，牛粪、马粪晒干了是可以烧火的。

在没有公私合营之前，这时节正是大车店抢生意的时机。各大车店都派出人去，在进城的必经之路守候，看到进城的大车便上前搭讪，说自己家的店如何安全干净，饭菜如何可口。公私合营以后，抢生意就免了，只此一家，别无分店，倒是那些进城的人要赶紧派人先去占地方，免得去晚了没处住。

联营大车店，在"文革"时期被改为利农大车店，一直到20世纪80年代末还在经营。1988年被整体征收，原址建成通辽第一个集中供热住宅小区——利农小区。自此，通辽大车店完成历史任务，彻底从人们的视线里消失。

老通辽早年的茶馆与茶俗

茶馆，是以喝茶为内容的场所。在茶文化历史悠久的中国，自古至今，从烟雨江南到塞外北疆，饮茶之风久盛不衰。饮茶讲究的是个过程，注重一个"品"字。但是，正所谓"十里不同风，百里不同俗"，因地域、气候、饮食习惯的迥异，各地饮茶方式和赋予饮茶的文化内涵也大不相同。

通辽地处内蒙古东部，一百多年前，这里是蒙古人的牧场。随着清末"移民实边"政策的实施以及后来军阀掠夺草地，大批汉人及其他民族也涌入草原，这里开始了农耕文化和游牧文化的碰撞和融合，加之受周边辽宁、吉林风气影响，便创造出了只属于这片土地独有的茶文化现象。

在内蒙古，无论是蒙古族人还是汉族人管饮茶都不叫饮茶，而叫喝茶，这不仅仅是表述不同，也是喝茶方式和喝茶目的不同，就是说喝茶更注重其实际。

蒙古人喜欢喝奶茶，做奶茶要用茶砖。茶砖是经过一道工艺把茶叶压制成为方砖形状，再晾干，目的是便于携带和保存。与沏茶、泡茶不同的是，奶茶讲究"熬"，熬奶茶要经过七道程序。过去，蒙古妇女要在太阳出来之前就用牛粪火把茶熬开，再用瓢将茶反复扬九九八十一下，之后再放入事先炒好的小米。澄清后，把茶渣、小米滤出去，再加黄油和牛奶熬上两个开，奶茶才算熬制成功。据说，因手法不同，每个人熬出来的奶茶味道都不一样。

蒙古人酷爱饮茶，尤其对红茶情有独钟。这与他们的生活方式有关。蒙古人多以游牧为生，饮食以肉食为主，但难以消化，而红茶却有助消化的功能。在历史上，明朝政府曾把茶叶当作控制蒙古人的重要武器，茶叶的销售、运输都有中央政府统一控制，动辄以断茶道相威胁，既有因茶叶保持边疆稳定，也曾因茶叶引发战争。

老茶馆

喝茶的人都知道喝红茶会上瘾，但与吸食毒品上瘾不是一回事。人犯了"茶瘾"，会感到浑身不适。早年，蒙古人出远门身上总会带上几样东西：一个绣着五彩飘带的装旱烟的口袋，一支长杆旱烟袋，一个装沙枪火药和枪沙的口袋；再有，就是茶叶口袋。茶瘾大的人在途中走的饥渴难耐又没水沏茶时，就会捏一撮红茶放在嘴里嚼一嚼，以此来解渴又解茶瘾。

后迁徙过来的汉人受蒙古人影响，也开始喝红茶。有钱人喝高档的，穷人喝茶粉、茶末。家里来了亲戚，先递烟笸箩、旱烟袋，然后赶紧烧水沏茶，这是绝不能少的规矩，否则就会被认为不热情。可是，过去不比现在，那时要用明火烧水。夏天热，看到大家都懒得烧水，有头脑好使的就在胡同里支起个茶炉，这也是初始的茶馆。不过，这种茶馆只卖"走水"，不设茶座。等到了冬季，家家烧火取暖，不再出去打水，胡同的茶馆自然暂时歇业，等明年春暖花开时再重新开张。

当然，也有真正的茶馆，但都在主要商业大街或居民密集的商业区。

如明仁大街、北市场、南市场这些热闹的地方。茶馆的标志是在门前电线杆上或树上，挑着一只破洋铁壶，壶底上拴着一根红布条，权当幌子。茶馆门面一般都不大，通常只有一间房，一进门的墙角立着一个大水壶，有一根一寸粗的管子从水壶顶上通往窗外。铁管子里有簧片，水开了，蒸汽吹动簧片发出"吱儿吱儿"的响声，代替了吆喝。

屋里白灰刷墙，屋顶多糊着"窝纸"———一种印着单色图案的糊棚纸。沿着两侧的墙壁摆着两溜桌子、长条板凳。本色无漆，因为常和水打交道，倒也干净。

茶馆大都是夫妻店，没有店小二、茶博士之类。来了客人，掌柜上前打招呼，同时，按人头把茶碗放在客人面前。茶碗不大，粗磁，杯口有两道蓝边。掌柜问："带叶子没有？"

"叶子"，就是茶叶。如果自带茶叶，掌柜接过去冲好水送过来。如果没带，掌柜问"要好的，还是茶末？"

沏茶用的是磁茶壶，喝一碗倒一碗。水喝得差不多，喊一声"续水！"掌柜就过来把水续满。

到茶馆喝水叫"下茶馆"，跟"下饭馆"异曲同工。有意思的是，通辽人管去厕所叫"上茅房"或"上茅楼"。关乎吃喝的叫"下"。往外排泄却叫"上"，其中的道理不得而知。

下茶馆的有各色人等，进城办事或购物的农牧民，少不得要下茶馆。颠簸了一路，走渴了，就会走进茶馆沏上一壶茶，有的带着干粮进城的，到茶馆要一壶茶，边吃边喝。城里也有人喜欢下茶馆，图的是那里的氛围。大家本不相识，几句话唠得投机就成了朋友，天南海北，云山雾罩。也有约朋友下馆子出来再进茶馆的，以前的饭馆是只能吃饭不管水，不像现在的饭馆，一落座服务员就沏上茶送过来，直到吃完饭，茶水保证供应。所以，几个朋友下完馆子，想喝水就得上茶馆。

在很多地方的茶馆里都有小吃，朱自清在《说扬州》里就写过扬州茶馆里的小吃："小笼点心，肉馅儿的，蟹肉馅儿的，笋肉馅儿的且不用说，最可口的是菜包子菜烧卖，还有干菜包子。菜选那最嫩的，剁成泥，加一点儿糖一点油，蒸得白生生的，热腾腾的，到口轻松地化去，留下一丝儿余味。"老包头的茶馆里专门卖烧麦，有的也写成烧美、烧梅，生意人早起到茶馆一边就着茶水吃烧麦，一边交换着商业信息，可谓一举两得。不过，通辽的茶馆没有小吃，想吃东西，要么自带，要么由掌柜去代买。通辽茶馆里最常见的食品，是一种叫炉果的糕点。炉果是白面做的，长不到两寸，端面五六分见方，经烤制，酥脆且别具风味。喝茶水，吃炉果，是老通辽一景，不论是城里人还是乡下人，大都喜欢这一口。

茶馆聚集的人多，自然是各种消息的发布中心。闲来没事，聊一聊小道消息，奇闻轶事，从物价涨落，到土匪扰民；从县衙贪贿，到小偷落网，无所不谈。有了这样的便利条件，茶馆就有了一种不为外人所知的功能——给警察局当密探。有了什么消息线索，都要报告给警察。

不过，在日伪统治时期，茶馆里天南地北地侃大山便戛然而止。那个时期不用说人们食不果腹，肚子里没油水，就是那些有头有脸吃喝不愁的，下茶馆也得小心翼翼，生怕哪句话说走了嘴，就立即被当成危险分子、政治犯抓走。所以没有几个人再有闲情逸致下茶馆，谁愿意因为两句闲嗑去喝辣椒水，坐老虎凳，甚至掉脑袋呢！掌柜的也因此会受连累。就是到了国民党统治时期也没消停，墙上、柱子上总会有白纸黑字提醒你"莫谈国事"。偶尔有人说话沾惹到敏感话题，茶馆掌柜马上会过来附耳告诉你："两位爷别说了，我这一家子还指着这个吃饭呢！"

由于日伪统治时期商业被高度垄断，大部分商品实行"专卖制"，经济萧条，生意难做，茶馆也相继关门，因此，临街房屋十室九空。

1947年，通辽解放后，政府大力号召商户开门营业，因开茶馆本钱小，所以，恢复得也快。在现在的明仁大街路南很快就有几家茶馆相继开门营业。建国后，随着临街商铺兴起，茶馆业更加兴旺了起来。

产业有产业链，商业也有商业链。茶馆，也催生了另外一个职业——送水。在20世纪60年代前，通辽市内就有专门以送水为生的人，他们一根扁担，两只水桶，走街串户为居民送水。同时，负责水井维护修理。那时的水井叫洋井，一根井管直接插入地下出水区，最深处的管都被打上小窟窿，好让水进入水管，但需要缠上棕树皮用以隔离沙土。但时间久了水管还是会腐烂，导致水井"反沙"，压出来的水就是混的，不能食用，挑水的就会挨家挨户收钱帮着维修。给居民送水是有时间也是有数量的，一般半天就能送完。下午，就可以拎上镰刀，扛着扁担到郊外去割草，再卖给城里养牲口的人家。有了茶馆后，因茶馆营业时间长，给茶馆送水就没有了富余时间，当然收入也增加了。

那时候，送水要准备"水牌子"，就是用包装盒剪成的方形硬纸片，盖上图章，一挑水付给一个水牌子，用以兑付现钱。好在那时人心淳厚，不会造假，否则，这么简单的"流通券"是很容易仿制的。

社会进步也反映在送水的身上，到20世纪60年代，送水的放下扁担，改用手推车。用一只汽油桶横着放在车上，汽油桶上有注水口、一截自行车内胎做放水口，一次可以装100公斤水，不但一次能多送不少水，还节省了体力。

通辽城里送水最"有名"的要数一个叫"胡傻子"的人，他不是十分呆傻，只是心眼儿来得慢。此人个头不算高，很结实，因为家中有老娘，穿着还算整齐。他在城里最繁华的明仁大街中段一百货一带送水，所以大家都认识他。他就是靠送水养活自己和老娘，给老娘养老送终的。

为了招揽顾客，茶馆里一般都准备象棋，有的茶馆还会预备好几副。有时，几张桌子前围满人，默默观棋的，七嘴八舌支招的，更有喧宾夺主动手的，十分热闹，给茶馆增添不少人气。应该说，在群众体育运动不算活跃的年代，老通辽的茶馆起到了象棋沙龙的作用，不少人在茶馆里学象棋、下象棋，茶馆不仅卖茶喝水，还带动了通辽市象棋的发展，发展了许多象棋爱好者，甚至不乏棋坛高手。

老通辽当年的"五行八作"

　　"五行八作"是旧时人们常挂在嘴边上的一个词。行者,行业之谓也;作者, 作坊之意也。五行指的是哪五行, 八作指的又是哪八作? 其中既有因时不同, 也有因地而异。比方说, 南方有"箍桶匠", 北方气候干燥, 不适合用木桶, 箍桶匠不是得饿肚子? 南方有"篾匠", 主要编制竹器, 北方无竹, 编筐编席用柳条秫秸, 因此叫柳编匠。准确地说, 五行八作, 应该和"三百六十行"一样, 是一个笼统的说法, 泛指社会上所有的行业。

　　通辽建镇之初, 规模不大, 人口不多。但随着城市功能的不断完善和市场的繁荣, 各行各业也应运而生。正所谓"麻雀虽小, 五脏俱全", 举凡生产生活必需的行业无不齐备。而且, 有些其他地方很少见的行业, 在通辽却十分兴旺。

　　随着时代科技的发展和进步, 当年十分兴旺的行业和技艺很多都退出了历史舞台, 有的行业虽仍然存在, 但也从本质上发生了变化。那么, 通辽城当年的五行八作都有哪些呢? 下面简单介绍几个最具代表性的行业。

挂马掌

　　无论是欧洲还是亚洲, 无论古代还是近代, 马匹都是战场上的坐骑, 更是主要的交通工具。但马匹走路久了, 马蹄会磨损, 严重时会导致不能走路。唯一的办法就是在马蹄子上挂掌。在《莎士比亚文集》中记载过一个"一马失社稷"的故事，写的是1485年的波斯沃斯战役中，英国国王理查三世带领军队与里奇蒙德伯爵决战，因少给战马钉了一只马掌，突然马失前蹄，从马背上重重地摔下来，仗打败了，并因此丧失了社稷。后来人们总结出这样的话：少钉一只马掌，毁了一匹战马；毁了一匹战马，败了一场战役；败了一场战役，失去一个国家。可见挂马掌何其重要！由此而知挂马掌行业曾遍布全球。

马掌铺铺面不大，屋子里面有一盘烘炉，用来打马掌和钉子，门外悬挂的招牌也不怎么打眼，只在一块长不到一尺，宽约三四寸的木板上写"挂马掌"三个黑字，下面拴一根红布条吊在铺外。令人奇怪的

挂马掌

是，通辽马掌铺牌子上"挂马掌"的"掌"字普遍写成"㡿"。而一般字典上并没有这字，应该是这个行业自创自用。

马掌铺最显眼的是挂马掌的桩子。三根粗木头架起一个"门"字形，大小高低正好可以放进一匹马。给马挂掌前，先把马牵到桩子内，用绳子将马吊在桩子上梁上，三条腿也照样绑住，以防马踢人，依次只留一条腿，用绳子兜起来。先用快刀把马蹄子削平，按马蹄大小整理好马掌。马掌为半月形，形状如马蹄，上面有几个孔，用来钉钉子。钉子也是特意打造，楔形，从孔内穿过马掌。钉好马掌，马跑起来嗒嗒有声，尤其是冬季，几匹马跑在冻土地上，其蹄声如竹板般清脆悦耳。

马掌铺也给驴挂掌，骡子自然也在其中，只是人们习惯上只叫马掌铺。

皮铺和硝锅

硝锅，就是熬"硝"的作坊。硝是鞣制皮革的必要原料，兽皮经过鞣制会变得柔软。鞣皮子，硝必不可少。

硝腐蚀性强，极具破坏性。通辽地区的土质里含硝量普遍很大，加上当时地下水位高，每到夏天，地上就因硝碱"起泡"，这种现象被称为"返硝"。房屋底部尽管是砖和水泥结构，也因硝碱的腐蚀一层层剥落，俗称"搜根"。因此，当年不论城乡，熬硝的硝锅到处可见，现在科尔沁区丰田乡还有一家叫硝锅的村子。通辽城地处科尔沁草原腹地，周边辽阔的草场，为农牧民饲养牲畜提供了得天独厚的条件。通辽建城后就成了皮革收购和加工中心，发达的畜牧业衍生壮大了皮革业，因此，硝的需求量很大。

那么硝是怎么从土里提出来的呢？

那时候，硝锅都在城外或城边。开硝锅的人只需选个四邻不靠的地方盖两间小土房，只需一个铁耙子、一把笤帚，支起一口大锅，硝锅便可开张。熬硝也很简单。用铁耙子把硝土刮起来，放进大铁锅里加水熬，熬到一定火候，去除熬过的土，再继续熬，直到熬干，锅底部剩下的晶体就是硝和盐，最后把硝和盐分离开。熬硝所得的盐，熬硝的自己不吃，卖到土产杂货铺，商家以比正常的盐便宜的价格出售。

皮铺，可以说是一个古老的行业。皮毛，是人类最初的服装材料。通辽地区是各种皮毛集散地，除牛、马、羊皮外，还有狐狸、猞猁、狼等野生动物皮，每年都有大量皮张集中到通辽，除少量就地加工，大部分销往外地。皮铺生意更是十分兴隆，名满各地。所生产的产品分为皮毛、皮革两部分。皮毛，主要生产皮衣、皮帽子和蒙古人普遍喜欢的白茬皮袄。狐狸皮帽子，多为当地生产。皮革行业更是遍布全城，大的产品如车马挽具、鞍鞯，小的产品如皮鞭捎应有尽有。

硝，还可以用来制炸药，口诀是"一硝二硫三木炭"，说的是硝、硫磺和木炭的比例。抗日战争时期，抗日民兵制作土地雷就是自己熬硝，加硫磺、木炭制成炸药，把鬼子炸得人仰马翻。

棚铺

棚铺仅从字义上就能知道是搭棚子，但那时的棚铺不仅搭棚子，还有轿夫、吹鼓手等，可谓一条龙服务。棚铺主要为婚丧嫁娶服务。每逢有谁家操办红白喜事，都要请棚铺来人搭席棚招待宾客。

棚，用杉木杆搭建在房屋外宽敞的地方，周围和顶上覆盖苇席，可以遮阳挡风，也可以摆放桌凳喝酒吃饭。

棚铺里还有专门糊棚的棚匠。机关单位和一些住砖瓦房又很讲究的人家都要糊棚。糊了棚，既保暖，又美观。糊棚前先要"吊棚"，就是在顶棚下面用秫秸扎一个糊纸的架子，之后，先用报纸或结实、便宜的纸"打底"，最后糊上一层糊棚专用"窝纸"。窝纸，是一种印有单色花卉图案的纸，或红或蓝，简单明快，艳而不俗。

棚铺还附带租借业务，办红白喜事租赁桌椅板凳，甚至饭碗、筷子，在棚铺里都可以租到。

棚铺的日常业务里最繁忙的是搭脚手架。盖房子，尤其是盖较高大的楼房，不能没有脚手架。当年一些小包工头只管招揽生意，组织木瓦匠干活，搭脚手架都要到棚铺雇人，租赁脚手杆。或许在这一点上与木匠、瓦匠、石匠联系密切，棚铺所供奉的祖师爷也是鲁班。既然是一师之徒，合作起来当然会更默契吧。

棺材铺

有生就有死，有死就有葬。无论穷人、富人，死了，都得求一口棺材，免得黄土压脸。所以，尽管感觉晦气，但棺材铺却是一门必不可少的营生。富人死了排场大，棺材也讲究，北方条件有限，不出产楠木等贵重木材，最讲究的也只能是"黄花松"棺材，这种棺材鼓腔，厚重，结实，耐腐烂；但一般穷人买不起，死后只好买口既小又薄的；再穷的，就用一种叫"狗碰儿"的棺材，板厚只有寸许，勉勉强强能装进一个人，甚至伸不开腿。

棺材铺里有专门画棺材头的。棺材正面画上阎罗殿，正中位置留下写"名头"的地方，如果某人的父亲过世，则写"故先考某某某之灵柩"字样，两旁有青松翠柏、金童玉女。棺材天，就是棺材盖子正面及两侧也画上花纹图案。此外，棺材两旁及后身，也要画上青牛、白马、梅花鹿及莲花等。画面以藏蓝色为主，叫"丧色"。死后能拥有一具"花头棺材"，是很多老人最大的愿望。解放后，棺材铺归入木具厂，自从实行火葬，棺材被骨灰盒取代。

各行各业都有自己的行规，约定俗成，代代相传，棺材铺也不例外。打棺材的木匠师傅成年和棺材打交道，已经见惯不惊，有时干活累了，躺在棺材里睡一觉，既安静，又凉快。但他们也有忌讳，一口棺材完工，木匠师傅要抓一把刨花扔到棺材里，不许空着。

买棺材也有规矩，棺材铺是典型的"卖方市场"，一口价，进了棺材铺，从来没有讨价还价这一说。

棺材的作用是装死尸，即便是新棺材，看着也难免心里打怵。但因为名字好，棺材，正是"官"和"财"的谐音，那些出门做生意，求学、求官的人，最希望在路上遇到出殡的，看到一口花头棺材便认为得了吉兆，喜不自禁。最忌讳的是遇到怀孕的妇女，认为是遇到了"小人"，因此避之不及。

枪炉

砂枪是通辽人都熟知的，而枪炉就是做砂枪的作坊。枪炉在当年的老通辽可是个热门行业。"学成洋枪匠，媒人坐满炕"这句民谚告诉我们，那时的"洋枪匠"是多么抢手。洋枪匠，就是制作、修理砂枪的师傅。做砂枪是一项集体性劳动，工序复杂，非一人所能为。一个枪炉少则五六个人，多则需二三十人合作。老通辽最多时有枪炉六七家，其中孟枪炉规模最大。

说起通辽枪炉业，得由砂枪说起。砂枪，过去人们习惯叫"洋枪"，南方人叫火铳，显然是舶来品。大约在1840年之前，随着西洋人的坚船利炮一起来到中国。日俄战争以后，日本、俄国觊觎我国东部蒙古的野心日甚一日，不惜用金钱、武器收买拉拢蒙古上层人士，洋枪开始流入草原。蒙古人喜欢打猎，砂枪又可以保护羊群，因此，那时蒙古人家几乎家家都有一杆砂枪。通辽是科尔沁草原西部中心城市，向外可以辐射至左中、后旗、开鲁、天山、林西、扎鲁特等地，砂枪的销量很大。通辽建镇后，原来在郑家屯、四平、八面城开业的枪炉纷纷来到通辽抢占商机。通辽砂枪成为有名的品牌。

1947年，通辽获得最后解放，骑兵二师驻扎通辽期间组建修械所，其骨干就是当年的"洋枪匠"。二师移防后，修械所移交给地方，组成了"通辽大众铁工厂"，与通辽印刷厂一起，成了通辽最早的两家国营

铁匠炉

企业。该厂后改称"通辽农业机械厂"，但砂枪一直是该厂主要产品之一。直到20世纪60年代，随着单筒猎枪、双筒猎枪问世，砂枪才逐渐退出了历史舞台。

染坊

民国初期直到解放前，虽然有"洋布"大量涌入，但通辽老百姓还是喜欢结实、便宜的土布。一直到解放后，很多人家仍然用土布染成的麻花布做被面、褥面。所谓土布，就是家庭手工织造的白坯布。为了美观起见，土布织好后需要染色。染坊，就是染布的作坊。

在通辽从事染纺业的都是唐山地区昌黎、滦县、乐亭一带人，俗称"老奤儿"。染布采用的是蜡染法。蜡染法需要事先刻制好带有各种图案的模板，铺在白坯布上面，在不需染色的地方涂上一层蜡后，再放到染缸里染色。染好后，把布放到热水里，把蜡去掉，布坯就变成了蓝底白花的图案。在染色的过程中，作为防染剂的蜡会自然龟裂，使得布面上呈现一种特殊的"冰纹"，每一块布上的花纹都是独一无二的，绝无重复。

染布用的染料只有一种颜色，是使用天然植物提取的蓝靛，天然植

物染料色泽艳丽，越洗越鲜亮，绝不褪色。染坊需要很大的院子，除了很多口大缸，还要支起一排排高高的架子，用于晾晒染好的布。染布前需要事先看好天气，否则，布没染完，或正在晾晒时下起雨来，就会造成损失。

染好的布叫"麻花布"，深得群众喜爱，那时几乎家家都有几床麻花被面、褥面。只可惜，自解放初通辽的染坊就已绝迹，如今，在南方少数民族地区已经把蜡染、扎染等当成工艺品。

糖坊

糖坊主要生产"糖稀"，是从麦芽里提取糖的一种工艺，糖稀主要用于糕点制作。解放后，工厂铸造较大铸件用的砂芯也需要糖稀。把糖稀拌在沙子里，砂芯经过高温烤制后就会十分坚硬。

糖稀最为人熟知的作用是"吹糖人"。吹糖人的挑着挑子走街串巷，挑子一头是一个带架的长方柜，柜子下面有一个半圆形开口木圆笼，里面有一个小炭炉，炉上有着一把大勺，大勺里装着糖稀。木架分为两层，每层都有很多小插孔，为的是插放糖人。这玩意儿好看、好玩，玩完后还能吃。可以买现成的，也可以按要求做出各种小动物。什么小鹿、金鱼、耗子、灯笼等，最惹孩子喜爱的是孙猴子。孙猴做好后，要在猴背上敲一小洞，倒入些糖稀，再在猴屁股上扎一小孔，让糖浆慢慢地流出来，下面用一个小江米碗接着，用小江米勺舀碗里的糖稀吃，直到糖稀流完或冷却凝固，则连孙猴以及江米碗、勺一块吃掉。这套玩意儿称为"猴儿拉稀"，最受孩子们欢迎，不过价格要比其他糖人贵一些。

胶坊

胶坊是生产水胶的作坊。胶，有鳔胶、水胶等多种。通辽的胶坊专门生产水胶。

水胶是一种黏结剂，主料为驴皮、牛骨等。通辽建镇后，很快成为物资集散中心，周边牧区牛、羊、马、驴等都要通过通辽镇转销外地，牛骨、驴皮等制胶原料就地转化，成就了多家胶坊。制胶过程很是辛苦，最主要的是气味难闻，腐烂的骨头、皮张在熬制时，发出难闻的腥臭味，老百姓都不愿意与其为邻。

熬好后的水胶呈薄片状，棕红色，微透明，用热水可以将其融化开。现在因为有了各种现成的101、粘得牢等成桶的胶，用时打开就行了，很方便；而过去的木匠打造家具时都要用水胶，水胶使用时比较麻烦，得先要将胶化开。化胶时为了防止把胶熬糊，要有一个双层桶，外层加水，里层为清水和胶块，经加热后胶就成了糊状。旧时打造的家具多年不开裂，有时即便是木板裂开，也不会从胶缝处开裂，就是这种水胶的妙处。

草料窖子

草料，就是牲畜饲料；窖子，指用于贮藏的人造空间。草料窖子就是把草晒干、铡碎，贮存起来赚钱的生意，并且只经营草。

通辽城里养牲畜的人家很多，一些商号也自己栓大车、毛驴车，加上进城办事的农牧民也要赶车、骑马，每天大街上车辚辚，马萧萧，还有高大的骆驼混杂其中，这些，都是草料窖子的主顾。

草料窖子属于小本经营，两三间临街房，几把铡刀，雇佣几个人足矣。但是要有一个宽敞的后院，用来堆放草料和干活。用铡刀铡草需要两个人，一个人按刀，一个人续草，往里续一点，铡一刀。俗话说，要想牲口快长膘，寸草也要铡三刀。铡出来的草要短而且要匀。这也是一件危险的活计，续草的人要精力集中，如有不慎，就会铡掉手指，甚至连手腕一起铡掉。

草料窖子的草是收购来的，当时，有人专门以打草为生。一把镰刀，一根扁担，两根绳子，到城外"打穰草"，通辽话叫"打羊草"。有买青草的，就直接卖掉，否则就卖给草料窖子。草料窖子收草有要求，马皮子草、碱草、谷莠子都可以，但不能夹杂水稗子和蒿子。水稗子含水分大，牲口吃了容易拉稀，蒿子秆硬，牲口不吃。

绳铺

绳子，大家都不陌生，最初一代闯关东的人，大都是挑着"八股绳"来的。至于后来走街串巷收破烂的、卖青菜的、货郎等，也都是靠"八股绳"挑着两只筐子。那时，家家都有两只柳条编的"土篮子"，单只可以挎在胳膊上，要挑起两只土篮子，就要在梁上拴上绳子。所以，过去哪家都有几根绳子，赶大车的出门时，车上也要带几根粗绳子。

纺麻绳要用麻。麻分为青麻、线麻两种。青麻纤维粗，适合纺粗绳，线麻纤维较细，沤好后白净，多用来纳鞋底。绳铺所用的多为青麻。

绳铺加工的绳子有粗细之分：细的，细如筷子头；粗的直径七八分，叫煞绳。较细的绳子日常用得较多。当时城里也烧柴火，一到秋后，农村人赶着大小车辆，拉着高粱秸、玉米秸、引火的茅草进城卖。很多人家都自己打柴。两条绳子，一把镰刀。打完柴，用绳子捆好，或背或挑。粗绳子赶大车时用得较多。如果车上的东西装得又高又多，就得用绳子捆牢。人的力气毕竟有限，有弹性的绳子很难捆结实，这时就得用"绞锥"。绞锥是木头做的，半米多长四五寸粗，一头带尖。用绞锥别住绳子再转动绞锥，直到把绳子别紧。现在的大货车拢货物多用手动葫芦，拉动链子紧固绳子，比过去轻松多了。

绳铺需要宽绰一点的地方，相距很远固定两个木架子，两头有摇把子，分别有人摇动摇把子给绳子"上劲儿"，一边续麻，一边摇。先拧成细绳，再把几股细绳拧成粗绳。

柳编匠

北方不产竹子，也没有藤条，只能因地制宜。西辽河边上有许多柳树，既有长得高大的乔木，也有被人称为"柳树毛子"的灌木。适合柳编的是灌木。割柳条都在秋天，柳条长成以后，把柳条割回来，去掉表皮，就可以编制各种筐。别小瞧普普通通的柳条，经柳编匠巧手一编，就成了经济实用的筐、篮子。

最受妇女喜欢的是一种较小的篮子，样子就像画上的花篮，鼓肚，收口，散沿上编着花边。编得精美的篮子甚至舍不得拿出来用，只拿它装糕点和好吃的东西。那时，耗子多，为了防备耗子偷吃（其实也防备小孩子偷吃），要把篮子吊在房梁上，用的时候用杆子挑下来。

那些较粗的柳条也有用处，就是编柳条笆，可以当围墙，更多的是做"房笆"，就是盖房的时候顶替秫秸。

解放后，柳编匠入了集体性质的柳条社，为了解决他们的生计，把西辽河边上一块柳树林拨给他们。这片柳树林西起西大壕，东至交通路西侧老飞机场，南起霍林河大街，北至辽河大堤，是一片典型的柳树毛子。

推脚车

推脚车是指这个行当，车叫手推车。脚行，古已有之，"车、船、店、脚、牙，无罪也该杀"，脚行是其中之一。但当时所说的脚行，与推脚车不可同日而语。把手推车叫作推脚车，大概是源于这种车既不用骡马毛驴，更没有其他动力，主要靠双脚。手推车很简单，一个二寸铁管焊的架子，两只轮子，一米多长的车把；车架子上铺着两米来长的木铺板。别看样子不起眼，却是很多年里城里物资运输的主力，最多时，以推脚车谋生的有百十来人。通过铁路运到通辽的各种物资，大到钢铁、木材，小到日用百货，都是用手推车运送。有的钢材较长，达三米，木材有的直径八九十公分，长五六米，一辆手推车无法完成，就把两辆车拼起来，一辆小小的手推车，能装载一吨多货物。

推脚车的也有"便民项目"，解放后，为了缓解家庭经济困难，不上班的妇女都要养猪。酒厂的酒糟是喂猪的上好饲料，也就成了抢手货。当时按月给每户发"酒糟票"，到酒厂买酒糟的人满为患，许多上班的人没时间，就由推脚车的专门按户收酒糟票代买代送。因为"客户"稳定，收入也就有了保证。老北门有一个叫赵信的，夫妇俩就一度专以送酒糟为生。

做烟袋杆　磨烟袋嘴

抽旱烟，是东北人的习俗。"十七八的姑娘叼着大烟袋"，被称作"东北三大怪"之一。东北冬天寒冷漫长，农村人秋收一完，就进入漫长的"猫冬"。在没有多少娱乐活动的年代，抽烟，也是消磨时间的一种方式。

早些年，蒙古人习惯吸鼻烟。鼻烟，也是烟草，只不过是研成粉状后，用鼻孔吸。这一习俗成为贵族专属，也越来越讲究，不仅有一整套敬烟礼仪，还研制出各种材料的鼻烟壶，翡翠的、玛瑙的、玻璃的、料器的，不一而足，而且出现了极其珍贵的"内画"技艺，以至于后来不再吸鼻烟，用来盛装鼻烟的鼻烟壶却成了珍贵的文物。

抽烟的人多，就火了黄菸铺，临街开店，堂而皇之，黄菸铺里不仅有本地种植的黄烟，也有从外地运来的"关东烟"。解放后，各行各业都"公私合营"，进了集体企业，但一直到"文革"期间，在和平路与中心大街路口西北角，还保留一家个体黄菸铺。

烟袋，是早些年抽烟必不可少的工具。著名歌唱家郭颂在《新货郎》里唱道："老大娘见了我也能满意。我给她带来，汉白玉的烟袋嘴，乌米杆，还有那锃明瓦亮的烟袋锅。"这是东北农村风情的生动写照。

烟袋，因使用者的身份、地位、经济条件不同有大小之分，质量之别。

烟袋由烟袋锅、烟袋嘴、烟袋杆三部分组成。烟袋锅，多为铜铸，简单的没有花纹，复杂的镂刻有莲花、牡丹等图案。烟袋锅不大，铸造工艺相对复杂，所以都是外进。烟袋嘴是烟袋上三大件中最值钱的，材质有玉石、玛瑙，也有铜的或一般石头的。老北市场里曾有一家磨烟袋嘴的铺子，用一种叫"砣子"的东西，一边用脚踏，使其旋转，一边磨或钻孔。好的烟袋嘴价钱很高，不是一般人所能接受。一个玛瑙烟袋嘴可以换一头大牛。蒙古人对好烟袋嘴情有独钟。好烟袋嘴，镂花烟袋锅，一尺来长的烟袋，拴上五色飘带，别在腰带上，格外精神。

烟袋杆价值不高，但不可或缺。通辽城里做烟袋杆的铺子不止一家。郭颂在歌里唱的"乌米杆"是说烟袋杆的颜色。乌米，是农作物的一种病，由真菌引起，学名"黑穗病"，高粱、谷子上的乌米刚长出来时，和正常的高粱穗或谷子穗一样，直到外面的包皮裂开，露出光滑雪白的乌米表皮，里面是黑色可食部分。玉米乌米长在玉米穗顶部，像一个瘤子。高粱、谷子乌米可以吃，有一种特殊的清香。老通辽有一句歇后语：打乌米的眼睛——净往上瞅，指专门结交上层或有权势者的人。通辽地区过去的庄稼多有乌米，严重影响了粮食产量，原因就是臭名昭著的日寇七三一部队里，有一伙人专门从事黑穗病研究，不过，不是为了防治，而是利用黑穗病攻击敌国。东北及通辽当年黑穗病严重，就是他们搞黑穗病病菌试验的结果。至于有人把"乌米杆"说成"乌木杆"则大错特错。

烟袋杆的材料是一种生长在东北叫"老鸹眼"的树木，学名鼠李。有高大的乔木，也有长成两米多高的灌木，褐色的表面带有花纹。更难得的是，树枝中间有芯，像软木一样。把木杆晒干后，用铁丝就可以轻松地把芯去掉，粗细正好做烟袋杆。烟袋杆铺子就是把"老鸹眼"经刷漆后，按要求截成不同尺寸。有带着烟袋锅、烟袋嘴来的，负责给装配好。试想，这样一种简单的工作，如何会成为一个行当，并借此养家糊口？关键是老通辽及周边农村抽烟的人多，烟袋杆销量大。

不同身份的人选择不同长度的烟袋杆。长的，与矮个老太太身高差不多；短的，只有一拃长。最常见的，是七八寸或一尺左右的。干力气活的人使短烟袋，工作比较清闲的使长烟袋。至于超长的眼袋，肯定是家里有儿媳妇、孙子媳妇的老太太，玩的是"谱儿"。烟袋长了，不仅装烟费劲，点火时自己也够不着，需要别人帮忙，身边没有人，烟就抽不成。老太太盘腿坐在炕头上，说话，抽烟，喝茶水；儿媳妇站在一边伺候着，显示的是一种权威感，一种"多年媳妇熬成婆"的荣耀。抽烟，吐沫就多。抽烟的老太太多练就一手"绝活"，坐在炕上一扭头，"吱"的一声，吐沫就射出去老远。过去有人开玩笑，管这叫"鸭子窜稀"。

代写书信

写信，读信，似乎还是刚刚过去的事，自从人人手里攥着一部手机，不管千里万里，手指一动，两个人就像面对面说话一样，真是方便极了。但是，当年读信那种感觉，那种亲情却越来越淡，越来越远了。

过去，识字的人少，很多家庭一大家子都是"睁眼瞎"，有的念过几天书，时间长不用渐渐忘记了。有一句老话，叫"斗大的字不识一口袋"。通辽人说成"斗大的字不识一土篮子"。别说写信，就是念信也念不下来。家里人难免有在外面当兵、工作的。通个消息，报个平安总免不了。还有往家捎寄钱的，也要写一封信，告诉家里一声。这就苦了那些不识字的人。接壁邻居有识字的还好办，没有，就只得找代写书信的，花几个钱，叫人家代写。

代写书信都在邮局。一张小桌子，一支毛笔（后来换成蘸水笔），一沓信纸，就是全部家当。桌子上放着一块小牌子，写着"代写书信"几个毛笔字，算是招牌，也是满通辽城最小、最不起眼的招牌。夏天，在邮局外面，找一个有树荫的地方，既不吆喝也不喊。没客人时，边扇着扇子，边瞧马路上的热闹。到了冬天，外面冷得伸不出手，就到邮局营业室找一个角落等着客人上门。

代写书信的都是上了一些年纪的人，赚钱不多，图的是有个营生，打发日子。写信、寄信，是两个相连着的程序，所以，邮局给他开了方便之门，允许他免费占一块地方。

有人来写信，要先问清是给对方写信，还是回信。如果是回信，要先帮着读信，然后问清回信的内容。写好后，再一字一板地念一遍。凡是到那儿写信的，一般不会在遣词造句上挑毛病，只要把要说的话写清楚了，就付钱走人。

老通辽的老旱烟

饭后一袋烟，赛似活神仙

旧时，人称东北有三大怪：窗户纸糊在外，养活孩子吊起来，十七八的姑娘叼着大烟袋。通辽毗邻东北，早期移民也有很多是来自辽宁、吉林的，生活习俗与东北无异。抽烟，是东北人普遍的嗜好，人人手中都有一杆烟袋，就连七八岁的小孩子也会鼓捣几口。

旱烟，据说原产于美洲，明代万历年间由菲律宾传入我国。因其独特的刺激性而受人青睐，得以广泛传播。地不分南北，一度以吸烟为时髦。吸食旱烟成了国人茶余饭后的一种消遣方式。手持一杆旱烟枪喷云吐雾，其乐陶陶，当时，流传一句顺口溜，叫作"饭后一袋烟，赛似活神仙"。

抽烟的人总有各种借口，累了，抽一口烟解解乏；困了，抽一袋烟精神精神；冷了，抽一袋烟暖和暖和；一个人闲暇无事，抽一袋烟解解闷儿；在一起，互相让一袋烟显得浑和（"红火"之意）。

其实，东北人大多数人抽烟，有更深层次的原因。那就是冬季漫长寒冷，数九寒天，外面冷得伸不出手，除了迫不得已，大多数人选择躲在屋里"猫冬"。坐在热炕头上，妇女们成帮结伙做针线，男人们掷骰子，推牌九，都手里不离一杆烟袋。小孩子、大姑娘在这种环境下，受好奇心驱使，也要尝试一下，大人们对此绝不反对呵斥，反而怂恿、支持。用不了多久，就有一个瘾君子出现。

还有一个原因，就是抽烟成本不高。在农村，房前屋后选一块空地，随便种上几垄，足够一家子抽一年。种的多了，还可以拿到集市上去卖，换回几包洋火，二斤洋油或者打几斤酒。即便在城里，早些年空闲地方也不缺，勤快人围起大院子，种点黄瓜茄子大葱，还不忘种几垄旱烟。

当然，城里种旱烟的毕竟不多，大多数人只得花钱买。旱烟有很多品种，不同的土质种出来的旱烟也不一样。最便宜的属"蛤蟆癞"，劲头有的"薄"，有的"冲"，但都有一种臭味，十分难闻，但因为便宜，还是有

妇女在抽烟

人买。最有劲的属"小叶红"，有人夸张地说，抽一口能把脑瓜盖子顶开。不是烟瘾特别大的不敢操弄。最好的烟当属"关东烟"，关东烟里最好的要数"蛟河烟"，当年的很多店铺都经销旱烟，也有专门卖旱烟的黄烟铺。不同的是，黄烟，众约俗成，一律写成黄菸。由于抽烟的人多，旱烟销量相当可观，据1919年资料显示，这一年外进"叶烟草一万斤"。1919年通辽通火车以前，黄烟都是从吉林、辽宁等地经郑家屯转运过来。

鼻烟壶　烟袋　烟荷包

清代，满族、蒙古族讲究吸鼻烟，把烟碾成粉末，加香料。吸鼻烟的时候，先把一小撮鼻烟倒在手指上，放在鼻孔下用力一吸，在鼻烟的刺激下，立即会打喷嚏。

由于吸鼻烟最早为贵族推崇，就产生了专门装鼻烟烟料的鼻烟壶，

材料繁多而讲究，竹子、瓷器、料器、玉石、玛瑙等。后来，又发展为"内画"鼻烟壶，即在烟壶内壁绘画山水人物，由于绘画精细，以至于鼻烟消失后，鼻烟壶却以艺术品的形式久为流传。鼻烟流入民间后，逐渐形成一种特有的风俗。蒙古人见面，要相互交换鼻烟壶，挖取一撮鼻烟吸食后，再仔细欣赏对方的鼻烟壶，连连夸奖，以示对对方的尊重。

旱烟由俄罗斯传入我国北部边疆，并很快流传。中国人干什么都要讲究形式，何况抽烟这种上至皇帝高官，下至平民百姓的"全民爱好"。

抽烟，要有烟袋。《大宅门》里的白老七就有一根长杆大烟袋，无疑是身份的象征。《铁嘴铜牙纪晓岚》更是手不离烟袋，而且是金杆烟袋，更是显示出他的与众不同。

烟袋杆，南北方各有不同。南方产竹，烟袋杆以竹子为主。有带斑点的斑竹，有精致的湘妃竹，也有红木、酸枝木烟袋杆，比竹子的讲究。靠山吃山，靠水吃水，通辽周围有一种灌木，叫"老鸹眼"，也叫"臭李子"，别看名字难听，却浑身都是宝，作为药用，有清热解毒、泻下杀虫、止咳祛痰的功效。更绝的是它的细枝干，仿佛是专门为制作烟袋杆而生，它的里面有很软的芯，很容易弄掉，两端稍作加工即可安上烟袋锅、烟袋嘴。一般老百姓不讲究排场，只求实用，不用涂漆即可使用。

因为有需求，城里就有了烟袋杆制作匠人和专门出售烟袋的铺子。铺子门前高挂一个造型夸张的大烟袋，下面拴一根红布条招徕顾客。铺子里出售的烟袋杆要美观得多，外面涂上黑漆，还有暗红色花纹，像虫子爬过的痕迹，随意而自然。

烟袋锅以黄铜居多，也有白铜的。根据烟袋大小，烟袋锅也不同。区分烟袋锅品质高低，要看上面的花纹。高档的烟袋锅，周身刻满花纹，十分美观，仿佛是一件精致的工艺品；普通的烟袋锅无任何纹饰。

烟袋最讲究的还是烟袋嘴，一般的烟袋嘴为普通石头，高档的烟袋嘴有玉石、玛瑙、翡翠。有钱人常常为拥有一个好烟袋嘴骄傲。玉石、翡翠、玛瑙烟袋不仅好看，实用性也强，含在嘴里温润，有绵软感，即便在寒冷的冬季，叼在嘴上也是如此。

　　最讲究好烟袋嘴的莫过于蒙古人，很多人不惜高价购买。按照当时的物价，一个好烟袋嘴可以换一头大牛。过去，蒙古人进城，身穿蒙古袍，腰带上挂着好几样东西：蒙古刀、茶叶口袋、枪沙、火药、烟荷包、火镰，当然还有旱烟袋，斜着别在腰袋上。蒙古人的见面礼也与烟袋有关，行礼过后，年轻的要向年长的敬烟，从烟荷包里挖出一袋烟，撩起袍子大襟，把烟袋嘴擦干净，双手递给对方，再打着火镰给对方点着。朋友相见或彼此不熟悉，先把烟锅装满按实，相互交换烟袋。抽上一袋烟，夸奖几句"好烟"，以示友好。

　　烟荷包，又叫烟口袋。汉人的烟口袋很随意，不讲究，大多数人是用布随便缝一个。高级一点的是皮的，三伏天返潮，旱烟变得黏黏糊糊，装在皮口袋里烟就干爽多了。蒙古人的烟荷包十分精美，长七八寸，三寸多宽，上口抽褶。最美观的是烟荷包上口一侧缀有两个绸条，大红大绿，配上黑色烟荷包，十分醒目。挂在腰带后部，走起路来随风摆动，成为一道风景。烟荷包两侧绣着各种图案，荷花、牡丹、缠枝花纹等等。烟荷包大多为婚前情人所赠，属信物，因此十分珍惜。

喇叭筒　烟斗

　　1945 年之后，出现了用纸卷烟，不用随身带着烟袋，方便实用。不过，这种方法是舶来品，和"大鼻子"有关。

　　1945 年 9 月，苏联对日宣战，大批部队浩浩荡荡开进中国东北。至今，有两件事人们记忆犹新，一是"跑大鼻子"，二就是卷旱烟。

　　"跑大鼻子"，是指一部分苏联红军所到之处，随意骚扰妇女。他们肆无忌惮，奸淫成性，甚至不分老幼，上至七八十岁的老太太，下至十几岁的孩子，一律不予放过。当时，一听到"大鼻子"来了，妇女们闻风丧胆，纷纷逃之夭夭。当时，很多年轻的姑娘剃了头发，脸上抹着锅底黑，终日不敢出门。据老年人回忆，"大鼻子"每到一户人家，把枪放在门口，进屋搜寻妇女，不幸被他们见到，难逃一劫。

　　据说，这部分苏联红军是在战争中被俘不久的"白俄"，军纪很差。后来因影响恶劣，进行过整顿。但给东北妇女造成的伤害，已无法弥补。

用纸卷旱烟，也是那个时候由"大鼻子"带来的。"大鼻子"卷旱烟喜欢卷"喇叭筒"，即先把一条白纸卷成喇叭状，再往里面塞旱烟。随后，再把底部折一个弯，俗称"噘嘴桦"。

后来，人们普遍学会了这种方法，并有了新的发明：先把烟末撒在纸条上，然后再卷起来，捏住一头用手指捻，抽烟纸呈螺旋状，所以叫作"步步紧"。还有一些人手比较笨，不会卷，把烟末撒在纸条上，卷成两头一边粗，然后用吐沫粘好，被斥之为"吐沫抿"。

现在看起来白纸很普通，在过去的年月，并不是随处可见。一些瘾君子为了抽一口烟，可谓费尽心机，包装纸、报纸、"洋黄历"（日历本）、学生写过字的作业本，几乎所有的纸都用来卷烟。其实，有些纸是不便于卷烟抽的，有的纸卷烟，抽起来会有一股难闻的气味，有的纸卷烟"要火"。但因无法抵御烟瘾的诱惑，只能在所不惜。

烟斗，也是由国外传进来，在知识分子当中似乎更受青睐。钱钟书在《围城》里曾经说过："英国导师一边抽烟斗，一边跟学生谈话的。"此外，斯大林也是手不离烟斗，文章记述他和高尔基，他们"一个叼着烟斗、一个吸着烟卷，单独聚在一起，喝着葡萄酒，一谈就是几个小时"。相形之下，中国人好像更钟爱烟袋，拿着不同材质、不同尺寸的烟袋，成为旧时人们不同身份的证明。

五花八门的"火"

抽烟离不开火。百年来，火的使用发生了很大的变化。

火镰，是早些时候人们最普遍的点火工具。火镰是把一块铁条镶嵌在一小块木头上，要打火的时候，先用一块火绒放在火石（燧石）上，通过火镰的用力摩擦打出火花，点燃火绒，然后把正在冒烟的火绒按在旱烟锅子上，就可以用力地抽起来。这是一种比钻木取火稍微先进一点的取火工具，它消失的时间距现在只有七八十年。

火绳，是在家里常用的点火工具。秋天，采来艾蒿，晒干后搓成绳子，盘成一盘，使用的时候吊在房梁上，抻下一头点燃，艾蒿就长久不熄灭。艾蒿多在夏天使用，因为它还有一个特殊功能——熏蚊子，点燃后会散发出淡淡的香味。当时，无论城乡，几乎家家必备几捆艾蒿绳。

到了冬天，点烟换成火盆。火盆是一种取暖用具。火盆有自己烧制和买来的两种。烧制火盆很简单，用黄泥做成一个泥盆，大小和二盆差不多，比二盆厚，将其埋在柴堆里点着，慢慢烧。这是一种简单的制陶方法。因为在此后的使用中离不开火，也是一个慢慢的烧制过程，只要精心使用，会越来越结实。买来的火盆是用生铁铸造的，结实、耐用。当时，家家户户都烧柴草、苞米秸秆，烧火做饭之后，把未燃尽的草木灰掏出来，装在火盆里，想让屋子暖和点，就把表面的灰拨开，不用了，就用烙铁把表面拍实。冬天，围在火盆边上，边聊天边吸烟，或是在火盆里烧土豆，烧黄豆，烧苞米粒，是常见的生活场景。

后来，城里逐渐使用火柴。最初，因为火柴都是日本货，人们叫它"洋火"，也叫"取灯"。最早的火柴并非"安全型"，灰白色的火柴头随便往哪里一划，"呲啦"一声就着了。较粗糙的石头，"洋灰"地面、窗台，轻轻一划就着。在野外，抽烟的人经常在自己的鞋底上划火柴。

火柴不算贵，但使用量很大。通辽建镇第十个年头，每年需从郑家屯转运火柴一千五百箱。

打火机的出现要晚一些，最初，只是少数当官的，拿薪水的人使用。因为打火机要用汽油、火石，购买、贮存都有点麻烦。最初只是城里的少数人使用，也算得上是一件奢侈品。这种使用打火石、汽油的打火机一直用了几十年，20世纪80年代逐渐被气体打火机取代。

如今，卷烟逐渐代替了旱烟，即便到农村，烟民拿在手里的也大多是"过滤嘴"，烟袋、烟嘴都成了收藏市场里的商品。至于烟斗，由于制作精良，材质讲究，更是人们收藏的对象，大街上还有专门出售烟斗的商店。随着戒烟令的实施日渐深入，全面禁烟恐怕是迟早的事，那时候，以往随手使用的吸烟工具，也只能到博物馆里去找了。

老通辽居家必备的物件

"三十亩地一头牛，老婆孩子热炕头。"这是过去挂在人们嘴边上的口头禅，也是众多老百姓追求的目标。条件不算高，算得上是那个年代的"小康"水平。

也有人说："不对，应该是三亩地一头牛。三十亩地，不是发了吗？"要是放在河北、山东，有三亩地也就该满足了，但是在老通辽不行。要知道，当年放荒时，买地要论"方"。三亩地，手脚勤快一点，房前屋后随便刨点地也不止啊。

在这个追求里，三十亩地是硬件，没有白花花的银子，土地就是奢求。好在通辽地面养人，地广人稀，早些年，一到农忙季节，雇榜青的劳力都困难，那些好庄稼把式就成了抢手货，有些地主不惜代价把他们挖到手。一些靠牙缝里省出钱来成了小财主的，杀了猪，老婆孩子没有份儿，要可着榜青的吃。农忙季节，老婆孩子吃稀的，榜青的吃干的，工钱自然也不会低。在早些年的通辽一带，吃几年苦，受几年累，攒上几亩地，不是神话。有了土地，再加上一身力气，娶媳妇、生孩子，是水到渠成的事。

叫现在的年轻人不能理解的是，为什么把"热炕头"当成追求。对于那些睡惯了席梦思，甚至没见过火炕的年轻人来说，当然难以理解热炕头的妙处。

　　火炕家家都有，样式有所不同。人口少、房子小的，只有一铺南炕。倘若是三间房，有盖成两头住人，中间是灶间的；也有灶间靠一头，大屋修"连二炕"的。还有的人家修南北炕，南炕自家住，北炕租出去。

　　通辽地区冬季寒冷，不是现在的人们所能想象的。在没有供暖设施

火炕

的年代，火炕，就是土暖气。当时，看一户人家是不是"过日子人家"，只要看一看院子里的柴火垛就一目了然。如果男人能干，女人勤快，秸秆垛、柴草垛不仅高大，而且堆放得整整齐齐。

　　说到这里，有人会说，写老通辽城，怎么写到农村去了？其实，无论是最初的通辽镇，还是建国后的一段时间内，除了不种地，居住条件、生活习惯等与农村大同小异，烧柴，烧秸秆、蒿草，家里不仅养鸡、鸭、猪、狗，还有的人家养牛、马、驴、羊。家里有连二炕、南北炕的人家不在少数。

　　火炕的好处就是做饭用的火不浪费。如果屋子大，天冷时做饭的火不够用，还有"门灶"，就是在炕沿墙下直接往炕洞里烧火。搭炕面很少用砖，而是用手工做的土坯，土坯厚，一旦烧热，一时半会儿不凉。躺在热炕上睡觉，暖和、舒坦，是一种难得的享受。烧火就会有灰，这些草木灰经燃烧后，不会再冒烟，但并没有燃尽，于是就有了火盆。

废物利用话火盆

　　通辽早年的火盆都是自己做的。找一只大小适中的盆做模子，扣过去，用黄泥一层一层往盆上糊，把泥均匀地糊到手指头厚，磨平滑，待

黄泥稍干，取出做模子的盆。架起一堆柴火，把泥盆放在柴火里。把柴火点着，火盆就烧成了。不过，这样的火盆虽然经济，却不结实，禁不住磕碰。后来大都换成生铁铸成的火盆。

火盆比脸盆稍大，稍深，上面有散沿。把灶里未燃尽的灰用掏灰耙扒出来，装进火盆里，先搬到外面等待灰烬里的烟散尽再搬到炕上，热气就一点点散发出来，不急不躁。从滴水成冰的外面回来，摘掉"手闷子"，在火盆上烤一烤，顿时血脉通畅，暖遍全身；把一把铁壶坐在火盆上，就着火盆喝

围着火盆抽烟闲聊的妇女

热茶，更是其他东西所不能替代的。

与火盆相伴的，是一只烙铁，前头是三角形，连着一个长长的把子。烙铁也是生铁铸的。平时，用烙铁压火盆里的灰，压得严实一点，热量就散发得慢，必要时，把表层的灰拨拉开。有了火盆，妇女们熨烫衣服就方便了，把烙铁插到火盆里，一会儿工夫就烧热了。

火盆还可以派别的用场：把土豆、地瓜埋在火盆里，等散发出香味时扒出来，不糊不焦，火候正好，顿时满屋子清香。还可以烧苞米粒，把苞米粒浅浅地埋在灰里，一会儿工夫，就听"啪"的一声，苞米粒从灰里自己跳出来，已经变成"爆米花"。

火盆还有一个妙用，就是点烟。那时人们都抽烟袋，装好烟，用小

钳子拨开火盆顶层的灰烬，夹起一点火放在烟袋锅上，烟就点着了。可别小看这点功能，在当时可算得上大用场。早些年，点火用火镰，就是通过击打燧石引燃艾绒，再用嘴吹出火苗。后来燧石被"洋火"取代。"洋火"，老百姓又叫"取灯"，早些年的火柴不是"安全火柴"，使用起来方便，取出一根，随便往砖头、鞋底上一蹭，"呲儿"的一声就着了。虽然是方便了，但要花钱买，有的人家用鸡蛋换，一个鸡蛋换一盒火柴。一向提倡节俭的人们，能不用洋火时尽量不用。

想点烟，当然还有别的方法，晚上，用油灯。后来换成"洋油灯"。每家的墙上都有一个"灯窝"。就是在墙上预留一个放油灯的地方。油灯样式多种多样，有买现成的，也有在碟子里放一点油，把棉花捻浸在油里的。灯，要挂起来，所谓"高灯下亮"，但灯底下不能干活看书，这叫"灯下黑"；至于后来出现的"马灯"，则是大户人家才能用得起的。到了晚上，妇女做鞋、补衣裳，孩子看书、写作业，都围着油灯。袅袅黑烟无声无息地飘散，到第二天早上再看，个个脸上挂着一层黑油渍，鼻孔里都是黑的。有人说，不是有蜡烛吗？蜡烛，那时也算得上是"高档消费"，叫"洋蜡"，除了逢年过节敬神佛祖宗，平常日子不会轻易买蜡烛照明。

夏天没有火盆，点烟怎么办？

夏天，家家户户都要点起"火绳"。到郊外割回艾蒿，晒到半干时搓成手指粗细的绳子盘成一盘，用的时候，把火绳挂在房梁上，抻出一头点着。艾蒿的好处：一是不"要火"，只要点着了，就不会自己熄灭；二是可以当蚊香。随着一缕青烟袅袅飘散，屋子里到处弥漫着淡淡的艾草香。真可谓经济实惠，卫生环保。绝对纯绿色，无污染。

绿色环保"拍笸箩"

居家过日子，免不了浆浆洗洗，缝缝补补。尤其是孩子多的人家，妇女几乎天天要补衣服，缝袜子。因为随时都要用，做活的家伙就放在身边，剪子、各色棉线、缝衣针、锥子、袜底托。有的人家还有花撑子。这些物件都要放在一个笸箩里，叫针线笸箩。针线笸箩不拘大小，以轻便为主。式样则是五花八门，有用柳条编的，有用木头钉的。但最具特色的，是自己"拍"出来的筥箩。

除了针线筥箩，还有烟筥箩，也是家家炕上必备的。把事先挫好的旱烟放在筥箩里，用起来方便。出门抽烟，就得带上烟口袋了。

拍筥箩首先要准备好废纸，把旧书本、旧报纸泡在水里，慢慢变成纸浆。找一只大小适中的盆，把泡好的纸浆均匀地敷在盆的外壁上边敷边拍实。在纸浆厚度合适时将其晒干，取出里面做模的盆，一个纸盆就成型了。接下来就是美化，把边缘弄整齐，在表面糊上一层白纸。最后，用彩色纸剪出蝴蝶、鸳鸯、荷花、牡丹、盘肠等图案贴在盆上。一只轻便耐用又不失美观的纸盆就"拍"好了。

没有风镜不出门

说起太阳镜、蛤蟆镜以及各种各样的眼镜，现在的年轻人不会陌生，但很少有人见过一种叫"风镜"的东西。虽然例如"摩托镜"之类也有防风沙、保护眼睛的作用，但与老式风镜相比，已不可同日而语。风镜，从眼镜家族中被淘汰已经近半个世纪，过去，却是老通辽家家必备的物件。

现在，经常会听到"沙尘暴"一类词，一听到沙尘暴来临，畏之如虎。在上了一点年纪的老通辽看来，现在的沙尘暴比起四五十年以前的大风来，简直是小巫见大巫。那时的大风一刮起来，什么"天昏地暗""日月无光""飞沙走石"，任你怎么形容都不过分。北门小学门前有两颗大柳树，需五六个人才能环抱，其中东侧那棵大树就是在一场大风中被拦腰刮断；学校院内的老爷庙大殿前有两通石碑，通体青石刻成，高近三米，完好无损，一场大风竟然把西侧那通石碑也生生刮倒。

老通辽的风不仅大，而且多，春天一到，隔三岔五就刮上一场。刮大风，成了人们心中的一块心病，以至养成了在有月亮的夜晚出门时，首先抬头看天的习惯。如果月亮的周边有一个大大的黄圈——通辽人管它叫风圈，第二天肯定要刮大风，要事先做好准备。"月晕而风，础润而雨"，就是这个道理。

风镜样子很奇特，四块玻璃，正面两块，两侧各一块，其余部分用很薄的布联缀起来，边缘镶上条绒，用一根松紧带勒在脑袋后面。远远看去，好像带着潜水镜。如果知道当天有风，上班、上学时就把风镜带上。风镜体积相对较大，口袋里不好放，就只能戴在头上。风大的时候，满大街大人小孩人人头顶上带一个风镜，女人则蒙着一块"头纱"，样子奇特怪异，是当年的一道独特风景。

因为风多，长此以往大家就有了经验，通过起风时间判断刮风的时间长短。倘若是傍晚时分起风，不用说，风一刮准是三天，俗话叫"风三风三，一刮三天儿"，十分灵验，屡试不爽。

风，通常与火连在一起，所谓"风借火势，火助风威"。早些年，通辽城里做饭取暖都烧柴火，家家都有一个柴火垛，为了防止"走火"，一有大风警报，各居民间——后来叫居民组组长就要到房顶上敲锣，警告人们大风期间不得烧火做饭，得提前预备好干粮。大风多在春季发生，因此，老通辽差不多每年都要过几次"寒食节"。

狗皮帽子 手闷子 毡疙瘩

往回数几十年，那时候没听说过厄尔尼诺现象，和现在的冬天相比，那时候才更像冬天。天气最冷的时候达到零下三十七八度，有一句挺形象的词，叫作"滴水成冰"。有人还嫌不够，进一步形象为"撒尿得用棍儿紧着扒拉，要不然就冻住"。

这样冷的天，该干活的还得干活，该上学的还得上学。保暖，就成了头等大事。

有一顶好帽子，是大多数人的愿望，但不是每个人都能实现。街面上看得见有人戴水獭皮帽子、狐狸皮帽子，最多的，还是狗皮帽子。再差一点的，是兔子皮帽子。

戴水獭皮帽子的，一定不是一般的人，无非是政府要员、有钱有势的绅士、开着大买卖的掌柜等。狐狸皮帽子的毛长，远远看去火红一团，十分夸张。戴狐狸皮帽子的大多是常年出门在外赶大车的车老板子。没有这样的帽子，再加上白茬皮袄、皮裤，很难在荒郊野外长时间行走。

不用说水獭皮帽子价格昂贵，不是一般人所能承受，就是狐狸皮帽子，没有特殊需要，人们也不会花钱去买。

还有一种老年人和农村中年以上的人戴的毡帽头，一个圆帽盔，两边有带毛的"耳子"，"耳子"可以放下来，也可以卷到帽子里面去。

手闷子，就是棉手套。过去，棉手套没有花钱买的，都是自己做。

手闷子形状与现在市场上卖的手套不一样，大拇指单出，其余四指连在一起。做手闷子之前，把手按在一张纸上，用笔沿着手型画下来，适当加大尺寸就行。上溯几十年，不论大人孩子，人手一副，不然大冷天出屋伸不出手来。手闷子大多数絮棉花。也有皮的，用羊皮或兔子皮做的。还有一种假皮手闷子，用兔子皮在手闷子口上镶上一圈，只为看着美观。

毡疙瘩消失得很早，大概在20世纪50年代末逐渐被胶皮靰鞡、皮鞋取代。毡疙瘩和毡帽头一样，是由擀毡匠用牛毛、骆驼毛擀出来的。但毡疙瘩和毡帽头制作工艺不同，毡帽头属"软胎"，可以随时摘下来垫在屁股底下当垫子，毡疙瘩很厚，扔在地上咚咚响，用脚踩也踩不瘪。毡疙瘩可分为高勒儿和矮勒儿。高勒儿毡疙瘩类似马靴，可以把棉裤或皮裤掖到毡疙瘩勒儿里面。矮勒儿的像一般的鞋大小差不多。不论是高勒儿和矮勒儿毡疙瘩，都要另绱底子，一般用牛皮，再钉鞋钉，走起路来咔咔响。穿毡疙瘩的同时，脚上还要穿毡袜，楦靰鞡草。通辽地区不产靰鞡草，人们就地取材，把苞米皮用木榔头砸扁砸软楦到鞋里，不仅保暖，而且轻快。

鸡毛掸子

"捡鸡毛凑掸子"，"旗杆上插鸡毛——好大的掸（胆）子"，都是拿掸子说话，可见掸子在当年人们生活当中的角色。

掸子，又叫鸡毛掸子。一根比小拇指稍细的竹棍，两尺来长，三分之二部分缠上鸡毛，就是鸡毛掸子，掸子是用来掸灰尘的。通辽地区风沙大，过去有"一年两季风，一季刮半年"的说法。风沙更是通辽三大害之一：无风三尺土，有病百斯笃，辽河开口没法堵。其中，百斯笃是日语，就是鼠疫。日寇占领期间通辽地区年年发生鼠疫。

因为风沙大，屋子里箱子上、炕上，随时都会落上一层土。勤快人手拿鸡毛掸子，随时掸一遍，免得蹭到人身上。

不登大雅之堂的尿盆子

最后，再说一样不登大雅之堂，却家家户户都必不可少的物件——尿盆。

相比之下，南方人显得讲究一些，在没有"抽水马桶"的情况下，家家都有木头马桶。女孩子出嫁，娘家也要陪送一只红漆马桶，被人抱着，堂而皇之地走在送亲的队伍里。每天早晨，蔼蔼晨雾笼罩之下，小河边上都会听到一阵阵"咣当咣当"的刷马桶的声音。

老通辽家家户户的尿盆都是"泥盆"，就是小土窑烧制的瓦盆。瓦盆有大有小，卖瓦盆时大的套小的，有七八种之多，当时形容有的人说话有条理，动辄长篇大论，头头是道，就说他"卖瓦盆的出身——一套一套的"，说的就是这种瓦盆。往上数几十年，人们没见过搪瓷盆、饭盆、脸盆，除了少数人家用铜的、铁的，大都是瓦盆。只是搪瓷盆普及以后，其他盆都先后退出历史舞台，只有尿盆依然坚持使用瓦盆多年。

北方冬天寒冷的夜晚，躺在热乎乎的被窝里，是一种难得的享受。这时候，谁愿意为了撒一泡尿跑到冰天雪地的外面呢。所以家家都预备一只尿盆，睡觉之前的最后一件事，就是把尿盆拿进来，放在地当中，谁想撒尿，摸着黑爬起来，闭目合眼地冲着尿盆一阵扫射。每天早上，妇女起来第一件事就是倒尿盆子。尿盆里的尿也有倒不出去的时候。在天气最冷的时候，放在屋地下的尿盆冻得"绝底"，就只能把尿盆放在朝阳的墙根下，一点一点任其融化。瓦盆不结实，轻轻磕碰就碎。再说，反正再用它要到晚上，有的是时间等待。

勤快的家庭妇女每天早上要刷尿盆。做晚饭以后，把刷锅水加上一把火烧开，倒进尿盆里泡上一阵。用得久了，还会放进一点碱，让它起一点化学反应——免得它晚上在地当间儿散发骚味。

这种泥盆市场上已经很少见到，但并没有绝迹，在办丧事的时候，还会见到它的身影。在起灵之前，孝子要跪在棺木（现在都是殡仪馆出售的简易棺木，形状、大小类似西方人用的棺材）前。知宾一声吆喝"孝子摔盆了"，跪在地上的孝子将泥盆高高举起，"啪"的一声把泥盆摔得粉碎。有一句歇后语说："孝子举丧盆—— 一命货。"

老通辽的坛坛罐罐

居家过日子，离不开几样东西，归结起来就是坛坛罐罐。当然，有比坛子更大的，那就是缸。

缸，哪家都有几口，水缸、酱缸、咸菜缸家家必备。

缸分几种，最大的叫大缸，比大缸小一号的，叫二缸，再小一号，就是三缸，最小的叫"缸腿"。缸的大小也有学问，缸腿可以装到三缸里，三缸可以装到二缸里，二缸能装到大缸里。为什么？方便运输啊。同样大小的地方，这样一套，装了大小四口缸。

老通辽最早使用的都是瓦缸，本地就能生产，叫瓦盆窑，烧出来的缸有黑色，也有红色，和泥盆的材质一样，一碰就破。交通方便后才从外地运来陶缸。最有名的要数唐山产的缸。据资料记载，当年通辽最有名的酱菜厂"同乡居"一次就从唐山买进大缸一千多口。同乡居创始人之一魏某的后人家里，现在还保留着当年同乡居的一口大缸，据说是该掌柜女儿结婚时"千里挑一"的陪嫁。同乡居创办于1921年，算起来，也有九十多年的历史了。

烧缸的陶器，不同于一般的陶器，烧成后，像耐火砖一样，大多数缸除了缸口以外，里外两面挂釉，特别结实。

水缸，似乎没有哪家没有。大小按家里人口多少而定，人口多的用大缸，人口少的用二缸，少数人家也有用三缸的。

水缸放在外屋，与锅台一门之隔，做饭时取水方便。

说到水缸不能不说水井。早年间都是土井，各街区都有一口井，有水井的地方叫"井沿"，大概水井和大河一样都有水，河边叫河沿，井边就叫井沿。当年通辽城里地下水位高，不用挖多深就可以见到水，土井一般要挖到三四米深，最深也不过四五米。为了防止井壁坍塌，讲究的井壁用砖砌，也有用柳条笆围的。围柳条笆明显不如用砖砌，井里的水发苦，不好喝。后来有了手压井，俗

老字号同乡居一口百年全釉大缸
高 82cm 缸口直径 56cm

称洋井，一个长长的"井把"，上下压，水就流出来。一对水桶，一根扁担，家家少不了。

水缸因为放在里屋门一旁，来人来戚①，第一眼就能看到，干净利索的家庭主妇要随时用抹布擦上一把，长年累月，把水缸外面绛红色的釉子擦得照得见人影。水缸还有一个妙处，那就是天要下雨，它能事先预报，水缸下半截的表面，如果渗出一层细密的水珠，就预示着雨要来了。谚语说"础润而雨"说的是石头砌筑的房基，石头预测风雨远不如水缸明显灵验。

酱缸，也是家家必备。早些年，吃蔬菜没有现在这么方便，即便有，也不是谁家都吃得起，冬天好歹还有冬贮的白菜、萝卜和酸菜，其余大部分时间佐餐的只有咸菜、大酱。

————————————

① 通辽人把来客人叫来戚（读 qiě）。

　　大酱，一般人家都自己做。做大酱主要原料是黄豆，烀豆子要在阴历二月份天气即将转暖的时候。讲究的人家把黄豆烀熟后，要在锅里焖一宿，这样，豆子的颜色发红，下出来的大酱才能色泽金黄。把烀熟的豆子绞碎后，再摔成枕头大小的"酱块子"。在炕头上方搭一个秫秸帘子，把用纸包好的"酱块子"一层一层码好。炕头缓缓散发的热量使"酱块子"缓慢发酵，周身长满白绿色绒毛。把"酱块子"掰碎，加水、加盐，叫"下酱"。当然，"下酱"前要先把"酱块子"刷洗干净。"下酱"在时间上有讲究，要选在阴历四月逢八的日子，即初八、十八、二十八这三天。其实，选在四月下酱，主要还是此时已是春暖花开，气候适宜。大酱在缸里还有一个缓慢发酵的过程。

　　下完大酱，并不是万事大吉，就等着吃酱了。每天早晚都要打酱耙。酱耙是专用来打酱缸的，一根木杆，顶头一个方形木头块，在酱缸里上下不停地捣，一般打一次酱耙要上下捣一百次。这其中自有道理。太阳东出西落，受光面主要在酱缸的南侧，北侧得不到阳光，缸里的酱就很难发酵均匀。每天打两次酱耙，就是要让酱缸里温度一致。这样，一直到大酱"发了"为止。

　　一缸大酱，就是一家人一年的主要"副食"，因此马虎不得。酱缸通常放在离窗户不远的地方，以便于坐在炕上就能照看到。白天，缸上蒙一块白布，用细绳扎紧，以防小鸡飞到缸里。晚上还要扣上一口大锅，以防晚上下雨。雨水一旦不慎落到缸里，酱里就会生蛆。如果真的生了蛆也是没办法的事，俗话说"井里的蛤蟆酱里的蛆"，总不能因为生了蛆就把一缸酱扔了。但在每次"叨^①酱"前，都要用勺"当当当"地敲缸，蛆受到震动就会钻到上面来。

　　那时候，几乎家家养鸡。酱缸防小鸡如同防贼。所以，每家的院子里还要另外夹一个"酱栏子"，把秫秸截成一米多长，每隔一寸左右立一根，也有的把秫秸交叉着夹成网状，上下勒上腰子。秫秸底下种上牵

---

① 谐音，通辽方言，此处指从容器中取出的动作。

牛花，每天早晨，就会热热闹闹地开满紫色、红色、白色喇叭花。

酱缸里也可以腌咸菜，除了芥菜疙瘩，还用布兜装上黄瓜纽、小茄包、嫩豆角等蔬菜。

下大酱还有许多讲究，除了说过的选日子以外，大酱在"发好"以前，不许"炝锅"，否则会"臭大酱"。大酱臭了，会有一股"臭脚丫子味"，难吃得很。

老通辽还有一个有意思的讲究，下酱时要找一个"埋汰人"帮忙，说"埋汰人"下酱香，好吃。很多人家都相信这一说法，那些平时不受待见、整天头不梳、脸不洗的人，一到下酱时节，就成了家家聘请的对象。

后来，城里搬来几户开鲁、林东、林西一带住户，虽然距离通辽不远，但做大酱的方法却大不相同，他们那里讲究做"盘酱"，黄豆不是烀熟而是炒熟。酱发好后，味道也与通辽大酱迥异，有一股特殊的香味。盘酱在通辽偶有出售，却没有流行起来，不久后，那些来自开鲁等地的人均被通辽大酱"同化"。

直到今天，城里人大都住进楼房，一些上了年纪的人仍然喜欢自己下大酱。找农村亲戚帮忙烀豆子、摔酱块子，然后在楼房的地下室或回转台等处弄一个小缸，甚至大一点的坛子，不是舍不得花钱买，主要是寄托一点对下大酱的感情。

酸菜缸，也是家家必备。那时，人口多的人家占大多数，五六口、七八口，乃至三代同堂十几口住在一起的也不新鲜。人口多，就得多渍酸菜。渍，腌渍，普通话读 zì。通辽方言和东北话一样，读 jī。渍酸菜通常用大缸，老通辽话叫"大匹缸"。

渍酸菜，首先要储备大白菜，秋天时和萝卜、土豆等一起买回来，预备一冬的蔬菜。当年，一到冬贮蔬菜的季节，大街上到处是卖白菜、土豆、芥菜疙瘩的菜农。解放后，各单位统一为职工购买蔬菜。到时候，干部、职工结队到郊区砍菜，然后统一拉回来，再按每户预定的分量分。手推车便成了抢手货，满大街都是装得满满的大白菜的手推车。

渍酸菜，就是把大白菜码在缸里，加适量盐，加水。那时，家家都有一块光溜溜的大石头，是用来压酸菜缸的，为的是多往缸里码几颗白菜。渍酸菜时，往往把白菜码到冒尖，上面压上石头，白菜就会慢慢下沉。后来，也有的人家进行"改革"，不用石头压，而是用米汤把白菜叶子糊在码好的白菜上面，好处是不往缸里落尘土，干净多了。

除了缸，还少不了坛子。咸盐坛子、荤油坛子、专门用来腌咸鸭蛋的坛子等等。装盐的坛子、装荤油的坛子就放在锅台后，随时用着方便。腌咸鸭蛋的坛子有季节性，还要防止不小心碰碎鸭蛋，所以放到一个僻静稳妥的地方。

坛子个头不大，圆形，小口，顶上有盖子。坛子大多数是酱红色，偶尔也有白色青花的，应该是有钱人家的旧物件。

除了放在锅台后面的荤油坛子以外，有的人家还有一个像小缸似的大号坛子。那时，城里几乎家家养猪，过年时，杀了猪，一件大事就是熬油，通辽话叫"焅油"。油稍凉之后倒入大坛子里。对于一般人家而言，这一坛子油就是一年的荤腥。

关于荤油坛子还有一个有趣的风俗，女孩儿年纪大了，到了该嫁人的年龄却找不到婆家，到了年三十晚上和饺子馅的时候，母亲就借故支使她："去，到外屋把荤油坛子搬进来。"女孩问："挺沉的，搬它干啥？"大人也不解释："叫你搬你就搬得了。"这就是"动大婚"，借着"婚"和"荤"的谐音讨个吉利，预示着新的一年，女孩的婚事有希望。其实，这个讲究女孩也并非不知道，只是假装糊涂，也想借着过年的喜庆日子讨个彩头。

说过了缸、坛子，还得说说瓶子和"洋棒子"。

"打酱油"这个词消失了好多年，最近两年又"死灰复燃"，成了挺火的一句网络用语。不过，此"打酱油"非彼"打酱油"，或者说干脆与酱油毫无关系。过去，酱油、醋都是散装，要买酱油、醋，要拎着瓶子到店铺去买，叫"打酱油""打醋"。所谓"打"，就是用一种叫"提溜"的量器把酱油或醋从大缸里"打"出来，再灌到瓶子里。和从井里往外打水意思相同。

装酱油、醋的瓶子大约装一斤。偶尔也有人拎着"洋棒子"来打酱油的。

什么叫"洋棒子"？其实也是一种玻璃瓶子，只是个头比较大，有装五斤、十斤两种。这种瓶子来自日本，故而冠以"洋"字。也因为这种玻璃瓶子颜色为深绿色，人们也叫它"绿豆棒子"。

用"洋棒子"最多的还是装"洋油"。"洋油"就是煤油，因当时煤油都是从日本输入，固有"洋油"之说。通辽建城之初，就有大批日货涌入，其中布匹占市场份额百分之九十，火柴、煤油等占百分之百。那时候，好多东西名称都冠以"洋"字，如"洋油""洋火""洋蜡""洋铁皮""洋钉子""洋袜子""洋锹""洋镐"等等。

和"洋棒子"联系最紧密的，莫过于"洋油灯"，这种东西现在只能在博物馆里看到，在描写旧时生活的小说里也能够看到它的身影："桌上的煤油灯，发出黄晕的光。""人们把一盏玻璃罩子洋油灯点起，昏黄的灯光照亮了房里的陈设。"洋油灯由底座、玻璃罩、提梁等部分组成。底座里同时用来盛放"洋油"，有一个旋钮调解灯芯高度。玻璃罩子也可以提高亮度，每天点灯之前，都要把玻璃罩子摘下来擦拭干净。

虽然洋油灯比起传统油灯要亮许多，但对于一般老百姓来说毕竟一次性投资太大，所以最早使用洋油灯的都是商户。它的另一个好处是，有防风玻璃罩，所以更加安全，不容易失火。后来，通辽有了电灯，大户人家及商铺煤油灯就被悬挂在牲口棚里。一般老百姓点不起电灯，退而求其次，把老式油灯换成了"洋油灯"。

解放后，这种灯不再叫"洋油灯"，改称"保险灯"。逢年过节，常会看到从农村进城的人，手里小心翼翼地拎着一串保险灯罩。

女人的活计

补袜子

"男人怕刨茬子^①，女人怕补袜子"，这是老通辽人们口中　句常说的话，是说两种最累人的活计。顺便说一句，刨茬子的"茬子"，通辽人读成"栅子"，茬字在字典里找不到 zhà 这个读音，应该属于东北特有的方言。

说刨茬子累，人们不会有异议，补袜子怎么也成了累活呢？

往上数几十年，人们没看见过"洋袜子"也就是针织的线袜子，即便后来市场上有了日本人织的袜子，一是一般老百姓买不起，二是嫌它不结实。老百姓穿的袜子都是自己做的布袜子。布，当然是土布，也叫"家织布"，外国进口的"洋布"太薄，不结实，冬天也不保暖。

用"拨浪锤"纺麻绳

① 庄稼收割后所余根部，特指玉米、高粱。通辽方言读作 zhà zi。

布袜子的袜底很厚，好几层新布一针挨一针密密实实地纳在一起，像鞋垫一样。巧手的妇女还会在袜底上纳上吉祥图案、花鸟鱼虫，十分精美。纳好的袜底不仅美观，还结实耐用。布袜子不光袜底是布的，面、袜筒也是布的，袜筒宽松肥大，穿好后，用钉在袜筒上的带子系紧。与袜子相配套的还有裹脚布，也是粗布制作，如一块大手帕。

干体力活的人，较容易出汗，每晚洗袜子、洗裹脚布是例行功课。如果发现袜子破了，就要及时缝补。厚厚的袜底这时已经变得十分硬，穿针引线不是一件容易的事，即使带着"顶针"，也很难扎透坚硬如铁的袜底。况且有破洞的地方要修补得如原来袜底一般厚，还要补得平整，才能穿着舒服，不硌脚。晚上，就着昏黄的豆油灯或 15 瓦灯泡的光线，女人们的手上不知被扎过多少窟窿，舔舐掉殷殷鲜血，忍着疼痛也得咬牙把袜子补好。

后来，人们渐渐接受了"洋袜子"，补袜子不再那么累人，但更加频繁。也因此有了一件专用工具——袜底托。一个鞋底形的薄木板，后跟处立一个像脚后跟一样的半圆形、两寸多高的木块，前后有一根小木条相连，以便把袜子腾起来。袜子最容易坏的地方就是脚趾头、前后掌，日子久了，这几个地方就补缝上各种颜色的布头，好在藏在鞋里，轻易不见天日，好看不好看并不重要。

打袼褙

过日子，讲究"笑破不笑补"，衣服破了，打上补丁，照穿不误。解放后又一度提出"新三年，旧三年，缝缝补补又三年"。常年的以简朴为美，以至于很多人穿上新衣服反倒觉得不自在，要先用水洗一遍才肯上身，也有人在崭新的衣服上，先打上几块补丁。一件衣服、裤子，往往是老大穿过老二穿，老二穿得小了再给老三，直到没法再补。

衣服破到补也没法补，也不能随便扔掉。妇女们要把没有破洞的地方剪下来，洗净叠好，预备打袼褙用——没有谁舍得用新布打袼褙。

袼褙，是做鞋必不可少的。那时，家庭人口普遍多，少则五六口、六七口，多则十几口，大大小小脚上穿的鞋，都要靠妇女一个人来做。

打袼褙要有一块平整的木板，当然，在砖墙上也可以，但那时住得起砖房的人家很少。最好是门板，最常见的是用饭桌子、面板。先准备好一盆糨糊，然后，一层糨糊，一层碎布头，一共大约六七层、七八层。

等袼褙干了，起下来，就是完整的一大张。把鞋样子按在袼褙上，画好，一张一张剪下来，接下来，外缘用糨糊粘上一圈"寸带子"或白布，然后就是纳鞋底了。

打袼褙没有多少技术含量，但不同的人打出来的袼褙也不尽相同。首先是选择布头，大小搭配，破损程度搭配。如底层用的小块布较多，上面就要盖上一块较大的；这一层布头很"糟"，上面就要用相对结实一点的。

打好的袼褙，几十块不同颜色、不同花色破布头连在一起，仿佛就具有了一种美感，如果在打袼褙时稍加选择，一张袼褙，就好似一幅扑朔迷离的抽象派画面。

纳鞋底

纳鞋底，通辽人叫纳底子，就是用麻绳把剪裁好的几层袼褙纳在一起。

纳底子之前先要纺麻绳。一根牛腿骨，中间用烧红的铁棍烫一个

妇女在绱鞋底

孔，把一根粗铁丝从孔中间穿过去，底端简单固定，上端煨一个弯，用来挂麻绳，这个东西称为"拨楞锤"，用手推动牛腿骨使之旋转，麻绳就"上了劲儿"。随后，再将两股"上了劲儿"的麻拧在一起，就成了麻绳。

纳底子耗时费力，妇女们几乎人人都会，但水平有高下之分。巧手妇女纳出的鞋底子，针脚密，勒得结实，还要横平竖直，间距均匀，两头密，中间脚心部位行距稍宽。

巧手女人懂得把麻绳长短弄到恰到好处，太短，纳不到头，中间会出疙瘩。太长，每穿一次针都要拉好半天，白白浪费工夫。因此，就有了"左老婆①使丈线"这句老话。

因为一次要扎透好几层袼褙，穿针之前先用锥子扎孔，这是一件力气活。麻绳穿过去之后，再把麻绳缠到锥子把上用力拉紧。很多妇女右手小指与手掌相连部位都有很厚的茧子，就是常年勒麻绳的结果。

从结婚起，纳鞋底几乎伴随女人的一生。同时，鞋底纳得怎么样，鞋做得好不好，也是衡量一个女人会不会过日子，是否善于持家的重要标准之一。所以，在出嫁前所学习的各种女红里，除了绣花、编织等女孩子喜欢的技艺，纳鞋底也是其中重要内容。在出嫁前，往往要纳十几双，甚至更多的鞋底。到了出嫁那一天，老通辽有"包包儿"的习俗，就是把娘家陪送的一些东西包在包裹里，随新娘子一起到婆家。届时，婆家的嫂子、小姑免不了以欣赏新媳妇活计的借口打开包袱，对于那些技艺好的女人来说，这是到婆家后最露脸的时刻。其实，因为当初并不是按某个人脚的尺寸所做，这些鞋底很大一部分只能充当"展品"，精心的女人会一生都把这些鞋底压在箱子底下，作为纪念。

鞋样子

过去，过日子讲究人丁兴旺，人，是添人进口，丁，是指儿子。哪家的娘们儿一口气生下一大堆小子，那才叫扬眉吐气，肚皮不争气的，"五朵金花""七仙女"，清一色的"丫头片子"，难免在人前抬不起头，在公婆、丈夫面前更是舌头短了半截，没了说话的地位。一家五六个，七八个孩子不算稀罕。在那个年头，走在大街上，随处可见腆着大肚子的妇女，一家子不但妯娌几个比着赛地生。年初坐月子，孩子刚满月，年底再生一个，叫"两头见面"。婆婆和儿媳妇东西屋里同时生孩子，或是儿媳妇伺候婆婆坐月子也偶有所闻。

生了孩子，就得要吃要穿。尤其是小子多，鞋，是一大难题。所以，

---

① 左，通辽方言，笨。特指老婆，即结了婚的女人。

那时候的妇女都有很多"鞋样子"。

鞋样子，用现在的话说，叫作"模板"，不同的是，鞋样子是用纸剪出来的。纸，最好是"洋灰袋子"用的牛皮纸或旧年画、旧画报。没有较厚的纸，旧报纸也将就。

鞋样子分鞋底、鞋面两种。大人的脚不再长，一个鞋样子可以用几年，破了，再用纸重新剪一张新的，叫作"替鞋样子"，孩子的脚不断地长，鞋样子也随脚的尺码变。一个会过日子的妇女，各种尺码的鞋样子会有很多张，有棉鞋的，有夹鞋的——同样是棉鞋，还有厚棉鞋、二棉鞋；同样是夹鞋，也有各种样式。剪好的鞋样子要精心夹在道林纸画册里，轻易不许小孩子们动。这些鞋样子也是她们的骄傲，左邻右舍经常有人来"替鞋样子"，把画报一页一页地翻过去，各式各样的鞋样子就是精美的展品。

鞋的讲究

一双新鞋做好，女人"活计"的好赖就摆在了人们面前。一双好鞋，剪裁得当，针脚细密，可以说是要样子有样子，要品位有品位。

上溯几十年，妇女还在缠足，汉族每个女人都是尖尖的一对小脚，所谓"三寸金莲"，否则就很难找到婆家。缠足的习俗被满清贵族接受并加以改造，女人的脚被裹成了不大不小的"旗装脚"。民国肇兴，提倡天足，明文规定不许妇女缠足，女人的脚丫子得到解放，一些裹了一半的小脚被放开，也有一些守旧的不肯放足，坚持裹小脚，女人的鞋也呈现出各种形状。

不论是天足还是小脚，女人的鞋总是显得精致。为了美观，常在鞋尖上绣上花，一朵缠枝牡丹，一对蝴蝶，在袅袅婷婷的脚步中，活色生香。

男人和孩子的鞋除了合脚外，重要的是结实，底子厚、布料好，紧要处还要加固。讲究一点的棉鞋要"掐脸儿"，就是在鞋脸正中镶两条皮边。这还不算，做好的新鞋还要打上"掌"——到街上修鞋摊把鞋底前后钉上铁掌。有的还要加"包尖"，在鞋尖处加一块皮子，这样，轻易不会被踢坏。

　　早年的通辽街头，有几十家掌鞋摊子，各自为政，风吹雨淋，守在较大商铺窗下，一只木箱子，里面装着"钉拐子"、锤子等工具和钉子、刀子、锥子、针线、皮料等。掌鞋匠大都是腿脚不利索的，跛着脚，干不了别的，靠此养家糊口。当时，皮鞋极少见，其他的鞋却种类繁多，除了常见的布鞋，还有蒙古靴子、皮靰鞡、毡疙瘩、趟趟牛。后来，又有了马靴、皮勾子鞋、胶皮靰鞡、球鞋，坏了、破了，舍不得扔，经掌鞋匠一收拾，还能穿两年。

小城叫卖

"烧鸡——熏猫肉——！"

每当临近子夜，一声声悠长的叫卖声就穿过沉寂的夜空，在小巷里回荡。已经睡着了的，会在梦里品味那绕梁余音，正在灯底下看书、干活的，也会抬起头，侧耳细听那极富穿透力的声音。也有好信儿的，借着出去解手的工夫，看一眼发出如此好听的声音的人。

卖烧鸡熏猫肉的，是一位五十多岁的男子，他一只胳膊挎着食盒——长圆形，四五层摞在一起，有提梁，因为年深日久，表面已经是紫红色——另一只手拎着马灯，人一走动，马灯就随着胳膊来回晃动，橘黄色的灯光一晃一晃，卖烧鸡的人身影就变得忽长忽短。

卖烧鸡的多是回民，回民的嗓子好，亮、脆、干净，像是金属发出的声音。一声吆喝，声音传出去老远。已经不知道他家的烧鸡传了几代，反正有通辽镇不久，就有了这走街串巷的叫卖。

半夜三更，有谁会出来买烧鸡熏猫？大抵是那些半夜要钱的，看夜戏回来的，还有，就是在妓院"打茶围"的。

食盒分好几层，每一层放着不同的东西。有烧鸡，有熏猫——其实是熏野兔肉，这是东北人对兔子的独特叫法，真正的猫肉是没有人吃的。还有"鸡杂""猫杂"，也就是鸡、兔的下货。卖得最多、最快的正是这些下货，经过精心熏制的下货，不仅是下酒的美味，而且价钱比烧鸡熏猫要便宜得多。

卖烧鸡熏猫肉的叫卖声仿佛是小城报时的钟鼓，那绵绵不绝的叫卖声渐渐远去，熬夜的人们也该熄灯睡觉了。

卖熟食用的食盒

可还有人此时刚刚起床，那就是做豆腐的。豆子已经泡得鼓胀，趁早起来磨豆浆，做豆腐，赶在人们做早饭时，把热乎乎的豆腐送到人家门口。

"豆——腐——"是小城每天清晨第一声叫卖。迎着初升的旭日，伴着家家屋顶上缓缓升起的袅袅炊烟，胡同里不时传来卖豆腐的声音。卖豆腐的叫卖，简单、实在，只是不同的人叫卖的声音不同，这声音就是品牌，人们吃惯了谁家的豆腐，凭声音就知道。早年间，老北门一带有好几家豆腐坊，要说声音，要数"哭咧咧"的声音最难听，叫卖声里略带嘶哑，听起来总像是要哭似的，人们就送了他这个雅号。不过，他的豆腐做得好，白、嫩、细，外加怎么炖也不会碎。正在拉风匣做饭的妇女听到他的声音，赶紧端起盆，说"哭咧咧来了！""哭咧咧"的豆腐，是老北门的名牌。

卖青菜和卖豆腐的吆喝声脚前脚后出现在胡同里。通辽城小，早些年来通辽种菜的大多集中在城北刘屯一带，因为这一带地势低洼，地价便宜，租地也便宜，许多山东人、河北人就在此给人种地。此后不断向东、向北蔓延，大刘屯、小刘屯、北洼子、东洼子连成一大片。

卖菜的分两种：一种是自产自销，一种是小贩。装菜用的是大筐，筐梁很高，约有一米多；也有的筐上没有梁，每个筐上拴四根绳子，俗称"八股绳"。卖青菜的吆喝起来也好听，多是用山东话，一喊一大串，都是应时的菜，羊角葱小葱水萝卜、韭菜香菜生菜、豆角黄瓜洋柿子，大萝卜土豆地瓜，买什么，都和时令有关。所谓"鲜鱼水菜"，讲究的是新鲜，从地里新摘下来的，带着露水，带着新鲜的泥土，水灵，精神。

卖青菜、卖豆腐的叫卖声是一天叫卖的序曲。吃罢早饭，该上班的、上学的都走了，沿着胡同的叫卖声却此起彼伏。

相比馒头、花卷等，卖大饼子的颇受欢迎，大饼子，最讲究的是秫米面的。高粱用水磨磨好，发好了再上锅贴，暄腾，肉头，吃一口别有风味。贴秫米面大饼子有一点小窍门，秘不外传，是别人家做不出来的味道。卖大饼子吆喝起来也好听："秫米面咧——水磨的！"因为香甜可口，买卖不错。居家过日子讲究俭省，一般人家不会花钱去买大饼子。大饼子主要卖给外来人和干苦力不能回家的人。

紧接着，买大块糖的，买爆米花的，卖"饼干猴"的，还有挑着担子卖青菜的，纷纷登场亮相。"饼干猴"算得上是老通辽的品牌，只是几十年没有做大，直到解放后的五十年代，还在挎着筐沿街叫卖。老头姓倪，老实厚道，用动物模具做出各种形状的饼干，颇受小孩子欢迎。

卖切糕的通常不进胡同，他们都有相对固定的位置。坐在某个路口一棵大树底下，有一声没一声地叫着"切糕热！"

切糕的做法有些特殊，先把很大的锅里的水烧开，在屉布上先撒上事先泡好的爬豆，然后撒一层干黄米面撒一层水。蒸好后的切糕叫切糕坨子，圆圆的，像一个特大的馒头状。卖切糕的车子也很特殊，是平板的独轮车，木头轱辘，一推起来吱扭吱扭响；刀是黄铜的，一尺多长，三寸来宽，略有弧度。为了保温，切糕坨子上五冬六夏都盖着一个白色的棉被，前面掀开，焦黄的切糕坨子下面露出红色的爬豆。拉下一块切糕，用秤称好，再给你抓一把白砂糖。农村人上街买东西，交公粮，大多要买上点切糕尝尝。通辽城里当时有六七家切糕房，什么杜切糕、门切糕、付切糕，都很有名。卖切糕属于小本经营，自产自销，不用雇工。解放后，卖切糕的也公私合营，地点就在东北门里原来通辽县监狱的院子里。如今，老一代卖切糕的手艺人都先后作了古，切糕在通辽城里也几乎绝迹。

除了卖吃的，还有货郎挑子。不过，货郎不吆喝，而是使用一种响器。响器类似儿童玩的拨浪鼓，但比拨浪鼓长一节，最上面是小鼓，下面是小锣，四五样连成一串。货郎的主顾是家庭主妇、闺阁少女。花样子、丝线、绣花针、顶针、烟袋嘴、烟袋

卖糖葫芦的草把子

锅，总之都是小物件。货郎一般来说年纪都不大，因为走街串巷，常和年轻妇女打交道，十分注重仪表。一身青布衣褂，黑布鞋，白袜子，打着绑腿，头上常戴着一顶黑缎子瓜皮帽。清爽干净，举止合度。

叫卖，卖的不都是食品或物件，还有卖手艺的。焊"洋铁壶"的、锔锅锔碗的、磨剪子戗菜刀的，等等。焊洋铁壶，过去叫锡镴匠，现在叫钣金工，挑着挑子，挑子里装着一面尖头一面平头的铁砧子，两把锤子，还有用玻璃瓶装着的"镪水"，一路走，一路吆喝着"焊拔梢子水桶洋铁壶嘞——"俗话说：木匠凿一天，不如铁匠冒股烟；铁匠冒股烟，不如锡镴匠粘一粘。只要在哪棵树根底下开了张，东家修一个水桶，西家焊一只铁盆，一干就是小半天。

"锔锅锔碗锯大缸"这门手艺已经绝迹了，锔锅匠又叫小炉匠，随身带着小炉子，用来烧铁捻锯子，就是铆钉。锔缸的锔子大，一寸多长；锔碗的锔子小，只有几毫米，先把事先准备好的铁丝烧红，中间砸扁，

呈柳叶形，两头捻成尖，最后把两头煨成弯，锔子就做成了。但关键的功夫还在后头。俗话说，"没有金刚钻，别揽瓷器活"，说的就是锔锅匠。不论大缸还是小碗，硬度都很高，要在上面钻孔相当不容易。锔锅匠手持一把手弓，弓的前端有一个小小的"金刚钻"，也就是金刚石，拉动一直木棍，用木棍上的皮条拉动钻头。有时，一只不大的碗上面要钻十几二十几个孔。好的手艺人不仅锔出来的东西结实，还要好看，几行按照裂纹走向锔出来的锔钉排列有序，梅兰竹菊，任你想象。那时，一般老百姓家用的大都是粗瓷碗，本不值几个钱，有时，锔碗的价钱甚至和买一个新碗差不多。但人们还是宁可花钱锔碗而不买新的。大概是用惯了的老物件舍不得丢掉吧。

剃头匠分两种：一种有门面，一间房子，一张剃头椅子，一面镜子，再加上一套剃头工具，等客上门；还有一种是走街串巷。剃头匠也不吆喝，使用一种响器，叫"唤头"，铸铁制成，长约一尺，很像物理实验用的音叉，用一根铁棍从中间往外一划，唤头就发出很独特的声音。在各种行业中，剃头匠出现得较晚，清军入关，实行"留发不留头，留头不留发"，强制人们剃头，这才有了剃头匠这门手艺。剃头的挑着一个挑子，叫"剃头挑子"。有一句老话"剃头挑子一头热"说的就是它。剃头挑子一面是一只矮凳，是剃头时客人坐的，下面有抽屉，用来装工具。另一头是一个小炉子，上面坐一只铜脸盆，用来烧热水。炉子上面还有一根杆子，用来挂镜子和磨刀布。其实，这根杆子最早可不是用来挂镜子的，而是挂圣旨的，就是大清朝"留发不留头"的圣旨。后来不用再挂圣旨，世上也出现了轻便的玻璃镜子。

剃头匠不仅仅会剃头，还有一身绝活：掏耳朵、剪鼻孔毛、端下巴、治错环，更绝的是"放睡"。掏耳朵、剪鼻孔毛，属于剃头后附加服务；端下巴、治错环是尽义务，都不收费。

放睡，是推拿的一种，是在剃头之后进行。就在那只小凳上，剃头匠施展手段，从头到脚周身按摩，直到捏得人周身舒坦得像散了架一样，嘴里一个劲哼哼。放睡也不收费，主要为上了一点年纪的人服务。解放后，绝大部分剃头匠改头换面，摇身变成国营理发店的理发师，讲究的是"为人民服务"，理发师也是人民的一分子，不再是伺候人的下九流，此等绝技渐渐消失。

还有一种季节性很强的生意也要吆喝，那就是绞大酱的。说是绞大酱，其实是绞下酱的豆子。每到家家烀豆子，做酱块子的时节，胡同里就会准时出现"绞大酱"的吆喝声。绞大酱工具较简单，扛着一条长板凳，板凳上有一台铰刀，和肉铺绞肉的铰刀一样。目的是把烀好的豆子绞碎。估计这种行当的出现也不会太早，甚至要晚于剃头匠。因为铰刀虽简单，但毕竟属于机械产品。在没有铰刀之前，人们下酱的豆子恐怕只能用手捣碎。有了铰刀，解放了千千万万个家庭妇女，也成全了一种季节性工作。

世事变迁，如今，好多行业已经消失，也有的行业改变了经营方式，旧时叫卖，已经渐渐退出历史舞台。现在偶尔也能听到小商贩的叫卖声，但叫卖声已经毫无韵味，缺乏美感，况且换成电喇叭，终而复始，成为噪音。每当这时，就更加思念过去时光里一声声悠长的叫卖，它仿佛穿越时光隧道，时时在耳畔响起。

老通辽过年那点事

习俗是千百年来民间流传下来的，人们在生活中约定俗成的传统文化。春节作为最具中国色彩的节日，也是一年当中习俗最多、最集中的一次展示，如大家熟知的蒸馒头、蒸豆包，割肉、扫房，贴春联、守岁、拜年，扭秧歌、放鞭炮等，一直是春节不可或缺的内容。不过，还有一些老民俗随着时代的更迭已不常见，甚至已经消失，不免让人感到惋惜。在通辽，虽然一些老规矩和禁忌依然传承着，但已不是很重视或内容上已有了改变，下面一些习俗不知还有多少人家原汁原味保持着。

贴春联

过年贴春联、贴福字，是国人的习俗，通辽人也不例外，不但家家

贴对联

户户要贴，商家买卖更要贴。对联上的书法或遒劲古朴，或笔走龙蛇。过年时走在大街上，除了对联彰显出来的红火热闹，还有业余书法家的暗中较劲。那时，很多人家没有识字的人，年关将近，买来红纸，求左邻右舍帮忙写对子，也成了年前一件大事。自然，一个胡同里毛笔字写得好的人，这时也成了忙人，邻居们手里拿着"双红纸"或写完的对联，脸上洋溢着喜气，你来我往，煞是热闹。

除了写对联，还要写"抬头见喜"，贴在屋门外一出门就能见到的地方，大年初一讨个吉利。猪圈上贴"肥猪满圈"，鸡窝上贴"金鸡满架"。此外，有车的人家还要写一副短对联，贴到车上，叫作"车行千里路，人马保平安"。即便是驴车也这样写，总不能写成"人驴保平安"吧。总之，从大门外开始，满眼看到的是红红火火。

买年货

有的人家还要写"春条"。写"春条"的红纸比对联窄，但要长得多。通常是两张红纸的长度。写的是几句顺口溜，如"春风送福到咱家，一年更比一年发；满斗金银和珠宝，一家大小乐哈哈"。春条从房梁往下，一直贴到炕席上方。

年三十早晨，抓一把面，在炉子上打好糨糊，把对联贴到门框上，顿时，"年味"就出来了。不过，贴对联看似简单，但对不识字的人来说却常常闹笑话，诸如把"肥猪满圈"贴到门上，把"金鸡满架"贴到驴棚子门口等。

贴挂钱儿

挂钱儿，是和春联、福字、灯笼等一起烘托春节气氛的装饰品和吉祥物，是典型的民间剪纸艺术。长方形，由边框、字和吉祥图案以及底边的穗组成。由于挂在门楣、窗框上，线条无须太精细，反而有一种粗犷之美。

挂钱儿在《后汉书·礼仪志》中就已经有了相关的记载。到了唐代挂钱儿的雏形渐成，清代时，挂钱儿正式成形。清代天津诗人周宝善为其作年俗诗说："先贴门笺次挂钱儿，撒金红纸写春联；竹竿紧束攒前帚，扫房糊窗算过年。"富察敦崇在《燕京岁时记》中还为它做了详细的注解："挂千者，用吉祥语镌于红纸之上，长尺有咫，贴在门前，与桃符相辉映。"而今人对它的喜爱，又多了一层原因，那就是它名字中的"钱"字，把它们挂在门前檐下，预示着新的一年中，财源会滚滚而来。

"挂钱辉五色"是说挂钱需使用五种颜色的彩纸剪成。五色原指青、赤、黄、白、黑。因在民俗中人们忌讳黑白二色，所以，挂钱儿的五色为大红、粉红、黄、绿和蓝，其顺序为"头红、二绿、三黄、四水（粉）、五蓝"。

挂钱，属剪纸艺术，旧时，每到过年，一些巧手的人就开始刻挂钱。一把刻刀，一次可以刻十几二十几张。然后，到街头热闹处摆摊出售，既显示了自己的手艺，也能换回几个零花钱。

灶王爷

"灶王爷，本姓张，骑着马，挎着枪，一年一次上天堂。"灶王爷上天堂的日子选在腊月二十三。"东厨司命主""人间监察神"，灶王爷是玉皇大帝派到各家各户的督察，在人间住了一年，要在这一天到天庭向玉帝汇报这一家一年里的表现。这对每户人家来说都是大事，希望灶王爷在玉帝面前谨开尊口，好话多说，坏话少说。因此，向灶王爷行点"贿赂"也在情理之中。"贿赂"灶王其实也不是什么"三牲祭礼"，好酒好肉，就是把一块灶糖粘在灶王爷的嘴上，免得他顺口胡说。灶糖，通辽人叫"脆管儿糖"，一寸来粗，金黄色，外表粘上一层芝麻。这种糖首先是"脆"，长长的一根，不慎掉在冰冻的地上，立即被摔得粉碎，用牙咬更不必说。但是，一旦入口咀嚼，会变得很黏，黏得粘牙。既然是玉帝派到人间的监察，自身的清廉当然很重要。除了过年期间供品

杀年猪

较为丰富以外，平素里难得收受一点荤腥，只有在为数不多的"改善生活"时，才会有饺子之类供奉。有一句有关灶王爷的民谚说得好："灶王爷，本姓张，一碗凉水三炷香。"清廉自律如此，算得上是一位好神仙了。

　　一张白纸，比十六开纸稍大，印着一对笑容可掬的老夫妇，这就是灶王爷、灶王奶奶，家家必不可少。到卖画的摊子，画可以说买，但灶王爷要说"请"，选完年画，顺便"请"一张灶王爷。早年间，灶王爷上还外带黄历。

　　灶王爷要贴在灶间离灶较近的地方。老通辽的房子，不论是自家居住，还是两家住"对面屋"，大都是一明两暗的格局。进了外屋门，两侧各有一个锅台，锅台不远就是东西屋的门。灶王爷就贴在锅台与门的中间。灶王爷的神龛也不大讲究，一张灶王爷像，一副对联，下面一块木板，用来放蜡烛和祭品。灶王爷神龛的对联千篇一律，家家如此，无非是"上天言好事，下界保平安""上天言好事，回宫降吉祥"。横批"一家之主"。

　　大年三十晚上吃饺子之前，第一件大事就是"接神"。除了接过往

神灵，主要是接灶王爷回家过年。在鞭炮声中，把新灶王爷贴到墙上，摆上供品和新煮出来的饺子。灶王爷就算正式"履新"。

灶王爷升天这天，即腊月二十三，祭品显得格外丰富，水果、点心、酒水等一应俱全。夜深人静之时，将灶王神像轻轻揭下来，由家庭主妇送到屋外，连同黄表纸、纸钱一起焚化。灶王爷便乘一缕青烟赶赴天庭述职去了。

贴年画

相比之下，买年画、贴年画就郑重得多。那时，大多数人家住的都是土房，即便是砖瓦房，屋里也不过使用黄土或黑沙子抹墙，很少有谁家刷白灰。这样经过烟熏火燎的屋子，烘托年味，最重要的角色，非年画不可。

早些年，没有机器印制的年画。能买到的都是木板年画。由于受交通运输等限制，老通辽的年画大都从山东潍坊等地经营口、奉天、辽源（郑家屯）转道而来。

木板年画有单幅的，也有"四扇屏"。单幅年画内容吉利祥和，十分喜兴。"连年有余"，画着一个胖娃娃手举一朵荷花，骑着一条大鲶鱼；"和合二仙"，画着两个胖小子各捧着一个盒子，蝙蝠从欠开盖的盒子里飞出来，胖小子背后各有一支粉红色的荷花；"福星高照"，画着一个大额头的寿星老，身旁有梅花鹿，拐杖上挂着葫芦，一个小童手捧着寿桃。此外，还有"麻姑献寿""牛郎织女"等。四扇屏分两种：一种是山水，无非是风花雪月、春夏秋冬；另一种是连环画，每张四幅画，共十六个画面。既有白蛇传、天仙配、西厢记、梁山伯与祝英台之类的爱情故事，也有擂鼓战金山、岳母刺字之类的英烈传奇，还有二十四孝、三娘教子之类的礼仪故事。

铁路修通后，交通运输变得方便，木板年画也逐渐被现代印刷的年画取代，但大体内容变化不大。直到解放后，增加了刘胡兰、董存瑞等英雄故事。后来，还把电影画面印成年画。

没有规矩，不成方圆。所谓年俗，就是百姓约定俗成的规矩。由于通辽属于移民城市，民俗也各有不同，后来，各地的民俗，融入蒙古族、满族的民俗，形成了通辽独有的年俗。

其一，大年三十儿不扫地。

过年了，家家户户炒花生、炒毛嗑①，吃糖果，几乎家家的地上都是厚厚的一层果皮、糖纸。但是，除夕晚上绝对不能把这些东西扫出去。要扫，也只能把这些杂物扫在一起，堆在墙角。在人们眼里，这些东西不再是垃圾，而是"财"，扫出去，就等于破财。踩在咔咔响的瓜子、花生皮上，会有一种富足感。

其二，煮饺子往里"攉楞"。

煮饺子时，为了防止粘连，要用勺子不停地搅动，通辽话叫"攉楞"。用右手拿勺子，要从右往左，绝不许往外"攉楞"。据说，这一讲究源于满族习俗，饺子，形如元宝，往里"攉楞"，就是往里"搂财"。往外"攉楞"就是往外扔财。煮饺子，是年三十儿一件庄重的事，通常由家庭主妇或年纪大些的女孩操持，原因是怕小孩子毛手毛脚，把饺子煮破。这也是不吉利的事。

其三，供祖宗。

老通辽有家谱的人家不多，每到过年，家家户户除了供灶王以外，还要供祖宗。祖宗牌位在送灶之后"请"出来，贴在屋子显眼的地方。

多数人家的祖宗牌位都很简单。一张红纸上写着"某氏门中三代宗亲之位"，牌位下是一块木板，用来放香烛供品。正中间是香炉——通常用饭碗代替，两侧各插一支蜡烛。蜡烛、香火自天黑拜祖宗燃起，通夜不息，延续到正月十五。

拜祖宗属男人的事，女人不参与。家中最长者先拜，点燃三炷香，跪在地上，磕头毕起身把香插好，然后按辈分、年龄依次往下排。

过了正月十五，把写有"三代宗亲"的红纸取下来烧掉，来年再重新书写。

---

① 通辽人称向日葵籽为"毛嗑"。据说与俄罗斯人有关，东北人管俄罗斯人叫"老毛子"。

其四，男孩磕头女孩行礼。

拜完祖宗，开始煮饺子、接神。一时间外面鞭炮齐鸣，震天动地，屋子里水已经烧开，饺子下锅。家里辈分高的老人端坐在炕头上，等着晚辈拜年。儿子辈、孙子辈、重孙辈依次进行，男孩磕头，女孩行礼。当然，磕头行礼之后，就是给压岁钱，这一刻，老少有序，其乐融融，是家里一年中最幸福的时刻。

年三十儿的忌讳

不许说不吉利的话。过年，图的是乐呵、高兴，一切行为都要围绕着喜兴、吉利，凡是能引起人不快的话不能说，感觉不吉利的事不能做。不能说死、亡之类的话。必须要说的，也要用其他词代替。如有人死了，根据年龄不同，可以说"老了""走了""没（殁）了"，年轻人不小心说出被认为不吉利的话，老人也不会训斥、谩骂，而是立即予以纠正。

不许打骂孩子。小孩子淘气、哭闹，不许打骂。在自家如此，在别人家更是如此。大过年的，打得孩子哭、老婆叫，会被人笑话，甚至指责。

不许往屋外泼水。传说这天晚上上界各路神仙都要到人间来巡查，如泼水惹恼了神仙，会带来祸患。刷锅水、饺子汤都要倒进泔水桶里。

初二回娘家

春节，是一家人团聚的节日。按旧俗，已经结了婚的女子年三十儿、初一是不准回娘家的。老理儿说，闺女大过年回家会"穷娘家"，有了这样的说法，哪个女儿还敢往娘家跑呢？于是，闺女、姑爷回家拜年就选在了大年初二。这一天，不管大人孩子，都要穿上新衣服，梳洗打扮，丈夫要套好毛驴，带着孩子，拿上给爹妈的礼物，早早出门。

这一天，娘家结了婚的哥哥弟弟也都要去岳母家，娘家就成了女儿的天下。做父母的免不了把最好吃的东西拿出来，好酒好菜，招待闺女、女婿。临走，还要给外孙塞上压岁钱。

老通辽的年

过年了，图的就是红红火火，热热闹闹。临近年关，通辽城大街上熙熙攘攘，摩肩接踵，人欢马叫。骑驴的、骑马的，还有远道而来穿着蒙古袍，骑着骆驼的；驾着花轱辘车的，还有赶着驴车、牛车、勒勒车的。各商家买卖房檐下挂着一尺多长、亮晶晶的冰溜子，门前幌子高挑，小伙计高声招揽客人。冻秋梨、冻柿子、核桃、瓜子、苹果、鸭梨摆到门前摊子上，卖糖葫芦的扛着插满红艳艳的糖葫芦的秫秸把，吆喝着走走停停。吆喝声、讨价还价声混杂着牛马蒸腾的汗味和新鲜马粪味，烘托着新年将近的繁忙、热闹。

席棚里的年画爆竹

过了腊月二十三，人们开始忙年，大街小巷各种买卖也兴隆起来，最热闹的场所，要属卖年画、烟花爆竹的席棚。

过了小年，销售年画、烟花爆竹的商家就开始在露天市场等宽敞的地方搭席棚，迎接一年一度年画销售高潮。货架子上，一侧是编好号码的年画，一侧是二踢脚、小鞭儿、麻雷子和"呲花"。把年画和烟花爆竹搬到席棚里，不仅仅是因为人多拥挤，店铺里狭窄，更主要的是烟花爆竹易燃易爆，一旦走了火，损失就大了。

席棚里最好看的是年画。年画不仅贴满席棚左右两侧墙，还要横着挂几道铁丝，一张挨着一张挂满年画。所有的年画都粘着一个标注着号码的纸条，选中哪张单幅或"四扇屏"，到柜台上报出编号来就行。买完年画，顺便捎上几张"双红纸"，一起卷起来。

卖烟花爆竹的柜台也是一片繁忙。通辽人管编成辫子的小爆竹叫"小鞭"，双响叫"二踢脚"，字面上写成"炮仗"，通辽人说出来，就成了"炮上（shang）"；烟花不拘大小，都叫"呲花"。销量最大的属"窜天猴"，一根长长的竹签挑着小拇指粗细的纸卷，点着捻子，"呲"的一声，喷出火来，蹿得老高，在空中爆炸后，发射出五彩光焰。烟花爆竹不仅家家都要买，商家店铺更是出手大方。过年期间，每拨秧歌队到门前"打场"，都要有花炮迎接，以显示实力与热情。

"新年到，闺女要花，小子要炮。"半大小子没有"炮仗"，连年也过不好。

鞭炮买回来就急不可耐。把编好的"小鞭"拆开，装在兜里，一边走一边放。年未到，空气里早就有了淡淡的硝烟味道。放鞭炮最集中、最热闹，就是"接神"那一刻，家家户户仿佛接到统一号令一样，一时间大街小巷鞭炮齐鸣，焰火飞升，真有惊天动地之感。周边乃至河西、河北的村屯，虽然也放鞭炮，但比起城里却要逊色得多，等村子里慢慢静下来，免不了遥望城里方向，夜空中烟花爆竹的响声和冲天的五彩光焰久久不息。

买黄历

黄历，又叫皇历。旧时改朝换代，颁布新历法是一件大事。通辽建城之际，清王朝已经完结，中华民国改行公元纪元，但作为农业大国，二十四节气与农时紧密相关，还是无法废除农历，以至于到现在，农村还有很多人不知"阳历"为何物，更不知某一天是星期几。

黄历，又叫历书。薄薄的一本，每个月一页。黄历除了记载月、日、节气、节日，还有哪一天是"黄道吉日""黑煞日"，注明哪一天"不宜动土""不宜婚嫁""不宜出行"，哪一天"诸事皆宜"。一些笃信阴阳八卦的人，出门做生意，哪怕是串亲戚，都要事先看好哪天动身，往哪个方向顺利。此外，黄历上还有农谚、偏方、带有插图的二十四孝等，算得上是一本简易百科全书。

后来，以"公历"为主的月份牌问世，但在很长时间里，人们都叫它"洋黄历"。因为同时兼有阴历、阳历，深受城里人欢迎。

月份牌，一张十六开大小的硬纸板，上面印着彩色画面，内容多是穿着开叉很大的旗袍，露着雪白的大腿，烫着头发的"美人"，背景则是汽车、洋房、花园之类。这对偏远闭塞的通辽城来说，也算是开了眼界。在月份牌下半部分，一个比巴掌小的本子，每天一张。每天早上撕下一页，到12月31日日历扯光。为此，通辽曾流传一句新歇后语：洋黄历不叫洋黄历——白扯。日历纸小而薄，派不上别的大用场，唯一能够废物利用的，就是当卷烟纸。随手扯下一张，顺着纸茬裁成三条，大小正好用来卷旱烟。因为纸薄"透帘"，也就是撒气漏风，抽着费劲，但也顾不了许多了。

七十年代后期，文艺得到复兴，一下子冒出许多电影明星，这时正值"挂历"悄然兴起，这些明星随着挂历走进千家万户，成了过年时的新宠。挂历每月一张，加上封面，十三个大大的美人头像，明眉皓齿，满目含春，在年画悄然淡出人们生活的时刻，适时登场。此后，又相继出现"金陵十二钗""古代仕女"以及国画山水花鸟、外国油画、书法等题材。一时间，倘若年关将近还没有弄到一本挂历，是一件很没有面子的事。

扭秧歌，全城集体大狂欢

早在几十年前，城里没有多少娱乐活动，夏天吃罢晚饭，三三两两聚在一起，边喝茶边闲聊，至晚散去。冬天，在没有电灯的情况下，都舍不得那点灯油，除非妇女干活计，否则早早钻到被窝里。偶尔聚在谁家的炕头上，东一耙子西一扫帚地闲聊，聊到哈欠连天，才各回各家。

盼着过年，不仅仅是盼着吃饺子，穿新衣服，秧歌对大人孩子也是一个很大的诱惑。

早年的秧歌队都由各大商号张罗。由商号出钱雇喇叭匠，扭秧歌的人则全凭自愿，好在扭秧歌的人才不缺，憋了一年，那些秧歌迷们早就

秧歌（一）

按捺不住，把自备的秧歌服洗了又洗，熨了又熨，只等着喇叭一响，锣鼓一敲就披挂上阵了。

通辽早期移民来自辽南及河北唐山一带的人较多，尤其是在此开商号、当掌柜、站柜台的，多出自这两个地方。这两个地方又都以不同特点的秧歌著称。辽南的秧歌、高跷火爆热烈，唐山的秧歌细腻俏皮，这两种风格在通辽相遇，再经过多年磨合，就形成了通辽独有的粗犷中不乏柔美，豪放中兼具诙谐幽默的独特风格。

扭秧歌通常从大年三十开始，天刚一黑，各路秧歌就纷纷登场，沿着事先规定好的路线走一圈便草草收场。这算是一年中秧歌的预演，正式演出要等到大年初一一直到正月十五。

秧歌每晚六七点钟出发，沿着大商号集中的大街边扭边走，行人也是一路跟随。各大商号早已做好准备，门前摆好条桌，桌子上一排排大腕斟满茶水。秧歌队一到，顿时鞭炮齐鸣，以示欢迎。秧歌队的"伞头"即领队随即指挥秧歌队就地"打场"。

秧歌（二）

看秧歌，看的是走在秧歌队中央的演员，他们大都两两一对，扮成戏曲或民间故事人物，如跑旱船、老汉推车、傻柱子赶驴，还有小放牛、董永与七仙女、牛郎织女等等。秧歌队里少不了"老蒯"，这是旧时对老年妇女的称呼。"老蒯"梳的是"把儿头"，把头发梳成一尺来长，粗粗的发髻儿，在脑袋后面撅着，老百姓戏称"屎橛子"。手里拿着一根又粗又大的大烟袋。走在秧歌队两侧的扭起来按部就班，在当中扭的就随意得多，可以自由发挥，动作夸张，表情丰富，成为最大的看点。扭过一阵之后，"傻柱子赶驴""老汉推车"等就开始登场表演。往往是用滑稽夸张的动作表情，如表现犟驴不肯走路，傻柱子前拉后推，一通忙乎，抽冷子犟驴还会来一蹶子，把傻柱子踢个仰八叉。

在秧歌队中间的人物往往根据时尚添加。如解放初期普及婚姻法，秧歌队里就出现"刘巧儿"和瘸腿刘世昌的形象，刘巧儿梳着一条大辫子，一手挎着小筐，另一只手拿着一绺线。刘世昌拄着文明棍，一走一拐，十分滑稽。

跑旱船

"窗户眼吹喇叭——名声在外"，说的就是唢呐。一伙秧歌扭得好不好，能不能招人，喇叭是关键。财大气粗的老板们每到过年，都要派人到外地去请"喇叭匠"。最有名的喇叭匠当然是非唐山地区的昌黎、乐亭莫属。

喇叭匠和锣鼓家什跟在秧歌队的后面。有人专门喜欢听喇叭，一路走在喇叭匠后面。每天晚上秧歌队走了一圈，大约到了夜里十点多钟，没有好喇叭匠的纷纷散去，手段高的两三伙喇叭匠会不约而同地汇聚到一个较宽敞的地方摆擂台。路南一伙，路北一伙，各自展示自己的看家本领。他们各使绝招，观众则是一会跑到路南，一会跑到路北，鼓掌助威声不绝于耳。喇叭匠有用两个鼻孔同时吹两个喇叭的，有一边用鼻孔抽烟一边吹喇叭的。你头顶上顶一碗水，我就在两个胳膊肘上各放一碗水。最后，观众不再来回跑，只盯住一伙喇叭匠，受到冷落的一方只得认输，悻悻离去。这时，已经是夜半时分了。

"跷着脚，往里瞧，净看人家的后脑勺。"唱的是看秧歌的人山人海，个小的挤又挤不进去，看又看不着。而踩高跷比扭秧歌的陡然高出半米多，给了看秧歌人群里的女孩子、小个子提供了方便。

除了秧歌，还有舞狮子、舞龙。这可不是一般爱好者能玩的，不仅需要体力，还要很强的技巧性。舞龙时，十几个人舞一条龙，要做出翻滚、摆动等动作，两条龙还要交叉跑动，稍有差池就会乱套。舞狮子时每只狮子里一头一尾两个人，蒙着头，互相看不见，还要做各种登高、翻滚等高难动作，只能靠默契。

整个过年期间，各家秧歌队悉数出动，有时都汇聚到南大街（明仁大街），一伙挨着一伙，让人目不暇给。从初一到十五，家家出动，万人空巷，锣鼓一响，谁还能在家里坐得住呢！

搭彩门

彩门，只有过年时才得一见。不过，通辽的彩门有自己的特点，与别处不同。其他地方搭彩门，采用松柏树枝。通辽过去没有常青树木，却有一样别处没有的东西——接骨草。其实，接骨草是俗称，学名叫作麻黄草。这种东西喜欢长在沙化地区，是通辽的特产。

所谓彩门，就是在自家门脸前再搭一座"门"。用脚手杆做骨架，搭成每侧一米来宽，比门稍高的架子，架子上绑上接骨草，刷上绿油漆，不到近处看，和松柏枝相差无几。彩门上还要挂对联，安装彩灯泡。当时买不到现成的彩色灯泡，便用白炽灯泡刷上各种颜色的油漆。搭彩门，也是商家实力的象征，小门小户很少有跟着凑热闹的。

搭彩门的习俗一直延续到解放以后的五十年代，此后，国营商店陆续盖起门脸宽大的营业室，有的还盖起楼房，搭彩门就显得不太协调，彩门便悄然退出点缀春节喜庆的行列。

晚上看秧歌，白天也不能闲着，最忙碌的要数拜年。首先是亲属，从辈分高的开始，拎着"果匣子"东家走，西家走，该磕头的磕头，该行礼的行礼，反正礼数不能差。左右邻居也要挨家走，平时要好的邻居要走，有点隔阂，犯过口角的，过年时到家里去问一声"过年好"，往日的小嫌隙烟消云散，仍然是好邻居。

要正月，闹二月，哩哩啦啦到三月。城里人虽然没有这么休闲，正月里还是相对轻松。妇女除了正月初五象征性地"缝破"动一下针线，整个正月没什么活计可干。

过了十五，年基本上结束。不过，还有一样东西没吃完，那就是杀猪的人家没工夫吃的猪头、猪爪、猪尾巴。不过，要等到二月二龙抬头的日子。那二月二，埋在天然冰箱——雪堆里的猪头、下水也该开化，再不吃就要坏了。

在日子不算富裕的年代，过年，等于集中补充营养。大块肉炖酸菜，这时也吃得差不多了，平时不受待见，被说成"不香不臭猪头肉"的下货，是最后的年味。

在猪下货里，猪尾巴是最少的，但猪尾巴毕竟是下酒的好菜。因此，大人们为了独享这一口福，编出一套说辞：小孩子不能吃猪尾巴，吃了会"后惊"——走夜路害怕，总以为后面有动静。

老通辽的"说道"

在通辽话里"说道"这个词有多重语义。把事情掰扯明白，叫"说道说道"；好挑理，叫"说道多"；某些事情里有门道、有玄机，叫"这里头有说道"。有时会问"有啥说道吗？"就是指不成文的规矩，也就是本文所说的"说道"。

"说道"，也叫"讲究"，有时用来指某种禁忌。有的"说道"含有迷信色彩，更多的是从长期生活中总结出来的经验教训。为了让人们加深印象，有时加上一些恐吓的内容。

老通辽汇聚多个地方的移民，"说道"也自然少不了。

茶壶嘴不许对着人，不许朝外

不论是坐在炉子上的铁茶壶，还是沏茶用的瓷壶，放的时候一定要把壶嘴朝着里面。壶嘴对着人，是对人不礼貌，不尊重；壶嘴朝外，有人来回走，特别是孩子来回跑动，不小心衣服挂到壶嘴，会出危险。

递茶碗不许用指头捏着茶碗口

家里来了客人一定要沏茶，过去，没有老板杯、保温杯，最常见的是带蓝边的瓷茶杯。刚倒上茶，杯子烫手，不懂事的就用几根手指头把杯子捏起来。这样会惹客人不满意，心直口快的会说一句："这孩子，捏我脑袋呢。"这种"说道"其实有一定道理，用手捏过的杯子口，难免会弄脏，叫人家怎么喝茶呢。

还悠车、晃车不能空着

"养活孩子吊起来"，这是东北很普遍的习俗。所谓"吊"就是把小孩放在悠车里。悠车，整体像一只花生形状的小船，四角各拴一根绳，吊在房梁或檩子上，哄孩子时用手一推，悠车就像秋千一样来回摆动。还有一种小孩子睡觉的车，叫晃

养活孩子吊起来，是东北三大怪之一。图为小孩悠车

车。通辽话把晃读成 hàng。晃车两端有堵头，底部半圆，中间用几根木条连起来。底部铺上糠口袋，小褥子。

孩子家家都生，但悠车、晃车不是家家都有，大部分人家都靠借。等到孩子稍大，悠车或晃车不再用，要还回去，但在还的时候必须在车里放点东西。放东西，不是悠车的主人小气，借机要人情，主要是不能让悠车空着。东西不在大小，找一块砖头主人也不会挑理。否则，会被认为不吉利。

女孩不许倚门框

通辽女孩天真活泼，率性真诚，不扭捏，家长也不过分强调女孩的举止。但有一样是被绝对禁止的，就是站着时身体倚靠着门框。

这种禁忌大概与当时一种叫"半掩门子"的人有关。"半掩门子"即暗娼，多数是原来的妓女，人老珠黄后被赶出妓院。找一间临街房屋，门半开半掩，女人斜着身子，倚门而立，是这种人的职业特征，精于此道的嫖客一眼就知道她们的身份。

所以，正经人家的女孩，从小就要养成习惯，有话到屋里来说，要卖呆儿就出去，绝不能一脚门里一脚门外，更不能把身子倚在门框上。

大伯哥不能娶弟妹

按老通辽规矩，丈夫死了，妻子可以嫁给小叔，但绝不能嫁给大伯哥。旧时，大伯哥与兄弟媳妇有不见面之说，平日两人尽量回避。一般人家生活、居住条件有限，两人不见面几乎不可能。但是，大伯哥要保持一定的尊严，不能和兄弟媳妇说笑话。相比之下，小叔就随便得多。但和亲嫂子只限于开简单的玩笑，不可过分。老百姓中有"老嫂比母"的说法，源于包公吃嫂子奶水长大。但哥哥去世后，小叔娶嫂子却被允许，好处是孩子可以不改姓，亲叔叔对亲侄子能视如己出。兄弟媳妇如果嫁给大伯哥，会叫人耻笑。

女孩结婚要抓福钱、离娘肉

结婚时，女方有些人家"讲究多"，但只要不过分，男方都能接受。抓福钱、离娘肉就是其中之一。

抓福钱，就是女孩子要上轿前，男方要拿一个装着钱的兜子，让女孩伸手掏钱，只许抓一把，抓多抓少全凭女孩的手大小。当然，兜子里装的都是"铜子"或"钢镚"，面额不会大。说法就是，女孩抓了钱，结婚后会有福。

离娘肉，也是在男方接亲时带过去，按规矩，到肉铺要求砍一刀，多少不拘。为了让对方满意，通常会选腰条、后鞧等较好的位置，且要多砍一点。女儿是娘的心头肉，结婚嫁人，做娘的总有点舍不得，离娘肉算是一点补偿。

小孩"出花"，家里不许炒豆子、炝锅

麻痘惊疳是中国古代小儿科四大主病，其中痘即天花。

出天花，又叫出花，在普遍接种疫苗前，得天花死亡率极高，即便治好，也会在脸上留下麻子。清朝顺治皇上就是死于天花，康熙也因为出过天花而当了皇帝。孩子出天花，家里人都很恐慌，事事小心翼翼。民间传说，出花怕干锅，因此，在小孩出天花期间，家里禁止炒豆子、炝锅，尤其是不能让出花的孩子到干锅跟前。

解放后定期为儿童接种疫苗，已经基本上消灭这种传染性疾病。过

去随处可见的麻子也难得一见了。

生小孩门前挂红布条

女人生孩子，又叫临盆、落草。生完孩子一个月不出门，也不见生人，以免带来秽气。为了提示外人，免得生人，尤其是孕妇、戴孝的误入产房，小孩出生后，要在外屋门框上挂一根红布条。有了这根红布条，即便是要饭的见了也会躲避，不会贸然上门讨要。

一些有文化的人家生了孩子后，还会用红纸写上"弄璋之喜"或"弄瓦之喜"贴在门上，以示所生的是男孩还是女孩。璋，玉器，指男孩；瓦，瓦罐，指女孩。重男轻女，一目了然。

新婚女子不得参加别人的婚礼

新婚未过百天的女子，不得参加别人婚礼，不能和其他新娘子见面。新婚的男子也不得到别人的新房里参加闹洞房。特别是在新人下轿、拜天地时，更不能参加。

怀孕的妇女也不得参加别人的婚礼。怀了小孩，即肚子里有了"小人"，怕新人被小人冲撞。

捆死婴男女有别

在医疗条件极差的年代，儿童出生率低、死亡率极高。很多小孩都因为天花、麻疹、伤寒等传染病死亡。更有一些人家孩子多养不起，生了女孩便随即溺死。

小孩死了不能自己家人往外扔，要找一个鳏寡孤独的老人，多少给几个钱，求他帮忙。死婴扔掉之前，先要用小被，或破炕席、草帘子裹起来，再用草绳捆上。不同的是，男孩与女孩捆法不一样，男孩肩下、腰部、脚踝各捆一道；女孩则是上下各捆一道。

一直到20世纪50年代，出城壕不远的荒郊野地里，尤其是柳树毛子里面，不小心就会看到一具死婴的尸体。

不许往火里吐吐沫

鼻涕、吐沫绝不能往火里吐，尤其是火盆。一方面防止有异味，另一方面应该与人们敬火的古老习俗有关。

　　自从人类学会使用火，就对火产生一种敬畏感。俗话说，水火不留情。火既可以造福于人，恼怒时，也能加害于人，在普通百姓的心里，更多的是对火的感恩。通辽地处内蒙古东部，自农耕文化进入草原，就在不断地与原住民蒙古人进行文化交融。在蒙古民族习俗里，对火的敬重表现得尤其神圣，火要放在蒙古包正中间，不许从火上面迈过去，在火旁边烤鞋袜，往火里吐吐沫等行为更是受到严格禁止。

老通辽的"姑奶子"挑理

"姑奶子",是旧时对家中女儿的称呼,不论结没结婚,嫁没嫁人,一律称姑奶子,依次排序,大女儿称大姑奶子,二女儿称二姑奶子。上了年纪,娘家的晚辈则称呼为老姑奶子。

在老通辽,姑奶子金贵,这一点和其他地方的重男轻女截然不同。

从小到大,姑奶子在家没人敢惹,就是长辈也得让她三分。为什么姑奶子这么厉害?这还得从满族人的风俗谈起。

大清朝前后经历近三百年,满族的生活习俗渐

老通辽的"姑奶子"

渐被人接受,尤其是科尔沁地区及老通辽城里受的影响更深。蒙古科尔沁部,在大清朝还叫"后金"时期,就与努尔哈赤结下同盟,并以姻亲方式不断延续。蒙古王公把女儿送到宫里当皇后、嫁给满族王公贝勒当福晋的大有人在,皇上也把格格或王公大臣的女儿下嫁到科尔沁。

仅就通辽城所在地科尔沁左翼中旗来说，莽古斯王爷的儿子宰桑一共有四个儿子：乌克善、察罕、索诺木、满珠习礼。孝端皇后是莽古斯的女儿，俗称大玉儿的孝庄皇后是宰桑的女儿，顺治废后是乌克善的女儿，孝惠皇后和淑惠妃是察罕之子绰尔济的女儿，康熙悼妃是满珠习礼的女儿，康熙宣妃是满珠习礼的儿子和塔的女儿。太宗养女和硕公主的额附是满珠习礼，太宗端靖长公主的额附奇塔特是索诺木的儿子，太宗雍穆长公主的额附是乌克善的儿子，世祖端敏公主的额附班第是满珠习礼的孙子、和塔的儿子，圣祖纯禧公主的额附班第是奇塔特的孙子（端靖长公主的额附），乾隆和敬公主的额附是班第（端敏公主的额附）的孙子。不说别的，一个家族不到四十年间，连续四代出四位皇后，数名皇妃，以及其他众多的联姻，怕是给科尔沁的女儿赚足面子了吧。

在大清入主中原的年代，每年都在满族人里进行选秀，被选上的女孩，被送到宫里，在她们中间，指不定哪位被皇上看中，就成了皇后或受宠的嫔妃，慈禧就是最好的例子。满族女孩自小就有了这样未可知的未来，哪个还敢小瞧，谁还敢轻视呢？

深受满蒙习俗熏染的通辽人，自然也就对女儿敬重三分。女孩子从小被骄纵惯了，慢慢就养成了说一不二的"脾气"，即便长大嫁了人，回到家里依然是一副骄横跋扈，没理辩三分，得理不让人的架势。

按理说，姑奶子既嫁了人，再回娘家就成了戚（通辽话读qiě）。回家就变得有时有晌。不过，有两种情况，除非有特殊事，必须回娘家，一是大年初二，再就是生小孩出满月，回娘家"挪骚窝子"。

"挪骚窝子"是老礼儿，一直到现在也没断。不过，早些年的一个做法却不知不觉地没有了。过去，临到娘家去之前，要在孩子的鼻梁子上化一道黑，叫"小黑狗"，从娘家回来，再画一道白，叫"小白狗"。老话叫：外孙是姥姥家的狗，吃完就走。

"挪骚窝子"多少天，似乎没有明确的说法，短的三五天或十天半个月，最长的住一个月。

至于为什么要"挪骚窝子"，好像也没特殊的道理。想必是产妇在屋子里憋了一个月，不许开窗门，不许到外面走动，好似蹲了一个月大狱。好不容易熬出了头，可以出门透一口气。

还有，一些年轻夫妇，此时已经好长时间没能"亲热"，现在终于等到孩子出了满月，难免会"蠢蠢欲动"。但刚出月子的产妇身体还未完全恢复，尚需多保养一些时日，"躲"到娘家，或许是最好的选择。回到娘家，坐在炕上，抽着烟袋，推着"悠车"，一天三顿等着母亲端上来可口的饭菜，这是在婆婆家里万万无法享受到的待遇。

以上所说的回娘家，都显示不出女儿在娘家的威风。回家拜年、挪骚窝子，娘家好吃好喝好招待，又赶上喜庆日子，再厉害的女儿也不好意思发脾气。

姑奶子挑理，大多在娘家办红白喜事的时候，兄弟、妹妹"换盅"、结婚，父亲母亲亡故这样的大事。

不论哪家要操办大事，都要事先到姑奶子"府上"咨询，把办事情的过程，准备办事情的时间，一一汇报，直到得到姑奶子的首肯。

如果是办喜事，情况会稍好，姑奶子心里一高兴，"挑理"只是走个过场。如果原来就和娘家嫂子、兄弟媳妇不睦，找茬大闹一场就在情理之中了。

姑奶子风尘仆仆回到娘家，一进门，娘家人便一个个小心翼翼，诚惶诚恐，唯恐稍有不慎招惹她生气。但既然"挑理"在"程序"之中，想要找个借口是不难的。首先，姑奶子一上炕，盘腿坐在炕头上，就要赶紧把新媳妇叫过来，规规矩矩给姑奶子行个礼，然后拿过烟袋锅装好烟，双手恭恭敬敬地递过去，叫一声"姑"。姑奶子当着新媳妇的面，总不好意思发火，抽两口烟，之后就要掏出"红包"，给新媳妇"改口钱"。然后，一边抽烟，一边拿眼睛四处"撒摸"①，某人没跟她说话，某人说话带搭不理，脸上没有笑容，被摆子上的新被褥颜色排列不对，总之，要找出点不是，连吵吵带喊地发泄一通，直到家里人连哄带劝，一直到

---

① 撒摸：东北方言，观察、打量的意思。

坐在桌子前端起酒盅也不罢休。酒足饭饱，吆喝一声"套车！"之后拎上烟袋拂袖而去。

闹得最厉害的要数丧事，家里父母去世，出殡那天，姑奶子一定要狠狠地"作"一通。先是跪在棺材前拍着棺材头一顿哭，并且要一边哭嘴里一边说，无非是"爹啊，你的命怎么这么苦啊！""妈啊，你怎么忍心扔下我就走了啊！"之后，哭诉中就难免夹枪带棒，含沙射影地指向某个人，或是嫂子，或是弟媳妇。因为并不指名道姓，被骂的也只能站在一边侧目而视，不敢答言。父母死了，女儿哭，肯定是出于真心，但在哭的同时，一定要发泄怨气，或真或假，或虚或实地控诉那心目中的不孝之子。

光是在哭丧时数落还不够，被大家搀扶起来，坐在炕头上还要继续。一会儿指责棺材板子薄了，棺材头画得不地道，一会儿又说装老衣裳件数不对，长短不合身。安排办丧事的程序本来是众约俗成，姑奶子也要鸡蛋里挑骨头，变着法地找出点毛病。家里办丧事，都盼着顺当，所以，无论姑奶子如何矫情，大家也都耐心解释，真叫急不得善不得，恐怕真的惹恼了，掀桌子摔碗。小心翼翼地哄到老人入土为安，一天云彩才算散尽。

姑奶子搅事儿，大半出于故意，不过是借机显示一下自己的威风。当然，也不是所有的姑奶子都一样。比如一家有三四个姑奶子，出头闹的只有一个，其余几个不免坐在一旁添油加醋，起哄架秧子，唯恐事情闹不大。

随着大清朝一倒台，姑奶子的地位已今非昔比。解放后，姑奶子挑理的习俗也曾延续了一段时间，后来推进移风易俗，讲究男女平等，姑奶子们的威风不再，慢慢地也就杀猪不吹——蔫退了。

远去的童趣

自从实行了独生子女政策，六个大人围着一个孩子转，成了大多数人家的生活模式。在家里，孩子没有了玩伴，也很少再有表哥、表姐。相比之下，旧时一大家子七八口人，或几十口人三代同堂、四世同堂的热闹多少有些让人心生留恋。

"多子多福"是中国人的老观念，再穷，也不耽误生孩子。不论富人穷人，不论城里乡下，都把多生孩子当成幸福。有钱的，有了孩子就有了继承人；没钱的，有了孩子就有了希望，指不定就有一个出息的，改换门庭，鸟枪换炮。退一步想，叫作"小子不吃三年闲饭"，多了个儿子，以后就多了个帮手。

通辽地处东北，冬天日短夜长，早些年，没有电灯，没有什么热闹，天一黑就早早钻进被窝，夫妇之间的亲热就是乐此不疲的娱乐活动，接下来的就是一个接一个的孩子降生。隔一年生一个的不新鲜，一年生一个的也常见，甚至还有两个孩子当年见面的，婆婆与儿媳同时坐月子的。

孩子多了，想娇惯也娇惯不过来。孩子们只能自找乐趣。虽然没有如今这些玩具，也没有现在这些玩法，春夏秋冬，随季节变换，也有很多游戏，孩子们陶醉其中，其乐也融融。

春天来了，万物勃发。柳树一发芽，就开始拧"哨"，也就是柳笛。拧柳笛方法简单，一学就会。从树上撅下一根筷头子粗细的柳树枝，可长可短，抽掉里面的芯，把一头的表皮弄掉，尖端弄薄就成了。用嘴一吹，发出呜呜的声音。也可以复杂一点，找稍粗一点的树枝，方法依旧，在树枝上像竹笛一样挖出洞来，就可以发出不同的声音。每到拧柳笛的季节，满胡同呜里哇啦，不亦乐乎。

夏秋之际可以到大河去洗澡。通辽不缺水，除了西辽河，还有沟沟汉汉。拎着镰刀，扛着扁担，说是去打草，却多数是奔着大河。大人临走时千叮咛万嘱咐，不许下河洗澡，但"将在外君命有所不受"，谁能抵挡得住河水的诱惑！在通辽，无论城里还是农村，小孩子至少也会搂几下狗刨。不会游泳难免被人耻笑。

在河里玩够了，跑到大堤上晒太阳。眼睛盯着高高的杨树上的老鸹窝。于是比爬树，看谁爬得高，能把老鸹窝里的蛋掏下来。如果幸运，还能抓到光着屁股的小老鸹。

抓蚂蚱，串蛤蟆，也是小孩子们常玩的游戏。最有意思的是逮蝈蝈、抓"三叫驴"。那时孩子们都会编蝈蝈笼子，用柳条或狗尾巴草，三下两下就编成一个精致的蝈蝈笼子。抓回蝈蝈或"三叫驴"，挂到房檐底下，塞一块黄瓜尾巴，或一朵倭瓜花，它们就无忧无虑，不知疲倦地叫唤。串蛤蟆要先做一根钎子：一根竹竿，前头绑上一根磨尖了的铁丝。不要癞蛤蟆，专找"青官""三道门"一类的青蛙。那时候出城不远就有很多水坑子，坑边长满杂草，癞蛤蟆、青蛙就在草上产卵，过不多久，就变成甩着小尾巴的蝌蚪。青蛙、蛤蟆多得出奇。人从水坑旁边过，不时就有蛤蟆跳到水里去。青蛙鼓着下颏"呱呱"地叫，瞅准了，一钎子下去就是一个。串蛤蟆主要是为了吃。找来柴火在大树下点着，拽下蛤蟆大腿依次串到钎子上，一会工夫，一顿烧烤就大功告成。解放后，老师耐心地讲解，蛤蟆是人类的朋友。道理虽懂，但仍然抵挡不住天然美味的诱惑。一直到城外没有了水洼，蛤蟆也绝迹。

抠字，是刚刚上学的孩子玩的一种游戏。一个人用树棍在地上抠出一个字，再用土覆盖好，有另一个孩子把这个字"抠出来"。技术性不强，只要找到某一个笔画，顺着用手指抠就行。但刚刚学会几个字的孩子玩起来仍然是津津有味。关键是这种游戏工具简单，场所也方便。

也有送上门来的热闹，练气功兼卖大力丸的、变戏法的、耍猴的、吹糖人的、拉洋片的，经常串胡同。听到锣声一响，立即会聚拢一帮孩子。买糖人要钱，多数人过眼瘾；看拉洋片没钱也看不到，但能听到拉洋片的唱。最受欢迎的是看练气功、变戏法、耍猴。这些人赚的是大人的钱，小孩子只能给他捧人场。

扒堆儿，也叫扒根儿。通辽周边沙子多，谁家挖菜窖、挖沟，几锹下去，就能挖出沙子。白白的沙子，极具流动性，把沙子攒成一小堆，上面插一根树枝，两个人相对而坐，每人在沙堆上往下扒一下，越扒越要小心，沙堆越来越小，插进沙子里的树枝也

扒堆

渐渐露出根部，谁在扒最后一下时树枝倒下，就算输了。游戏不用特殊的道具，随手可得。玩法也简单，人人都会，但是却能锻炼小孩子从小养成做事细致认真，不毛糙的习惯。

在孩子们众多的游戏中，要数冬天花样百出。虽然是数九寒天，衣衫单薄，也照样没黑天没白天地玩。

最简单的游戏是"挤香油"，香油，和炒菜用的香油没关系，通辽话念"香油"两个字前重后轻，也有的读成"香应"。有便宜的意思，如"捡香油"就是捡便宜。"挤香油"也就是挤便宜，不挤白不挤。"挤香油"时把人分成两队，倚墙相对而立，一声开始，一致使劲往中间挤，直到把对方扑扑棱棱挤倒在地。骑马打仗 这是锻炼孩子机智勇敢的游

戏。胡同里的孩子分成两伙，再分成两个人一组，一个在下面当底座，一个骑在底座的肩上，千方百计把对方拉下来；之后是撞拐，两个人捉对厮杀，单脚着地，用手扳着另一脚，用膝盖互相撞，直到把对方撞倒或把脚落在地上。

撞拐

有趣的是一种叫作"清水大萝卜小白菜"的游戏，玩具就是脚下穿的鞋。把鞋脱下来，双脚反着踩上去，用脚尖钩着鞋后跟，然后双脚夹着鞋用力向上甩。两只鞋落地后会出现各种不同的组合方式：两只鞋双双底朝上的、一只朝上一只朝下的，还有侧着的等等，不同的组合有不同的名字，依此决定胜负。这个游戏即便是再"疯"的女孩子也绝对不会参加。

这几样游戏顶属"挤香油"令大人懊恼。因为要使劲靠着墙往里挤，棉袄坏得非常快。本来应该是最省的棉袄的肩头和后背，因为"挤香油"常常最先磨破。

滑冰车，是冬天男孩女孩都爱玩的游戏。冰车一尺左右见方，底下的两条带上钉上两根八号线。两只手各握着一根钎子，坐在冰车上，用钎子支撑冰车滑行。虽然天寒地冻，但带着厚厚的棉"手闷子"不得劲，干脆就徒手滑。很多孩子冻得两手长着又黑又厚的皴，只得天天抹蛤蜊油，龇牙咧嘴地在火盆上烤。

溜冰，不用任何工具，在冰面上跑上几步，收住脚，就向前滑行。只要有冰的地方就能玩。因为太简单，只是遇到冰的时候随便滑几下。孩子们最爱玩的还是打"冰尜"。冰尜与外国的陀螺不一样，是用木头旋的，桃形，上面平下面尖。在尖端钉进一个滚珠，选一块有冰的地方，用鞭子缠住冰尜，猛地甩出去，冰尜在离心力的作用下在冰上迅速旋转，转得慢了，就用鞭子抽几下。鞭梢很有讲究，用一般的线绳，抽不了几下鞭梢就"飞了"，最好是买一根皮鞭梢，牛皮做的，经久耐用。

冰尜要花钱买，这对有些人家的孩子来说有点奢侈，于是就发明了"天尜"。找一节柳木棒子，一寸来粗，两头削尖。打"天尜"不用有冰，有一块宽绰的地方就行。每人手里拿着一块带把的木板，大约像乒乓球拍子，把天尜放在一块砖头上，探出小半截，用拍子击打露出砖头的部分，在天尜飞起来的瞬间，再接着用拍子用力向远处打。看谁打得最远。

弹球、扇"啪叽"（通辽话叫pià ji），总能招来一群人。弹球，是一种玻璃球，拇指盖大小。"啪叽"有两种，一种是买现成的，一种是自己用纸叠的。买的"啪叽"是彩色的，圆形，一张彩色画面贴在马粪纸上，都是三国、水浒、岳飞传、封神榜上的人物。买回来后沿着圆形的边缘剪下来。精细一点的要坐在炉子旁边，一边打蜡一边用火烤；自制的"啪叽"是用纸叠的，梯形，大小不拘。玩的时候一张"啪叽"放在地上，想办法让四周不露缝隙，另一个人用"啪叽"用力扇，把对方的"啪叽"扇得翻过来算赢。

上面所说，大都适合男孩子玩，女孩子有自己的玩法。

翻花肠，是把一根毛线两端系住，一个人用双手的拇指、食指撑起来，再由另一个人变换着指法，变成各种各样的图案。"猪槽子""花手绢""瞎线穗子"等等，不一而足。到了冬天，女孩最喜欢玩的就是"抓嘎拉哈"。抓，东北话读chuǎ，普通话里没有这个读音的字。和它同音的还有"抓贱儿"，是说小孩子用语言或行动讨大人喜欢。"抓工夫"就是抽出时间的意思。

抓嘎拉哈适合女孩子冬天玩。嘎拉哈，是猪、羊等动物的后腿关节，女孩玩的是羊嘎拉哈，大小适中。嘎拉哈分四面，每个面图案不同名称也不同，分别叫"枝儿""轮儿""壳儿""背儿"。缝一只"布口袋"，就是六小块花布，里面灌进黄豆或玉米粒。玩的时候只许用一只手，扔起布口袋的同时把几只嘎拉哈泼在炕上，然后，每扔起一次布口袋，迅疾地用食指和中指翻动嘎拉哈，使其按要求变换方向，最后，在一把拢起嘎拉哈，并把布口袋接在手里。后来有了小皮球，皮球落在炕上可以再弹起来，增加了抓嘎拉哈的趣味性。布口袋就专门用来"跳房子"了。

跳皮筋，也是女孩子喜欢的游戏，不论是课间，还是在家，找三五个同伴，一个稍宽敞的地方就可以玩。皮筋，大多是用自行车旧内胎，剪成筷头子宽的长条，四五米到五六米，结成一个环状。玩时两头各站一个人，把皮筋分别套在身上，从脚踝开始，然后是膝盖、腰部、肩部，最后用双手把皮筋举起来；另一个人则用双脚勾动皮筋，做出各种花样。失败一次，立即换人。跳皮筋时，还要同时唱儿歌，脚步与儿歌节奏相配合。这种儿歌往往带有适时性，如五十年代初期的儿歌：跳皮筋，我会跳，三反运动我知道；反贪污，反浪费，官僚主义也在内。

踢毽子和踢口袋。通辽人管毽子叫"欠儿"。一到冬天，男孩几乎哪个人都有一个毽子，女孩踢毽子的少，踢口袋的多。

扎毽子是一个技术活。三个铜钱——通辽人叫大钱儿，把一撮毛穿到铜钱的孔里，钉进一个小楔子，把铜钱底部露出来的毛和楔子削平、磨光，毽子就扎成了。关键的是毛的多少要合适，楔子要正好钉在铜钱的正中心，毽子才好使，踢起来"走正道"，不"贼"。

那时候铜钱不缺，几乎哪家都能找出几把来。康熙通宝、乾隆通宝、嘉庆通宝、咸丰通宝，大都是清代的铜钱，但薄厚不一样，道光以前的大钱儿厚一些，越往后越薄。那时候不知道，铜钱的薄厚与当时的国力息息相关。扎毽子喜欢用厚一点的，三个铜钱扎的毽子不"飘"。

扎毽子的毛最好是用狗尾巴毛，次一点的是山羊胡子，毛长、根部有绒，不仅好看，也好用。但狗尾巴毛太难找，毕竟杀狗的不多，即便杀了狗，一根尾巴也只能扎一个毽子。所以，谁有一个用狗尾巴毛扎的毽子，上学、放学都托在手心上，不光是显摆，也是怕揣在口袋里把毛压变了形。

小楔子就容易多了，找一根竹签，吃糖葫芦剩下的竹签就行，切下一小截，把头弄尖。

踢毽子讲究技巧，用脚内侧踢是最简单的。复杂的是一整套动作，分为"压""打""跪""踩""掏"，之后循环。两个人玩，一个人把毽子掉在地上算失败。

踢毽子适合冬天玩，用三个大钱扎的毽子也有一定的分量，穿夹鞋、单鞋，打在脚上会很疼。加上踢毽子运动量很大，容易出汗。

民国以后，政府明令不许缠足，女孩子的脚得到解放。女孩子也有踢毽子的，但更喜欢踢口袋。口袋是用六块花布缝的，里面灌玉米粒、黄豆粒，一踢起来有"哗楞哗楞"的响声。可以踢，也可以"跳房子"在地上画上格子，用单脚踢。身体一起一伏，大辫子也跟着起起落落。对训练女孩子的平衡能力很有好处。

"犟犟嘿"定先后。不论是分成两个队还是两个人玩，玩之前都要确定谁先谁后，现代体育比赛扔硬币，猜反正面，叫猜先。小孩子玩不用硬币，方法是两个人"石头、剪子、布"。有的地方叫"叮钢锤"，通辽人叫"犟犟嘿"，就是最简单的猜拳。女孩子不用拳，用脚，一声"一二三"，两个人同时跳，两脚并拢是石头，一脚在前一脚在后是剪子，两脚岔开是布。

穷，有穷的乐趣。那时，家家孩子多，家长照顾不过来，只能自己找乐趣。没有玩具，就只能因陋就简，自己开发。这些简单易学，几乎不花成本的游戏，伴随着那个时代的孩子，在潜移默化中对增长智力、增强体力起到很好的作用。

老通辽八景

　　旧时，很多城市都有自己的"八景"，也就是把八种最能代表城市特点的人文、自然景观，分别起一个有诗意的名字。最著名的如老北京的"燕京八景"、杭州的"西湖八景"、南京的"金陵八景"，东北的锦州昔日也有"锦州八景"之说。各地所谓的八景，大都是文人骚客所为，是典型的现实主义和浪漫主义的结合。

　　通辽城历史较短，缺少历代遗存下来的古建筑和遗迹；最早来到这里的移民忙于商海拼搏，难免少了一点浪漫的文人情怀。但通辽这块宝地水草丰美，四季分明，不乏长河落日，大漠孤烟之美。春有杨花柳絮，草色遥看近却无；夏有古木苍苍，十里蛙声动城郭；秋有沃野庄田，浩浩金风稻粱香；冬有九天飞絮，玉树琼枝野茫茫。塞外小城，宛如山野村妞，开朗，率真，不做作，不扭捏，充满野性之美、自然之美，与那些名城故郡相比，别有一番韵味，有别人不具备的天然色彩，天人合一，古朴自然。因此，弄出一个属于通辽人自己的"老通辽八景"，自有别样意趣。

　　如今，随着城市改造、扩张，昔日景物已难寻踪迹。取而代之的，是宽阔的马路，拥堵的汽车和一片片高楼大厦。抚今追昔，一些过来人难免唏嘘感叹。为此，笔者查阅文史资料，走访古稀老人，同时，根据笔者当年所见所闻，拟定了"老通辽八景"，此八景分别是：

敖包走马、落日飞鸦、春河流凌、柳林烟雨、金沙夕照、古树长堤、月下蛙鸣、关庙榆钱。

敖包走马

春风一夜柳丝娇，草长莺飞入望遥。

走马欢歌情欲醉，几回梦里会敖包。

蒙古敖包位于和平路与西拉木伦大街西南角一带，这座敖包在没有建通辽镇时就已经存在了。当时，曾有一道沙梁自西南向东北逶迤而去，这座蒙古敖包就坐落在沙梁南侧。科尔沁蒙古族把这座敖包称作"科尔沁的肚脐眼"，也就是科尔

敖包走马

沁草原中心的意思。在巴林爱新荒丈放之前，每年夏天蒙古牧民都要在这里举行一次那达慕，除了进行"男儿三艺"，即骑马、射箭、摔跤比赛外，还要进行商品交易。通辽建城后，在敖包以北，即现在的西拉木伦公园、科尔沁宾馆一带建立了通辽县苗圃。

1931年，日寇占领通辽，在敖包附近建了一座"蒙古忠魂塔"，用来祭奠被抗日军民杀死的日本孤魂野鬼。同时，为了造成"满蒙一体""大东亚共荣圈"的假象，强行迁来几户蒙古人，在苗圃东南角，搭起蒙古包，每逢祭祀的日子，强行拉来城里的公职人员和"国高"学生凑数。同时，要蒙古人举行骑马、射箭、摔跤比赛。

1945年，日寇投降，忠魂塔被推倒，蒙古人迁走，这里一度归于平静。解放后，因为通辽城里没有公园，苗圃东南角就成了人们周末休闲娱乐的地方。情侣在树林深处喁喁私语，人们带着孩子在枝影参差的树

下嬉戏，一派恬淡祥和景象。一直到1958年人民公园建成，这里也改建成果树园。

落日飞鸦

古寺残垣沐晚霞，疏林寂寂宿寒鸦。

霜风起处炊烟袅，欲解愁怀向酒家。

出老北门——交通路与霍林河大街交汇口往北，路西有一片黑森森的树林，树木高大苍黑，翁翁郁郁，树梢上搭满了老鸹窝。每到太阳西坠时分，西天边落霞如锦，一片灿烂，宛如一张巨大的天幕，高大的树木如剪影一般，归巢的老鸹聚集在树林上

落日飞鸦

空，几千只老鸹黑压压地在晚霞映衬下盘旋飞舞。这一幕，每天傍晚都要准时上演。

虽然黑树林远远看上去郁郁葱葱，充满生机，但人们却很少到那里去。老北门是通往西辽河北岸的出口，出北门到城外办事的人们走到这里，也不由得加快脚步，因为这里被人们称之为"祭古寺"，也就是通辽城公共墓地。就在这树木下面，一堆堆黄土，掩埋着死去的人们。路旁常会有新留下的纸钱，透过树影间隙，总能看到那些新坟的坟头上飘扬着白纸灵幡。在"祭古寺"南侧，有几间破败的房子，青砖蓝瓦，隐约可见当年的巍峨，这就是通辽建成不久的龙王庙。庙建成不久，香火不旺，渐渐淡出人们的视野，成了看坟人的住地。所以，落日飞鸦景色虽美，却只可远观，不能亵玩。

老鸹，学名乌鸦，人们将其视为不祥之鸟，现在，有人脱口说出不

吉利的话，仍会被人斥之为"乌鸦嘴"。究其原因，大概与老鸹食腐肉有关。那时候，战争、灾害不断，尸横遍野、饿殍载道时有发生，老鸹就自觉担负起"清道夫"的重任。人们对它的厌恶之心也由此产生。其实，究其历史，老鸹也曾辉煌过，它是古代图腾中的神鸟——太阳鸟。远古岩画上太阳图案中间的那只鸟就是老鸹。老鸹的特点是"日出离巢，日暮回归"，与太阳执行的是同一作息时间。京剧唱词中的"金乌坠，玉兔升"，分别指的就是太阳、月亮。

这一神鸟在20世纪50年代却险遭灭顶之灾。当时，在大搞卫生运动的前提下，提出"消灭四害"，即"苍蝇、蚊子、老鼠、麻雀"四种有害人类的动物。前三种主要是传染疾病，麻雀则是糟害粮食。后来，有专家说，麻雀一年吃掉的害虫所保护的粮食与他们吃掉的粮食相当，所以又把麻雀改为臭虫，再改为蟑螂。城门失火殃及池鱼。就在短短的时间里，消灭麻雀的枪口频频对准老鸹，致使老鸹在通辽一度绝迹。

当时，为了消灭麻雀，可谓煞费苦心，除了敲锣打鼓把麻雀惊动起来以外，没有锣鼓的就把家里的脸盆、水桶等能敲响的东西拿出来，使劲敲击，日夜不停，为的是让麻雀不得安宁。同时，弹弓、气枪齐上阵，搬梯子上房掏鸟窝，所有的手段一起施展出来对付小小的麻雀。麻雀毕竟体积小，飞得快，真正受害的却是老鸹。老鸹成为猎杀对象还有一个原因，那就是外贸部门收购老鸹皮，受利益的驱使，很多人甚至打麻雀是假，而打老鸹是真正目的。

如今，生态环境不断得到改善，很多多年不见的野生动物纷纷回归。奇怪的是，过去通辽少见的喜鹊如今却数量很多，甚至到城里筑巢，而那些成群结队、铺天盖地的老鸹已经难觅踪影，成了难得一见的"稀有动物"。

春河流凌

玉甲装成百万兵，载云破雾向东风。

春雷响彻重霄外，两岸惊蛰万物萌。

西辽河，从南往北，再往东，把通辽城西、北两侧搂在怀里。站在

春河流凌

西门外，西辽河大堤近在咫尺；出北门，行四五里就是辽河。当年的西辽河，水势浩渺，声闻数里。到了冬季，西辽河仿佛是玩累了的巨龙，平静而安详。寒冷的西北风把大河冻成一米多厚的冰层，底下，潺潺流水在暗中涌动；厚厚的冰面上可以跑大车，走汽车。

春天来了，万物萌动，生机一片。西辽河睡了一冬天，也被惊蛰的雷声惊醒。先是在河岸边，光溜溜的冰面开始解冻，化成晶莹闪烁的水滴，不消几天的工夫，冰面开始瓦解，大块的冰漂浮在河面上，冰凌拥挤着、碰撞着，在河水的裹挟下，在河面上横冲直撞，气势逼人。

大河开河时节，冰河又叫凌汛，尖利的冰块对河岸威胁极大。除了事先加固堤岸，凌汛期间还要派人坚守，以防万一。

此时，人们还没有脱掉厚厚的冬装——大棉袄、二棉裤、毡疙瘩、皮靰鞡，只有狗皮帽子被早早地摘掉。人们站在大堤上，看冰河奔腾，犹如千军万马疾驰而过，感受到的是属于北方的豪爽大气和雄浑壮阔。

随着西辽河断流，这一景观已经成为历史。虽然在大河里修了人工湖，但波澜不惊的一汪碧水和昔日的西辽河相比，宛如一只小小的澡盆，只能令人望水兴叹。

柳林烟雨

风拂岸柳两依依，翠染薰风景色奇。

最是一番烟雨后，蛙声漫过大河堤。

老通辽，杨柳树是当家树，其次便是榆树。最粗的两株柳树，在北门小学门前，几个人环抱不过来，盛夏时节，树荫遮住身旁的教室和半条马路；最大的一片柳树林，西、南两侧连着西辽河大堤，南至霍林河大街，

柳林烟雨

东至交通路西侧。加上西辽河大堤旁高大的杨柳树、祭古寺黑树林，浩浩荡荡的一大片。

不同之处是，这片树林不是高大的乔木，而是两米多高的灌木丛。每到秋季，柳编匠人就到这里割柳条，把粗细适中的柳条割下来，回去编筐、篮、篓、笆。编精细的小筐，要选较细的柳枝，去掉皮。经巧手编制，会编出各种花样，是妇女们的最爱。挂在自己屋子里的房笆，藏一些点心果品，同时，也是一件摆设。粗一些的柳条可以编土篮、柳条笆，结实耐用。

春天一到，柳树林就迎来了生机，铺天盖地的绿色由浅变深，春风刮过，柳枝摇曳，满目青翠。

小满前后，是候鸟往北迁徙的季节，柳林是鸟的天堂，有的是由此路过，有的就在这里安家落户，产卵孵雏。各种鸟儿或是在枝头高声鸣叫，或是躲在树荫里低吟浅唱，再加上相继出现的"三叫驴"、蝈蝈和不知名的鸣虫，寂静的柳树林变得十分热闹。

夏天，若遇上一场雨，柳树林里就生出蘑菇，一丛丛、一片片，遍地都是。住在城边的妇女们等不及雨停下来，就头顶着柳条筐到树林里拣蘑菇。

20世纪60年代初，在柳树林西北角建起靶场；八十年代末又在这里搞起了房地产开发；近些年，又修建起"奥体中心"。因此，那片鸟

语虫鸣的柳树林就彻底从人们的视线里消失了。

金沙夕照

城南疏柳鸟声喧，绿点金沙别有天。

喜看茫茫秋色里，斜阳犹照晚枫间。

通辽城南有一道沙带，从民航路起逶迤向东，横亘在铁路南侧，人称南沙坨子。

金沙夕照

这条沙带是通辽建城之前就有的，在当初规划通辽城的时候，南界在现科尔沁大街以北，距离南沙坨子尚有一段距离。另外，参与规划城址的卓里克图亲王就生活在科尔沁沙地边缘，这样一道沙梁对于他来说，不过是小巫见大巫；另一位参与规划城址的黄仕福黄总办，上任之初是从奉天到辽源，再到巴林爱新荒荒段，一路之上见过的沙地也远胜过通辽城南这条沙带，所以，在向奉天省呈报通辽城选址文件时，并未提及它，也在情理之中。但就是这道看似并不大的沙带，却给通辽人带来无尽的麻烦。

通辽风大，而风又总是与沙连在一起。每逢春季大风一起，南有沙坨子，西、北有北河套，小小的通辽城几乎被黄沙包围，无论风从哪个方向刮过来，城里都是黄沙漫天。自打铁路修通后，这条铁路线竟无意中成了沙带向北迁徙的障碍，但对铁路的危害也令人担忧。

其实，早在通辽建城之初，就开始了封沙育林，治理南沙坨子。因为当时通辽没有苗圃，育林治沙的树苗只得用从杨柳树上砍下来的树枝。西辽河两岸土地肥沃，地下水位高，种啥啥活。用一句契诃夫的话来说，叫作"春天插一根车辕，秋天就能结一辆大车"。但在沙坨子里种树就不知艰难多少倍。大风剥蚀，牲畜祸害，往往是春天种一片，秋后剩几棵。解放后，南沙坨子一直是绿化的重点，每年春天，机关、学校都有大批人马开进南沙坨子植树造林。就这样，年复一年，周而复始，终于使南沙坨子渐渐有了沙漠疏林模样。

由于南沙坨子土质差，树都长不高，也不直。夕阳西下时分，是南沙坨子最好看的时光，金色的阳光照在金灿灿的沙梁上，勾勒出沙梁起起伏伏的轮廓。生长在坨坑里、高岗上的杨柳树、榆树点缀其间，仿佛是一幅色彩厚重的油画。树上，有鸟儿鸣叫，偶尔，有一只跳兔蹿出来，转瞬间消失在另一个沙包后面；还有"马蛇子"，也就是四脚蛇，总是一副慌慌张张的样子，在滚烫的沙子上窜来窜去，一派生机勃勃的景象。

说来，秋天才是南沙坨子最美的季节。那金色的落叶、金色的沙坨、金色的秋阳，在蓝天白云下组合在一起，色彩和谐而又辉煌，徜徉其间，仿若置身世外。

如今的南沙坨子经过一代又一代通辽人的改造，早已从昔日黄沙漫漫抑或是金沙夕照，变成了"春有春花夏有荷，秋有金菊冬有雪"的现代化森林公园了。

古树长堤

放眼河边绿草萋，参天古木绕长堤。

秋声潜入青纱帐，三两闲鸥水上嬉。

因为西辽河从城西、城北两侧绕过，河两岸都有一道高高的大堤，人们把城西的大堤叫西大壕，把城北的大堤叫北大壕。

大壕为土筑，堤坡上长满青草，远远望去，高大的河堤宛如一条长龙。

就在大堤两侧，长满粗壮高大的杨柳树。这些树，有的是自然生长，不知生于何年，也有的是后来栽种。为了护堤固沙，历来严禁割草伐树，加上西辽河水的滋润，这里植被茂盛葱茏，树木高大粗壮。河滩里还生长着成片成片的红柳，河水大时，红柳被淹没在水底，水退了，红柳就再次挺直腰身。红柳开花时节，柔软的红柳条随风摇曳，满河滩里一片

古树长堤

粉红色，如雾如烟，宛若仙境。

漫步长堤，一面是隐约可见的通辽城，河对面是一望无际的青纱帐和缭绕在村庄上空的袅袅炊烟。抬头看，高大的杨树枝头是一个个乌鸦巢，各种小鸟在枝条间跳跃着鸣唱；低头看，是茂密的青草和灌木丛。时而有野兔蹿出来，野鸡也在那树丛里呼朋引伴。循声走过去，它会突然一下子飞起来，绚丽的羽毛在阳光下划过一道彩虹。

大堤下，树丛间，有一条羊肠小道，弯弯曲曲，通向树林深处。走在小路上，草梢拨弄着脚面，露水打湿裤脚，颜色各异的花朵挤挤挨挨，竞相开放，会有各种各样的蚂蚱箭一样弹射到你的衣服上，也有青蛙猛地跳起来，吓你一跳。

城市扩张、改造，原来的土堤早已不见，河身也比原来瘦了许多。取而代之的，是在花岗岩堤坝上的"科尔沁历史文化长廊"，一组组雕塑，娓娓讲述着科尔沁八百年历史。遗憾的是，昔日岸上古柳，河滩红柳已不见踪影。脚踩在平整坚硬的岩石上，再也找不到青草没膝，地毯般的感觉了。

月下蛙鸣

青苔滴翠草如茵，雨后沟渠隐万军。

月色朦胧蛙鼓密，烟波十里梦犹沉。

通辽的水多。西辽河自不必说，一到夏天，几场大雨过后，城里城外，到处是大大小小的水坑。还有常年不干涸的"湿地"，水不深，毛茸茸的水草毫不费力地钻出水面。只要一出城，道路两旁的排水沟里常年有水，水边上长着芦苇、水稗草、蛤蟆腿子等水草。

有水就有青蛙、蛤蟆。行走在野地里或田边地头，时不时地会有青蛙"嗖"地从你身边跳过去，落入水塘里。

河边的水草虽然茂盛，但割草的人对它们丝毫不感兴趣。这种草大概没有多少养分，牲畜不吃，靠割草卖钱的人割这种草等于白费力气；割草抹房、烧柴的人更不待见它们，这些水草含水分多，死沉死沉的，

月下蛙鸣

太阳一晒剩不下多少。但是，青蛙、蛤蟆离不开这些水草，这是它们产卵的地方，把卵产在水草的梗上，一串一串的，太阳一晒，几天后就变成一大群蝌蚪。蝌蚪很好玩，捧一捧水，手掌里就有十几个，摸一下，滑溜溜的。有人用筛子捞蝌蚪，回去喂鸭子，吃蝌蚪的母鸭都下双黄蛋。蝌蚪慢慢长大，有了蛤蟆的模样，但尾巴后面还留着一截小尾巴。等到尾巴退净，就成了真正的蛤蟆或青蛙。

从城壕到公路之间，大约四五十米的距离，雨水大的年份，这里常年不干，夏天，是浅浅的水洼，冬天就冻成冰。水里长着低矮的水草，夏秋之际，草梢上会长出紫红色的穗子。这里，也是蛤蟆的乐园（青蛙多在离城较远的地方）。一到夏天，它们每晚都要举行音乐会，青蛙们竞相亮起嗓门，此起彼伏的蛙声整夜不断。淘气的孩子们随手扔一个土块儿，蛙声戛然而止，工夫不大，蛙声就再次响起。住在城边的人家，每夜都枕着蛙声入睡。

下雨天，蛤蟆还会顺着排水的阳沟进城。有时候，人们睡得正香，突然就听到屋子里有蛤蟆叫。第二天起来，就会在水缸后面，或鞋里找

到那只笨拙的癞蛤蟆。

城里已经多年没有听到过蛤蟆的叫声了。就是到野外，也难得见到蛤蟆或青蛙的踪影。令人可喜的是，西拉木伦公园里最近却听到了久违的青蛙叫。相信随着生态环境的好转，人们环保意识的增强，蛙声会重新在梦中响起。

关庙榆钱

和风一缕涨春潮，古寺钟声荡九霄。

槛外柔枝新雨后，榆钱串串坠云梢。

关庙，就是老爷庙。老爷庙位于霍林河大街南、交通路西。城里共有三座寺庙，其中：圆通寺又叫李善人庙，是佛教寺庙；太山宫又叫姑子庵，是道教庵堂，在庙里修行的都是道姑；老爷庙祀奉香火的是道士。三座庙里都供奉着关羽，但老爷庙里在关羽泥塑的右侧还有岳飞的塑像。

老爷庙坐北朝南，是一个四合院结构的建筑群。前门面临一个广场，庙前有刁斗旗杆。拾阶而上是一道山门，进去了，就看到两侧的墙上各画着一幅画，东侧是杨二郎杨戬，手持方天画戟；西侧是托塔天王李靖，墨彩单钩，十

关庙榆钱

分传神。正对着山门的是三间正殿，东西两侧各有三间配殿，两棵榆树就在配殿的门前。

树不粗，胸径不足一尺，但长得十分精致，笔直的树干，树皮光滑，纹理如精心雕刻的一般。两棵树十分茂盛，树冠高高地举向天空，枝叶交叉，洒下一院子的阴凉。

春天，榆树叶子还没有长出来，就先挂了榆钱，淡绿色肥壮的榆钱

一嘟噜一串，压弯了枝头。

大凡寺庙，或许都有独特的气场，不论信与不信神佛，走进寺庙，那种独特的庄重肃穆，会给人们的心头罩上一层神秘感，不由得放轻脚步，收敛起玩世不恭。撸榆钱，是每年春天孩子们乐此不疲的事，大家有挎着筐特地去撸榆钱的，也有见到榆树，爬上去随手撸下一把填到嘴里的。可是，老爷庙的榆钱却没人去撸。即便是在20世纪50年代末的三年自然灾害中，野外几乎所有的榆钱早早地被人撸光，但老爷庙的榆钱却能独善其身。因此，老爷庙的榆钱长得十分茂盛，从老远就能看到那一树碧绿，直到渐渐转为金黄。

解放后，老爷庙被圈入北门小学的院子里，老道也离开庙宇。没有人看护，没有人管理，可两棵榆树照样蓬蓬勃勃地生长，照样每年春天都结出密密实实的榆钱。每到这时，总会有人专程到老爷庙去看榆钱。坐在大殿前的台阶上，晒着暖烘烘的太阳，静静地看着满树的碧绿，阳光从榆钱的缝隙里斑斑点点地洒在地上，只有成双成对的鸟儿不时落在树上，放开嗓门儿响亮地叫上几声，使寂静的寺庙平添了几分生机。

老通辽乡音锁谈

十里不同风，百里不同俗。不同地区的人都有自己独特的方言。通辽，是一个移民城市，人口来自辽宁、吉林、河北、山东、山西等地，五方杂地，互相交融，久而久之，都被当地方言同化，形成了今天的"通辽话"。

实话实说，通辽没有特殊的方言，所说的就是东北话。东北方言与普通话极为接近，但又有十分丰富的"土语"夹杂在内，这就形成了东北话独具的特点，这种独特性是无法替代的。

一个值得注意的现象是，在沈阳、长春等东北大城市，"东北土话"仍大行其道，大人孩子，一口一个"嗯哪""嘎哈"，显得亲切自然，地域符号特别明显，但是在通辽，一些使用了多年的土话已经渐渐淡出人们的口语，取而代之的是逐渐标准的"普通话"。

早年的通辽城里，来自各地的人或三五户毗邻而居，或十来户住在一个胡同，更多的是相互混杂。那时候，年长一些的，都说自己的家乡话。同样来自辽宁，辽西与辽南，沈阳与凤凰城各不一样；同样是"山东侉子"，鲁西与胶东口音相去甚远；同是河北人，河北南部与北部语言大不相同，来自"大名府"的河北话与唐山"老奤"大相径庭；此外还有卷着舌头含混不清的京腔、醋味十足的"老西儿"等等。

即便是来自同一个地区，其方言也存在明显的区别。比如离东北较近的河北唐山地区，按口音就可以分为昌黎、滦县、乐亭的"老奤儿"

和与之相邻的迁安、丰润一带的"二百二"。通辽城宛如北方方言博物馆，呈现出方言的多样性。

所谓老奤儿，与天津人所说的"老奤"含义不同，天津人把所有农村人都叫"老奤"，东北地区所说的"老奤"专指唐山口音，尤以昌、滦、乐三县为最，被戏称为"老奤国"。在老通辽话里，滦字没有"luán"的发音，统读成"蓝"音，就像把敖读成"挠"，把奥读成"闹"，把饿、恶、讹、蛾读成"讷"一样。

老奤说话柔和、绵软，极富乐感，像唱歌一样。他们把"哥"读成"隔"，把影读成"也儿"。过去，吃罢晚饭，胡同里经常会听到"走啊二隔，看也儿去"。这是在招呼邻居去看驴皮影。这种与生俱来的柔和性格和语言招人喜欢，所以很多人从小就进店铺当学徒、当掌柜或自己做小买卖。迁安一带的人被称作"二百二"，这一称呼和他们说话有关，"二百二"老家在山里，人倔，说话硬，舌头不会打弯。如果说在语言中把"儿化韵"运用得最好的是"老奤"的话，"二百二"就是最不擅使用"儿化韵"的。所以，"二百二"很少做小买卖或到买卖家当学徒，只能学手艺或做卖力气的活计。

早年通辽的山东人分为两部分，一部分选择在城里当搬运工或推手推车。搬运工，老通辽人称为"扛脚行"；推手推车，称作"推脚车"或"推胶车"。这两个行当不需要手艺，只需有一把子力气。年纪大了，攒了一点钱，也有人会栓一辆小毛驴车"拉脚"，火车站、商家买卖都用得着。还有一部分在郊区种菜为生，城北的北洼子、东洼子、刘家屯、城东的张菜园子，大部分来自山东。

老通辽"老西儿"不多，因此，很少听到酸溜溜的山西话。"老西儿"大都精明，老通辽有"奸老西子滑老奤"的说法，这也是东北人对唐山人和山西人的看法。"奸"是"无商不奸"的奸，山西人大都开买卖或在当店铺管账先生；滑，是圆滑的意思，左右逢源，见啥人说啥话，正是买卖人必备的素质。

老通辽话，基础就是东北方言，与周边的郑家屯、四平等地语言基本一致。在老通辽人里,相当一部分来自辽南或老奉天(沈阳)、铁岭一带,也有的来自辽西锦州、绥中一带,他们的话语里原本有很浓重的乡音,最初,乡里乡亲喜欢搬到一起住,希望互相有个照应,事实上却形成用乡音交流的圈子,因此,老通辽第一代移民的家乡话能保持长久不变。随着时代的变迁,最早一批老通辽移民至今至少传了三四代,对于很多年轻人,故乡只是填履历表时的一项内容,至于家乡语言,早已融入通辽土话的行列。在某种程度上,通辽人似乎更富于"与时俱进"的精神,随着普通话的普及,广播、电视更是以其强大的力量在影响着当代人们的生活习俗,那些耳熟能详、脱口而出的老通辽土话正在退化、淡化。

通辽土话地域性极强,有些话属于独有的说法,以至于某些字非但在字典上找不到,甚至找不到与其读音相对应的字,叫作"有音无字",如来了客人,叫"来戚","戚"读作"且"(qiě),"抓贼""抓嘎拉哈"的"抓",读作chuǎ,都是字典里找不到的字。还有一些读音是在流传过程中发生改变,以致与原来的读音相去甚远。如棉花的棉,读作"niǎo",普通话里没有这个音节对应的字。"得瑟",原本为"蹀躞",指老人走路时蹒跚的样子。康熙字典里曾收录这个词条,写法为身体的身,右边分别加"上下""左右",显然是会意字,特指人不稳重,摇头晃脑等,后来又引申为显摆。

此外,通辽话读音也有自身的特点,一些口语末尾一个字需要轻读才能"原汁原味"。比如"栽楞"的楞、"紧巴"的巴、"生性""尿性"的性、"撩扯"的扯,"襄纠"的纠,读的时候都要求轻轻带过,读重了,就表达不出那一点意思。

通辽人说话喜欢加附加字,例如使用频率较高的"吧唧",范围非常广。形容颜色,如:红了吧唧、绿了吧唧、黄了吧唧、粉了吧唧;形容人,如:虎了吧唧、贱了吧唧、皮了吧唧;形容味道,如:甜了吧唧、苦了吧唧、酸了吧唧等。形容某人生活困难则说"穷了吧唧",形容某人小气则说"抠了吧唧",形容某人脾气不好则说"倔了吧唧"。

下面列举一些通辽话在生活中的使用实例:

遮柳子：找借口。例：他遮柳子跑了。

啥签儿：啥时候。例：你啥签儿来的？

圪挠：垃圾，特指柴火垛下面含有碎柴草的脏土。

箭杆：箭，多读成"jiàng"，指秫秸顶端连着高粱穗一节。秫秸瓢叫箭杆瓢。

浮浮溜溜：浮，读（fū），指水太满，要溢出来。例：大河涨水了，河槽里浮浮溜溜的。

含大胡呲儿：不认真。例：干啥都含大胡呲儿地。

一来一来：轻松不费劲。例：我赢你一来一来地。

咔嘶：也叫咔哧，意为刮掉。例：把铁锹上的泥咔嘶咔嘶。

紧巴：①钱不够花。例：这两天手头有点紧巴。②紧固。例：把这个螺丝紧巴紧巴。

掰扯：争辩。例：我得和他好好掰扯掰扯。

转轴：读"zhuànzhòu"，指没主意，转磨磨。例：把他愁得直转轴。

撅达：撅，读"juè"，不满意或发脾气。例：他一倔达就走了。

尿性：有两下子。例：这小子真尿性。

生性：蛮横，不讲道理。例：离他远点，这人太生性。

武把操儿：有两下子，也指会功夫。例：这人有点武把操儿。

堆了：瘫了，指遇事吓得魂飞魄散的样子。例：这小子都吓堆了。

耍勺：贬义，指在人前做危险动作。

耍宝：人前出怪相或耍嘴皮子逗人笑。

硌了八生：不合群。例：来了这么长时间，还硌了八生的。

膈应：反感。例：他满嘴粗话，真遭人膈应。

没许护：没注意。例：他啥时候走的，咋没许护呢？

不见起：不一定。例：就你那两下子，不见起能干好。

头一末：第一回。例：头一末进这家超市。

一门儿：读"mèir"，不闲着，一个劲地。例：别一门儿干，小心累着；他一门儿说，别人插不上嘴。

绑丁、绑架儿、丁罢：一个劲地。例：你不给我钱我就绑丁来要；你不听我就丁罢说。

撩扯：逗弄。例：没事你撩扯他干啥。

沙楞：①指人麻利。例：这人干事真沙楞。②天气凉爽。例：一入秋，天就沙楞了。③西瓜熟透了。例：这西瓜，吃一口真沙楞。

得劲：得，读děi，舒服。例：感冒了，浑身不得劲。

扬了二怔：干事不认真，东张西望。例：他整天扬了二怔的，早晚出事。

怔得喝：发愣、犯傻。例：他怔得喝的，得多嘱咐几遍。

备不住：不一定。例：备不住人家早就走了。

祸祸：糟践。可以指物品，也可以指人。例：挺好的东西叫你祸祸了；那个姑娘叫人给祸祸了。

秃噜反丈：反复无常，中途改变主意。例：他这人儿整天秃噜反丈的。

拉忽：拉，读上声。也作"拉忽三儿"，意为马大哈，丢三落四。例：他太拉忽，总丢东西。

整个浪儿：完全。例：这东西整个浪费了。

欠儿登：哪有事哪到，也叫欠儿登她二姨。例：哪都有你，欠儿登她二姨似的。

净意儿：故意。例：你明明听到了，净意儿装不知道。

麻搭：垂下眼皮，指对人不屑。例：小张麻搭他一眼。

挠杠子：跑了。例：吓得他赶紧挠杠子了。

麻爪：害怕的样子。例：吓得麻爪了。

滞扭：不痛快，扭扭捏捏。例：他这人太滞扭。

赛脸：越发厉害，多指小孩。例：给个笑模样就赛脸！

抓贱：抓，读作chuǎ；贱，读作贱儿。指小孩在大人面前讨喜欢。例：这孩子，可会抓贱了。

扒拉：①翻弄。例：他吃东西就喜欢来回扒拉。②炒菜。例：来戚了，扒拉俩菜。

豁楞：搅和。例：把汤都豁楞凉了。

五迷三道：对某项东西到了痴迷状态。例：看书看得五迷三道的。

胡扯六拉：也叫东扯西拉。拉，读 lá。指没有目的地随便说，也指胡说八道。

拉扯：拉，读 lá。多指女孩子敢于出头，不惧场面。例：这姑娘真拉扯。

捅咕：背后捣鬼。例：有话不明说，背后捅咕啥？

拧咕：个别人不满时的神态。例：不同意你就明说，别一个劲拧咕。

逗咳嗽：也叫"没话逗话"或"没话找话"。例：我这正忙着呢，没工夫和你逗咳嗽。

闲磕打牙：闲聊天。例：反正也没啥事，闲磕打牙呗。

固动：蔫坏。例：这小子贼固动。

固蛹：原指蛆虫蠕动，代指人扭动不安。例：你不老实坐着，瞎固蛹啥？

鼓求：鼓捣。例：你不好好听课，在下面鼓求啥呢？

咣当：咣，读 hàng。也叫晃晃荡荡，形容人走路身体摇晃，有时也指闲的没事到处游逛。例：你不干活，咣当啥呢？

嘎油：也叫嘎叽，坐在某件东西上摇晃。例：你别把椅子嘎油坏了。

淤作：舒服。例：有吃有喝，真淤作。

害眼：碍眼。例：老在这儿转来转去，真害眼。

架架哄哄：拿姿作态。例：你看他官不大，还架架哄哄的。

鼠迷：老实了。例：前一阵还挺欢实，纪检委一找他谈话，当时就鼠迷了。

小嘎：小孩，多指小男孩。例：这是谁家的小嘎？

小丫崽子：小女孩，含贬义。例：你一个小丫崽子懂得啥？

瘪茄子：因失败、受挫精神萎靡。例：叫领导批评一顿就瘪茄子了。

菠勒盖：膝盖。例：摔了个跟头，把菠勒盖磕破了。

夜拉盖：脑瓜门。

胯骨轴子：胯骨。例：这两天胯骨轴子疼。

脚孤盖：脚踝骨。例：新皮鞋把脚孤盖卡掉一块皮。

扎咕：看病。例：找大夫扎咕扎咕就好了。

青皮：赌博用语，指输得精光。例：这家伙又青皮了。

趴架：形容人或畜很累的样子。例：这头毛驴子累趴架了。

燕别古：蝙蝠。例：少吃点咸盐，小心变燕别古。

青官儿：青，读 qǐng。青蛙的统称，别于癞蛤蟆。

马蛇子：一种小型蜥蜴，也叫四脚蛇。

蚂楞：蜻蜓。蚂，读 mā。例：今晚上蚂楞都出来了，怕是要下雨。

蝴蝶：蝶，读 tiě。

狗蹦子：跳蚤。也指某些人跳上跳下，不着闲。

禳纠：禳，原意为黍稷稻麦等植物的杆茎，也叫穰草。禳纠是指抹房、垛墙时掺到泥里面的草，用来增加拉力。

大唪：唪，读 pèn，指数量大。例：香瓜大唪上市了。

铺陈：旧衣服上拆下来的碎布头。

捡香应：捡便宜，也叫"捡香油"，油字轻读。

拉个：拉，读 lá，个轻读。联系，套近乎。例：想法跟经理拉个拉个。

后记

　　《百年回眸老通辽》由内蒙古人民出版社出版了，这本应该是我的第四本书，阴差阳错，它后来居上，成了第三本。

　　说起来，我从年轻时就写小说，只是中间曾有一段时间写过《通辽城建志》，或许正是这段不算太长的时间，对我以后的写作风格产生了很大的影响，写人写事，莫名其妙地喜欢追根问底，务求其本源。这一点，在我五十岁以后写作的散文里表现得尤其突出。我的《老爷庙》《听取蛙声一片》《祭古寺》《清河寻梦》《遥望霍林河》等篇什，似乎在有意无意间记录着我亲身经历过的往事和已经消失了的家乡景物，或感伤，或缅怀，无不寄托着内心的怅惘和失落。

　　世上的每一个人，他所经历过的、感受过的，都具有无法替代的独特性，当他离开这个世界的时候，在他的内心里都会装着一部与众不同、不可替代的历史，如果有幸把它记录下来，就会成为历史的一部分。

　　我生在辽宁，却有幸在一个叫作"通辽"，仅仅有100年历史的城市里，生活了六十多年。从蹒跚学步，到满头染霜，我早已经深深地融入这座边陲小城。我在散文《故乡的河流》里曾经这样写道"故乡的含义是什么？有一种解释说是出生或长期生活的地方。从这个意义上来讲，我应该有两个故乡。第一个故乡，是我出生的地方，我在那里度过了不谙世事的童年。年轻时也曾回去探望过，如今，年代久远，在我本来就模糊的记忆里就更加模糊，模糊得只剩下梦中的那条小河；我的第二故乡，就是我现在仍然生活的地方。六十年，几乎是我的整个一生。她的每一丝变化都装在我的心里，我熟稔这里的一切，就像熟悉自己的一双手，就像亲眼看着自己的女儿上学、工作、出嫁、做母亲。"

我曾经到过很多地方。年轻时，每到一座大城市，心里都会对自己所生活的显得破败贫寒的小城感到些许自卑。随着年龄的增长，阅历的增加，不知不觉的，这种自卑感越来越淡漠，相反，对自己能拥有这样的故乡产生莫名的自豪感。我在一篇短文中曾写道："年轻时心野，脚也野，喜欢到处走。退休了，行走的范围越来越小，像是一个不断缩小的圆圈，逐渐接近故乡这个圆心。这时才觉得，原来家乡是这么精彩，大半生到处疯跑竟然没有留意。"这段话或许能说明我近十年来的心态，它对我近些年的写作方向具有导航作用。

近些年来，我几乎走遍了科尔沁草原，走遍了我所居住的科尔沁区所有乡镇，越来越觉得有一种表现家乡的欲望。这是一种从内心涌动出来的激情，是乌鸦反哺、羊羔跪乳一样的情感表露。

这些年来，我总会遇到一些"贵人"，这些"贵人"引领着我走进一个又一个陌生的领域，在惊讶的同时，又渐渐着迷。于是，笔下就有了写不完的题材。几年来，我在用大量的篇幅歌颂家乡山水风物之外，还撰写了很多科尔沁历史文化研究方面的文章。可以说，我在行走范围越来越小的同时，也越来越贴近母亲的心脏，得以越来越清晰地听到她怦然有声的心跳。

在写作这本书的过程中，同样得到了很多"贵人"的帮助，他们从各个角度为我搭建平台、提供素材，在精神上、物质上提供种种帮助，才有了今天的成果。在本书付梓之际，一桩桩往事历历在目。

通辽建城，准确地说应该在1912年。这一年不仅有了"通辽"这个名字，而且按规划好的街道旁盖起房子，像模像样地开起了买卖。1914年稍具规模，正式建镇。我认定，1912年应该是这座城市的出生年。

不论是一个人的百年，还是一座城市的百年，都是一件值得纪念的的大事。生于斯，长于斯，本应为她做点什么。一介书生，且垂垂老矣，没有别的本事，写一点文章总该是分内之事。正在踌躇间，有人向我伸出橄榄枝。朱晓芳时任《科尔沁都市报》副刊编辑，我在她那里发表过多篇散文。同时，她还负责"科尔沁往事"版，刊登与科尔沁历史有关的文章。一次偶然的机会，她问我能不能写一点这方面的文章，要有连续性、可读性。这真是"想睡觉，枕头就来了"，于是，老通辽的话题就浮上水面。我们一起确定了文章内容、风格。2012 年新年伊始第一篇文章在"老通辽百年回眸"的总标题下，以专栏形式刊登在《科尔沁都市报》上，先后历时两年多，共三十五期。

第二个为此开辟专栏的是《通辽日报》。在此之前，副总编辑郝文秀先生就多次要我写一点老通辽的掌故轶闻，他看到我写的老通辽，随即在《通辽日报·晨报》连载，每期一千字，还像模像样地配以我的头像的刊头。

之后，《通辽广播电视报》《印象科尔沁》《科尔沁文艺》《红枫》《晨报》《科尔沁历史文化研究》《科尔沁文史》多家平面媒体先后连载或转载，同时多家网站也选登部分篇章。

文章的发表，引起社会各界的关注。"失联"多年的老朋友、素不相识的读者不时打来电话；刚刚做完心脏搭桥手术，八十多岁的退休教师为一件史实的事发地点，拄着拐杖特地爬到都市报社四楼，指着（他）画着红杠杠的报纸和编辑发火；一位离休老干部打来电话约我见面，手里捧着的是一套纸页发黄的通辽历史资料；经常在一些会议上遇到市、区领导询问什么时候结集出书……感动之余，也常常想，为什么各个层面的人都对这些历史尘烟里翻找出来的故事感兴趣？和文笔、结构是否精致，角度是否新颖有关系吗？都不是！（让他们感兴趣的）是真实的故事、详实的出处，这些文章的内容不仅勾起了老人儿时的记忆，也激发了年轻人对通辽历史的兴趣。

回顾历史，首先离不开前人留下的资料。老通辽写作的成功与否在很大程度上取决于资料的占有量。这本书写作之初，就本着一个"真"字，不夸大其词，不故弄玄虚，让文章中所涉及的每一件事都有出处，不戏说，不演绎。在引用资料时要慎之又慎，甚至学会怀疑，不盲从，不囿于现有的资料，从而使得老通辽系列文章在具有故事性和趣味性的同时，更具可靠的资料性。在讲述历史、整合资料的同时，做一点"纠史之偏，补史之缺"的工作。

在我早年写《通辽城建志》的时候，听到过一种说法，叫"文人不宜写史修志"，恐怕是搞文学创作的人习惯了形象思维，容易天马行空，但在此后的阅读和实践中，觉得这种说法也不尽然。在不脱离事实、不虚构的前提下，写史也应该有"形象思维"的一席之地，把文章写得好读一点，通俗一点总不是坏事。易中天讲三国空城计一节时，说诸葛亮在城楼上唱"卡拉OK"，有人非议，我倒是觉得非常好。好就好在他的率性而为、恰到好处，一句轻松的调侃拉近了历史与现实的距离感。只可惜，我做不到。《史记》被称作"史家之绝唱，无韵之离骚"，说明它既是志书的范本，但也不乏精美篇章。试想，在细节描写时，在没有录音、录像资料可参照的年代，司马迁是怎么知道该时该地那个人物的眼神、手势和心理活动的？大事不虚，小事不拘，应该是写通俗历史的一个原则。《鸿门宴》的关键是项羽最终没有借机杀了刘邦而酿成千古遗恨，至于项庄怎么舞剑，樊哙怎么吃肉，并不重要。

花费两年时间写成的五十多篇文章，最终由内蒙古人民出版社出版，了却了我的一桩心愿。感谢著名作家苏莉为该书的出版做出的努力并为本书写序，感谢王金先生、崔焱天先生、李庚文先生为本书提供珍贵的历史照片，感谢为本书写作提供帮助和支持的朋友！